디지털 혁신을 위한 클라우드 도입 전략

클라우드 마이그레이션 입문서

디지털 혁신을 위한 클라우드 도입 전략

클라우드 마이그레이션 입문서

발행일 2022년 1월 24일

지은이 이근우
펴낸이 손형국
펴낸곳 (주)북랩
편집인 선일영   편집   정두철, 배진용, 김현아, 박준, 장하영
디자인 이현수, 김민하, 허지혜, 안유경, 신혜림   제작   박기성, 황동현, 구성우, 권태련
마케팅 김회란, 박진관
출판등록 2004. 12. 1(제2012-000051호)
주소 서울특별시 금천구 가산디지털 1로 168, 우림라이온스밸리 B동 B113~114호, C동 B101호
홈페이지 www.book.co.kr
전화번호 (02)2026-5777   팩스   (02)2026-5747

ISBN 979-11-6836-131-7 13000 (종이책)   979-11-6836-132-4 15000 (전자책)

(주)북랩 성공출판의 파트너

북랩 홈페이지와 패밀리 사이트에서 다양한 출판 솔루션을 만나 보세요!

홈페이지 book.co.kr   •   **블로그** blog.naver.com/essaybook   •   **출판문의** book@book.co.kr

작가 연락처 문의 ▸ ask.book.co.kr

작가 연락처는 개인정보이므로 북랩에서 알려드릴 수 없습니다.

디지털 혁신을 위한 클라우드 도입 전략

클라우드 마이그레이션 입문서

이근우 지음

우리 회사의 소중한 정보 자산을 클라우드 서비스로 이전해도 괜찮을까?
애플리케이션과 데이터를 안전하게 마이그레이션하고
해킹 우려를 완벽하게 차단하는 가장 확실한 방법!

BESPIN GLOBAL

북랩 book Lab

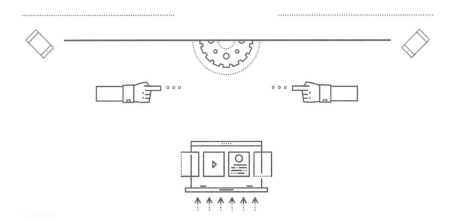

머리말

지속적으로 우상향 곡선을 그리고 있는 글로벌 기업들의 클라우드 도입 현황 그래프가 2020년도 코로나 바이러스 팬데믹을 기점으로 그야말로 폭발적인 성장을 나타내고 있다. 가트너 자료에 따르면 2017년 1,400억 달러 규모였던 퍼블릭 클라우드 시장은 2020년 2,700억 달러 규모로 두 배 가까이 성장했고, 2021년에는 3,300억 달러 수준으로 확장될 것으로 보인다. 이는 비단 글로벌 시장의 상황에 국한되지 않고 국내 시장도 비슷한 성장 곡선을 나타낸다. 가트너에 따르면 국내 퍼블릭 클라우드 시장 규모는 2018년 1조9천억 수준에서 2021년 3조2천억 수준으로 해외 사례보다도 더 가파른 성장세를 나타낸다. 이렇듯 클라우드 시장이 크게 요동치는 가운데 국내 기업들의 클라우드 마이그레이션 사례 중 성공적으로 진행된 대규모 사례는 시장 크기에 비해 썩 많지 않은 것도 사실이다. 국내 항공업계 1위 기업 D사의 클라우드 마이그레이션 사례, 재계 15위의 D그룹 전사 마이그레이션 사례 정도가 엔터프라이즈 레벨의 마이그레이션 사례로 거론될 뿐 대기업 집단의 전사 차원의 마이그레이션은 아직도 태동기라고 해도 과언이 아니다.

굴지의 대기업들이 클라우드 도입 효과가 긍정적인 것을 잘 알면서도 선뜻 전사 차원의 마이그레이션을 시작하지 못하는 것은 마이그레이션에 따르는 위험이 작지 않기 때문이다. 선도적으로 마이그레이션을 진행했던 선구자들이 어떤 어려움을 겪었고 그들의 클라우드에 가고 나서의 모습이 어떠한지를 이런저런 소식통을 통해서 전해 들었기 때문에 마이그레이션에 대한 막연한 공포가 크기를 더해 간다.

그러나 태생부터 클라우드에 터를 잡고 민첩하게 비즈니스를 영위하고 있는 이른바 Digital Native 기업들이 클라우드가 제공하는 각종 혜택을 활용해서 산업 전방위에서 야금야금 세력을 넓히고 있는 것이 사실이기 때문에 엔터프라이즈 기업이라고 언제까지 팔짱을 끼고 지켜만 볼 수도 없는 것이 현실이다. 남들이 뛰기 시작했다면 그들에게 뒤처지지 않기 위해서는 나도 뛰어야 하는 것이 진리이다. 다만 Digital Native를 표방하는 기업들은 만약 넘어지더라도 다시 추스리고 일어서기가 쉬운 반면에 대규모 엔터프라이즈 기업들은 결코 넘어져서는 안 된다는 강박이 작용한다.

그래서 엔터프라이즈 기업들은 클라우드 마이그레이션을 위해서 더욱더 철저한 준비가 진행되어야 한다. 이 책은 Digital Native나 SMB(Small and Medium-sized Businesses)보다는 엔터프라이즈 기업들이 클라우드 마이그레이션을 위해서 고려할 사항들을 다루고 있다. 필자가 몸담고 있는 회사인 베스핀글로벌은 대한민국의 클라우드 비즈니스를 선도하고 있다고 자부한다. 이 책에서 다루고 있는 대부분의 내용은 클라우드 마이그레이션을 실제로 진행하는 베스핀글로벌 내부 기술진들에게 온보딩 교육의 일환으로 제공되는 과정들이다. 다만 이 책이 목표로 하는 것은 구체적인 OS 명령어나 클라우드 인프라 배포 방법이 아니라 마이그레이션 전반에 걸친 가이드를 제공하는 것이다 보니 교육의 깊이는 조금 차이가 있다. 이 책은 마이그레이션의 전반적인 흐름을 가이드하기 위한 용도로 만들어졌다.

이제 국내 클라우드 시장도 AWS 일변도가 아니라 Azure나 GCP, OCI 등 다국적 기업을 위시해서 네이버 클라우드, Toast 클라우드 등의 국내 토종 클라우드까지 시장을 나눠 갖는 각축전 양상을 보이고 있다. 그러나 아직까지 클라우드 마이그레이션 시장을 주도하고 있는 것은 AWS다. 이 책이 다루고 있는 방법론과 각종 용어들이 AWS에 친화적인 것은 이 때문이다. 필자 역시 다른 클라우드보다는 AWS에서 진행되는 프로젝트를 더 많이 진행했기에 이는 자연스러운 현상이며, 앞서 언급했듯이 이 책이 지향하는 바가 특정 클라우드 벤더에 인프라를 배포하고 OS를 설정하는 방법을 설명하는 것이 아니라 전반적인 마이그레이션 과정을 설명하는 것이기 때문에 만약 AWS가 아닌 다른 클라우드를 대상으로 마이그레이션을 계획하고 있는 독자들도 책을 읽는 데 무리가 없을 것으로 기대한다.

이 책은 필자가 세 번째로 세상에 내놓는 책이다. 우리나라 사람들은 태생적으로 3이라는 숫자에 길들여져 있고 가장 좋아하는 숫자라고 한다. 무의식적으로 '하나, 둘, 셋'에 힘을 주고, 삼신 할머니의 이끌림을 통해 세상에 태어난다. 조선시대에는 의결권의 완성을 위해 영의정, 좌의정, 우의정 등 삼정승을 두었고, 훈민정음은 천, 지, 인 세 가지 요소를 근간으로 만들어졌다. 이렇듯 3이라는 숫자는 '완성'이라는 의미를 내포하고 있는 숫자이다.

두 번째 책인 'AWS A-to-Z'라는 책을 낸 지 근 7년의 시간이 지났다.

그동안 세 번째 책을 내서 3이라는 숫자를 완성시키고자 하는 강박이 계속해서 있었던 것이 사실이다. 그러나 이러저러한 이유로 계속해서 세 번째 책에 대한 출간을 미뤄왔는데 베스핀글로벌 이한주 대표님의 격려가 있었기에 세 번째 책에 대한 도전을 시작할 수 있었다.

이 책을 통해서 필자의 오랜 염원인 '완성'을 지향할 수 있게 된 것에 스스로 감사한다.

그리고 이 책을 쓸 수 있게 그리고 이 책이 세상에 나올 수 있게 물심양면으로 격려해주시고 도움주신 이한주 대표님께 특별히 감사의 마음을 전해 드린다. 더불어 막바지에 출판이 이루어질 수 있도록 동분서주해 주신 한소영 님과 조자영 님에게도 대면으로 전하지 못한 감사의 인사를 대신한다.

마지막으로 필자의 책이 출판될 때마다 필자보다 더 좋아하고 자랑스러워 하는 나의 아내와 아들에게 사랑한다는 말을 전하며 머리말을 마무리하고자 한다.

목차

1장 클라우드 컴퓨팅

2장 AWS의 개요

3장 CAF(Cloud Adoption Framework)

8장 Migration 도구

9장 스크럼(Scrum)

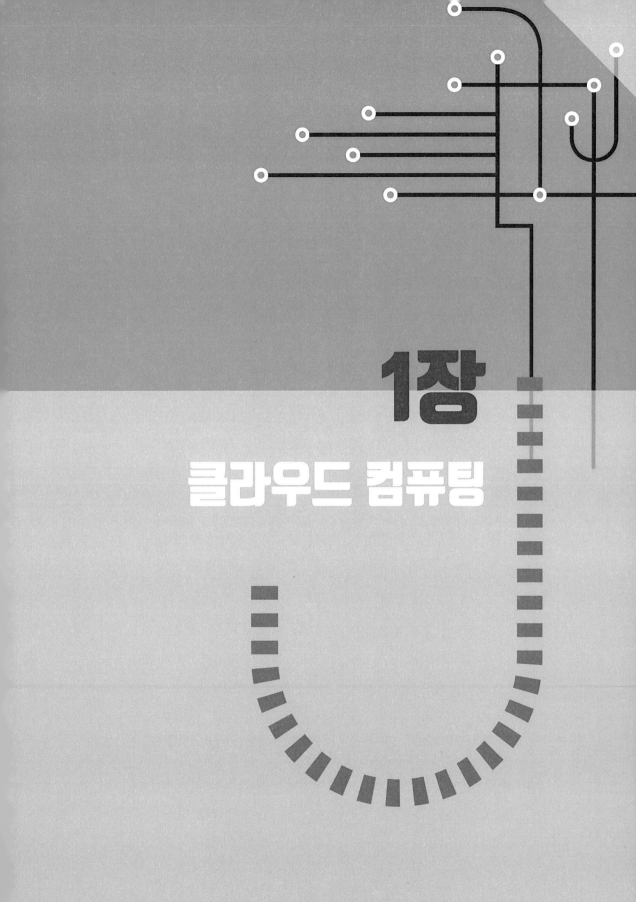

1장

클라우드 컴퓨팅

"클라우드 컴퓨팅은 최소한의 관리 작업 또는 최소한의 서비스 공급자 개입을 통해 신속하게 공급하고 해제할 수 있는, 구성 가능한 공유 컴퓨팅 리소스(예: 네트워크, 서버, 저장소, 응용 프로그램 및 서비스) 풀에 대한 편리한 주문형 네트워크 액세스를 가능하게 하는 모델이다."

- 미국 국립 표준 기술 연구소

클라우드 컴퓨팅의 등장 배경

　전통적인 인프라 환경에서 신규 서비스를 구축하기 위해서는 일반적으로 HW 및 SW의 투자가 필연적이다. 다행히 많은 무료 OS와 무료 웹서버, 무료 데이터베이스가 오픈 라이선스라는 이름으로 유통되고 있어 일정 부분 SW 투자를 회피할 수 있다. 그러나 SW 투자를 회피한다고 해도, 서비스를 배포할 컴퓨터 시스템까지 무료로 구할 수는 없는 것이 현실이다. 서비스 구축에 필요한 인프라, 즉 IDC 공간, 네트워크 환경, 컴퓨터 시스템 등의 투자는 피할 수 없다.

　1990년대 후반부터 많은 IT 전문가들이 인프라에 대한 효율적인 투자에 관심을 갖기 시작했다. 그러한 관심은 '가상화'에서부터 출발한다. 사실 '가상화'라는 용어는 1960년대부터 사용됐을 만큼 오래된 개념이다. 가상화는 '물리적인 컴퓨터 리소스의 특징을 다른 시스템, 응용 프로그램, 최종 사용자들이 리소스와 상호작용하는 방식으로부터 감추는 기술'이라고 정의할 수 있는데, 가상화라는 기술이 본격적으로 시장에 모습을 드러낸 것은 이른바 Vmware라는 기술의 형태였다.

　Vmware가 제공하는 하이퍼바이저 기술을 이용하면 하나의 컴퓨터에 동시에 2개 이상의 운영체제를 기동시킬 수 있기 때문에 서버의 유휴 자원을 최소화할 수 있으며, 더불어 컴퓨터 시스템을 구입하는 데 소요되는 불필요한 투자를 줄일 수 있다. 그러나 서버 가상화를 통해서 가상 시스템을 구축하기 위해서는 하이퍼바이저가 기동되는 호스트 컴퓨터 인프라가 필요하기 때문에 '더 낮은 비용으로 더 많은 가치를 창출'해야 하는 IT 분야의 영원한 과제를 완벽하게 해결하지는 못한다.

NIST의 클라우드 컴퓨팅

2011년 9월 미국 국립 표준 기술 연구소(NIST)는 "The NIST Definition of Cloud Computing"이라는 발표 자료를 통해 클라우드 컴퓨팅이라는 용어를 정의하고 클라우드 컴퓨팅의 특성과 서비스 모델을 정의한다. NIST가 정의한 클라우드의 특성은 다음과 같다.

① 요청에 의한 셀프 서비스(On-demand self-service)

소비자는 서비스 제공업체의 관리자를 통하지 않고 필요한 컴퓨팅 리소스를 스스로 준비할 수 있다.

② 광대역 네트워크를 통한 접근(Broad network access)

컴퓨팅 리소스는 기본적으로 네트워크를 통해서 접근된다.

③ 리소스 풀링(Resource pooling)

서비스 제공자의 컴퓨팅 리소스는 풀(pool)을 형성하며, 멀티 테넌트(multi-tenant) 모델을 통해 다수의 소비자에게 서비스 될 수 있다. 리소스는 소비자의 요구에 의해 동적으로 할당(assign)되고 해지(reassign)된다. 고객은 일반적으로 서비스되는 리소스의 정확한 위치에 대해서 알지 못하며 제어 능력도 없다. 그러나 상위 레벨의 추상화(국가, 주, 데이터센터)에 의해서 지역을 지정할 수 있다.

④ 민첩한 탄력성(Rapid elasticity)

리소스는 민첩하게 제공되었다가 해지될 수 있다. 어떤 경우에는 자동으로 요청에 의해서 빠르게 적합한 규모를 늘리고 줄일 수 있다. 소비자에게 이런 능력은 일반적으로 제한이 없어 보이고, 언제든지 어떠한 양이라도 적절하게 제공되는 것으로 보인다.

⑤ **측정될 수 있는 서비스**(Measured service)

클라우드 시스템은 서비스 수준을 측정해서 자동으로 리소스를 제어하거나 최적화할 수 있다. 서비스 제공자와 소비자는 리소스 사용량을 모니터링할 수 있고, 적당한 수준으로 조절할 수 있으며, 보고서를 통해 투명하게 사용량을 받아볼 수 있다.

NIST가 정의한 서비스 모델은 다음과 같다.

① **SaaS**(Software as a Service)

서비스 제공자의 클라우드 인프라에서 실행되는 응용 프로그램의 형태로 소비자에게 서비스가 제공된다. 응용 프로그램은 웹 브라우저 등을 통한 씬 클라이언트(thin client) 인터페이스를 통해 접근할 수도 있고, 전통적인 프로그램 인터페이스를 통해서 접근할 수도 있다. 소비자는 네트워크나 서버, 운영체제, 스토리지 등의 클라우드 인프라 및 응용 프로그램 구성 방식 등에 대해서는 통제 및 운영 능력이 없다. 소비자는 서비스로 제공되는 응용 프로그램의 구성에 대해서만 설정할 수 있을 뿐이다.

② **PaaS**(Platform as a Service)

소비자에게 제공되는 서비스는 제공자에 의해서 지원되는 프로그래밍 언어, 라이브러리, 서비스 그리고 도구를 이용하여 사용자가 만들거나 이미 만들어진 애플리케이션을 확보하여 클라우드 인프라 위에 배포하는 것이다. PaaS 역시 소비자는 네트워크나 서버, 운영체제, 스토리지 등의 클라우드 인프라에 대해서는 통제 및 운영능력이 없다. 소비자는 애플리케이션 개발과 직접적으로 관련된 환경 설정만 가능하다.

③ **IaaS**(Infrastructure as a Service)

소비자에게 프로세싱, 스토리지, 네트워크 그리고 다른 기초적인 컴퓨팅 리소스가 서비스의 형태로 제공된다. 소비자는 제공된 리소스를 통해 자신만의 응용 프로그램을 개발하고 배포할 수 있다. 소비자는 클라우드 인프라를 구성하는 물리적인 하드웨어에 대해서는 통제 권한이 없으나, 서비스로 제공된 운영체제, 스토리지, 설치한 소프트웨어 등에 대해서는 부분적으로 통제 권한을 갖는다.

NIST는 더불어 클라우드의 배포 방식을 통하여 아래와 같이 배포 모델을 정의하고 있다.

① Private Cloud

여러 소비자로 구성된 하나의 기관이나 하나의 부서에서 독점적으로 사용하기 위해 구축한 클라우드 모델이다. Private Cloud는 서비스를 제공받는 기관 또는 제3자, 혹은 그 둘의 조합에 의해서 소유, 관리, 운영되며, 클라우드 자체가 해당 기관의 영업장 안에 위치할 수도 있다.

② Community Cloud

공동의 관심사(임무, 보안요구사항, 정책과 준수사항 등)를 공유하는 특정 소비자 집단의 독점적인 사용을 위해 구축된 클라우드 모델이다. 커뮤니티를 형성하는 하나 이상의 조직 또는 제3자, 혹은 둘 이상의 조합에 의해 소유, 관리, 운영되며, 클라우드 자체가 해당 집단의 영업장 안에 위치할 수 있다.

③ Public Cloud

일반 대중을 대상으로 서비스를 제공하기 위해 구축된 클라우드 모델이다. 해당 클라우드는 기업이나 학교, 정부기관 등에서 다양한 목적으로 소유, 관리, 운영될 수 있으나, 클라우드 자체는 서비스 제공자의 영업장 안에 위치한다.

④ Hybrid Cloud

Private Cloud 및 Community Cloud, Public Cloud가 두 개 이상 복합적으로 구성된 클라우드 모델이다. 각각의 cloud들은 독립적인 개체로 유지되지만 데이터와 애플리케이션의 호환을 가능하게 하는 표준 또는 독점 기술로 엮여 있다.

클라우드 컴퓨팅의 정의

NIST의 클라우드 정의는 다소 추상적인 면이 없지 않다. NIST의 정의에 근간해서 보다 쉽게 클라우드에 접근해 보면 "인터넷상의 서버를 통하여 데이터 저장, 네트워크 사용, 콘텐트 사용 등의 IT 관련 서비스를 한번에 사용할 수 있는 컴퓨팅 환경"이라고 정의해 볼 수 있다. 클라우드 환경에서는 이용자의 모든 정보가 인터넷상의 서버에 저장되고, 이 정보를 각종 IT 기기를 통해서 언제든지 이용할 수 있다. 즉 구름과 같이 무형의 형태로 존재하는 하드웨어, 소프트웨어 등의 컴퓨팅 자원을 소비자가 필요한 만큼 빌려 쓰고 사용한 만큼만 사용료를 지불하는 방식의 컴퓨팅 서비스로, 서로 다른 물리적 위치에 존재하는 컴퓨팅 자원을 가상화 기술로 통합해 제공하는 기술이다. 이런 특성을 반영해서 클라우드를 IT 자원의 주문형 아웃소싱 서비스라고 정의할 수도 있겠다.

클라우드 서비스를 적절히 이용하면 '더 낮은 비용으로 더 많은 가치를 창출'해야 하는 IT 분야의 영원한 과제를 일정 부분 해소할 수 있을 것으로 보인다. 클라우드 서비스를 도입하면 컴퓨터 시스템의 구축비용과 해당 시스템을 유지 보수하는 데 소요되는 관리 비용을 획기적으로 줄일 수 있다. 물론 클라우드 서비스는 무료 서비스가 아니다. 사용한 만큼 비용을 지불하는 서비스 형태이다 보니 클라우드를 유지하는 데 소요되는 비용도 만만치 않다. 그러나 IT 인프라를 보유하면서 소요되는 직접 비용뿐만 아니라, 해당 인프라가 노후화되면서 발생하는 감가금액까지 계산한다면 직접 소유하는 것이 저렴한지, 아니면 클라우드를 이용하는 것이 저렴한지 따져볼 메리트는 충분하다고 할 수 있다. 더불어 실제 장비를 보유하면서, 장애로 인한 서비스 중단을 예방하기 위해서 고가용성 클러스터를 구성하고, 데이터를 이중화 하는 동시에, 재난복구 시스템까지 갖추고자 한다면 그 비용은 결코 만만한 것이 될 수 없다. 그러나 대규모 시설을 갖춘 퍼블릭 클라우드 서비스를 이용하면 데이터 이중화 및 고가용성 클러스터, 재난복구 시스템을 비교적 저렴한 비용으로 손쉽게 구축할 수 있다.

현재 클라우드는 NIST가 정의한 바와 같이 IaaS, SaaS, PaaS 등의 형태로 서비스되고 있다.

IaaS, 즉 인프라로서의 서비스는 서버, 스토리지, 네트워크 등을 가상화 환경으로 만들어 서비스로 제공하는 클라우드 형태를 말한다. IaaS 환경에서는 CPU, 메모리, 저장공간, 네트워크 등의 사용량에 따라 과금이 이루어지는데, AWS 및 Azure, GCP 등 대부분의 클라우드 서비스 제공자들은 IaaS 형태의 인프라를 기본 서비스로 제공하고 있다.

SaaS는 소프트웨어, 즉 응용 프로그램을 서비스로 제공하는 클라우드 형태를 말하는데, 소비자들은 제공되는 소프트웨어를 인터넷을 통해서 사용할 수 있기 때문에 클라이언트 시스템에 대한 제약이 없어 모바일 오피스 등을 구성하는 데 한 몫을 하고 있다.

PaaS는 SaaS 방식을 개발 플랫폼의 형태로 확장한 서비스를 말한다. 즉 소프트웨어 개발환경을 서비스로 제공하는 것이다. 컴파일 언어, 웹 프로그램, 제작 툴 등이 서비스에 포함되기 때문에 소비자들은 서비스로 제공되는 자원을 활용하여 새로운 소프트웨어를 직접 개발하고 배포할 수 있다.

NIST는 Private Cloud와 Community Cloud, Public Cloud 및 Hybrid Cloud 등으로 클라우드를 세분하고 있으나 현재 실제로 많이 사용되고 있는 클라우드는 Public Cloud와 Private Cloud다. Public Cloud는 인터넷이 연결될 수 있다면 언제 어디서나 누구나 이용할 수 있는 클라우드 서비스로 사용한 만큼 이용료를 지불한다는 특징을 갖는다. Private Cloud는 특정 조직 내부에서만 서비스를 사용할 수 있기 때문에 보안이 보장되고, 제공되는 서비스의 수준을 제어할 수 있는 특징이 있으나 클라우드를 구축하기 위한 하드웨어 인프라가 필요하기 때문에 비용 절감을 위한 접근 방식으로는 적합하지 않다는 생각이 든다.

클라우드 컴퓨팅의 장점

앞에서는 클라우드 서비스의 강점으로 주로 유지 비용에 초점을 맞췄다. 그러나 유지 비용 외에도 고려해볼 사항은 많다. 그중 첫 번째는 바로 구축 시간, 즉 신속성이다. 서비스 아키텍처를 구상하고 그에 맞춰 네트워크 환경을 구축하며, 컴퓨터 시스템을 배치하는 일은 말처럼 쉽지 않다. 그야말로 시간 소모적인 일이 산재해 있다. 그러나 클라우드 환경에서는 아키텍처를 구상한 후 몇 번의 마우스 클릭만으로 개발환경을 구축할 수 있다. 아키텍처만 고민하면 나머지는 순식간에 구축할 수 있다.

두 번째는 확장성이다. 개발 당시에 예상하지 못했던 용량 폭주가 발생할 경우, 실제 인프라 환경에서는 대응이 쉽지 않다. 새로 장비를 수급해야 하는 문제가 있기 때문이다. 그러나 클라우드 환경에서는 마우스 클릭 몇 번으로 동일한 사양, 혹은 그 이상의 사양을 가진 장비를 몇 분 안에 증설할 수 있다.

세 번째는 탄력성이다. 실제 서비스 환경에서는 시범 프로젝트가 빈번하다. 만들어 보고 소비자들의 반응을 봐서 실제 서비스로 발전시킬지 아니면 사장시킬지 결정하게 된다. 문제는 시범 프로젝트에도 리소스가 투입되어야 한다는 것이다. 물론 투입하는 리소스를 최소화하려고 노력하겠으나 아무것도 투입하지 않고 개발할 수는 없다. 리소스를 투입한 모든 프로젝트가 성공으로 이어진다면 고민할 것도 없다. 그러나 현실은 그렇지 못하다. 프로젝트가 실패로 돌아갈 경우, 그 프로젝트에 투입된 리소스는 또 다른 프로젝트가 나올 때까지 잉여로 남게 된다. 클라우드 환경에서는 잉여 리소스가 존재할 가능성이 거의 없다. 리소스가 필요 없게 되면 반납하면 그만이기 때문이다. 반납하는 순간 해당 리소스에 대한 과금도 중지된다. 필요한 동안에만 사용하고 필요하지 않게 되면 바로 반납할 수 있는 것이 클라우드인 것이다.

마지막으로 손쉬운 글로벌 확장도 클라우드가 제공하는 장점으로 얘기할 수 있다. AWS나 Azure, GCP 등과 같은 글로벌 퍼블릭 클라우드 사업자들은 대한민국뿐만 아니라 전 세계에 걸쳐서 바로 사용할 수 있는 다수의 서비스 환경을 제공하고 있다. 클라우드를 사용한다면 더 이상 미국, 혹은 일본으로 IDC를 찾아서 출장을 떠날 이유가 없다. 클라우드 사업자가 제공하는 글로벌 서비스 지역을 선택해서 클릭 몇 번으로 리소스를 배치할 수 있기 때문이다. 이러한 장점은 고객의 접점에 보다 가깝게 서비스를 제공하는 것이 경쟁력 중에 하나인 글로벌 비즈니스 서비스 기업에게는 반드시 필요한 부분이다. 기업이 진출한 국가에서 서비스 지역을 확보하고 있는지 여부가 클라우드 사업자를 선정하는 중요한 기준이 되는 것은 어쩌면 당연한 일이다.

클라우드 컴퓨팅의 도입 전략

클라우드의 장점에 대해서 알아보았다. 여러 가지 측면에서 온프레미스에 인프라를 구축해서 사용하는 것보다는 퍼블릭 클라우드를 사용하는 것이 유리하다는 것을 이해할 수 있다. 그렇다면 기업이 퍼블릭 클라우드를 적용하는 효과적인 방법은 무엇일까? 태생부터 퍼블릭 클라우드를 염두하고 출발한 Digital Native 기업이 아니라, 오랫동안 사업을 영위하고 있는 엔터프라이즈 기업에게 잘못된 클라우드 도입 전략은 생존을 위협할 수도 있는 중요한 일이다. 위험을 최소화하면서 클라우드가 제공하는 효과를 도입할 수 있는 방법을 알아보고자 한다.

첫 번째 도입 전략은 테스트로 진행되는 업무에 클라우드를 도입하는 것이다. 테스트 업무이기 때문에 만약 프로젝트에 이상이 생기더라도 기업의 전반적인 비즈니스에는 거의 영향이 없다. 테스트로 진행하는 업무라고 해도 온프레미스에서는 그에 필요한 장비와 구축 환경을 제공해야 한다. 선투자가 필요한 것이다. 이런 업무에 퍼블릭 클라우드를 사용하면 선투자 비용 없이 위험을 최소화하면서 프로젝트를 진행할 수 있다. 테스트 업무를 진행하면서 퍼블릭 클라우드와 친해질 수 있는 기회를 제공받는 것은 또 다른 덤이다. 사실 이 부분 때문이라도 테스트 업무를 통해 기존 운영자 및 개발자들이 클라우드를 경험하게 하는 것이 중요하다.

다음 전략으로는 신규 서비스를 퍼블릭 클라우드를 통해 제공하는 것이다. 테스트 업무와도 어느 정도 궤를 같이하지만 신규 서비스는 테스트 업무와는 다르게 고객을 대상으로 서비스를 제공할 목적으로 구성되는 서비스이기 때문에 실패를 최소화하도록 고민해야 한다. 테스트 업무와는 다르게 초기에 제공되는 서비스 규모와 접속량 등을 고려해서 충분한 인프라 용량을 계획해야 한다. 온프레미스에서는 실제로 필요한 용량보다 30% 이상의 여유 용량을 확보함으로써 계획을 초과해서 사용량이 발생되는 것을 대비하는 것이 일반적이다. 문제는 초기 서비스 규모를 정확하게 예측하는 것이 쉽지 않다는 것이다. 그렇기 때문에 필요한 용량을 계산하는 것도 쉽지 않고, 초기 시스템 규모를 어느 정도로 해야 하는지는 서비스 담당자에게 항상 고민일 수밖에 없다. 예비 용량은 그래서 반드시 필요하다. 그런데 만약 신규 서비스가 예상했던 것에 비해서 흥행하지 못한다면 어떻게 될까? 예비 용량을 포함해서 서비스를 제공하기 위해 초기에 투입한 인프라 리소스들이 그대로 잉여로 남을 수밖에 없다. 이런 업무에 퍼블릭 클라우드를 배치한다면 리소스에 대한 고민을 해소할 수 있다. 퍼블릭 클라우드는 탄력성과 신속성을 제공하기 때문에 예비 용량을 고민할 필요가 없다. 최소 규모로 초기 서비스를 구성했다가 사용량의 추이를 보면서 용량을 늘리면 된다. 만약 서비스가 흥행에 실패해도 인프라가 문제가 되지는 않는다. 더 이상 필요하지 않은 리소스들은 그 순간 반납하면 비용 지불이 중단되기 때문이다. 따라서 엔터프라이즈 기업 입장에서 위험을 최소화하면서 효과를 극대화할 수 있는 방법이 신규 서비스를 클라우드를 활용해서 구성하는 것이다.

세 번째 전략은 클라우드가 제공하는 유용한 기능부터 기업의 IT 환경에 접목하는 방법이다. 온프레미스에 구성하기 위해서는 대규모 인프라 투자가 필요한 기능들, 가령 대규모 스토리지나 HPC 등의 고성능 분산 컴퓨팅 환경, IoT 등의 복합적인 인프라 구성 환경, AI/ML 등의 고사양 컴퓨팅 환경 등은 사용 빈도에 비해서 과도한 규모의 인프라 투자를 요구한다. 지속적으로 사용되는 환경이라면 온프레미스에 직접 구축해서 사용하는 것이 사용한 만큼 비용을 지불하면서 사용하는 것보다 경제적일 수 있다. 그런데 그렇지 않은 경우에는 보다 나은 투자 방법이 필요하다. 퍼블릭 클라우드는 초기 투자비용이 필요하지 않고 사용한 만큼만 과금되기 때문에 빅데이터 처리나 AI/ML 등을 적용하는 데 적합한 비용 구조를 제공한다. 또한 퍼블릭 클라우드가 제공하는 관리형 서비스로 AI/ML 등을 구성할 경우에는 인공지능 모델 구성에 필요한 기반 기술과 기반 인프라 없이도 바로 자연어 처리나 수요 예측 등의 서비스를 활용할 수 있다. 퍼블릭 클라우드가 불필요한 인프라 투자나 학습 시간을 줄여주면서 신속한 이용자 대응이 가능하게 해줄 수 있는 것이다.

이렇듯 대규모의 투자, 혹은 새로운 기술이라 설정이나 구성이 까다로운 서비스들에 대해서 클라우드가 제공하는 'as a Service'를 활용할 수 있다. 가장 유명한 클라우드 서비스 제공자인 AWS에서는 '이미 있는 것을 발명하지 말라'는 말로 AWS가 이미 제공하는 있는 서비스 영역은 고객이 직접 새로 개발해서 사용하는 것이 아니라 AWS의 'as a Service'를 그냥 바로 이용하는 것이 효율적이라고 강변하고 있다.

네 번째 전략은 기업의 핵심 업무 영역과 대고객 업무를 분리하여, 직접적인 관리나 철저한 물리적인 보안이 필요한 핵심 업무 영역은 온프레미스에 유지하고, 확장성 및 신속성이 필요한 대고객 업무를 퍼블릭 클라우드에 배치하는 방법이다.

Line of Business에 해당하는 ERP, 그룹웨어, CRM, MES 등의 핵심 서비스들은 하드웨어 레벨에 대한 직접적인 관리와 철저한 보안 환경을 요구한다. 이런 업무들을 클라우드로 이관하기 위해서는 철저한 준비와 투자가 필요하기 때문에 퍼블릭 클라우드가 이점을 제공한다고 해서 바로 클라우드로 옮겨 가기가 부담스러울 수 있다. 반면 퍼블릭 네트워크 단에 위치하며 고객에게 접점을 제공하는 서비스들은 퍼블릭 클라우드를 적용하는 것이 많이 부담스럽지 않다. 이런 상황이라면 기업의 핵심 업무는 기업의 데이터센터에 그대로 유지하고, 대고객 서비스를 클라우드로 이관하는 것이 방법이다. 퍼블릭 클라우드의 역할과 기업의 데이터센터의 역할을 분리해서 구성하는 것이다. 클라우드와 온프레미스 사이에는 광대역 전용선을 연결함으로써 네트워크 지연을 최소화하고 보안 위협을 차단한다. 고객들은 클라우드에 구성된 서비스에는 접속할 수 있지만, 기업의 온프레미스에 구성된 핵심 서비스로는 접속할 수 없다. 전용선으로는 연결이 허용된 데이터 통신만 가능하다. 실제로 많은 엔터프라이즈 기업들이 하이브리드 클라우드 전략을 통해서 이런 식의 컴퓨팅 환경을 구성하고 있다.

다섯 번째 전략은 기업의 핵심 업무를 포함하여 기업의 IT 환경을 점진적으로 클라우드로 이관하는 전략이다. 기존 업무를 퍼블릭 클라우드로 마이그레이션 하기 위해서는 현 상태에 대한 세부적인 점검과 함께 철저한 사전 준비와 마이그레이션 투자가 필요하다. 그러나 퍼블릭 클라우드가 제공하는 장점을 모두 누리기 위해서는 현재 IT 환경을 어떤 형태로든 퍼블릭 클라우드로 이관하는 것이 필요하다. 위험은 크지만 그를 통해서 얻을 수 있는 이점도 앞에서 열거한 도입 전략에 비해 훨씬 많다.

이 책을 통해서 다섯 번째 전략을 채택한 기업들이 위험을 최소화하면서 클라우드 마이그레이션을 성공적으로 진행할 수 있는 방법을 가이드할 예정이다.

마지막 도입 전략은 "Cloud All In"이다. 이 단계 전략에서는 어쩔 수 없이 온프레미스에 남겨둘 수밖에 없는 애플리케이션을 제외하고는 기업의 모든 IT 서비스는 클라우드를 통해서 제공된다. "Cloud First", 새로운 서비스는 당연하게도 클라우드에서 먼저 개발되고 테스트된다. 그러한 서비스들은 Cloud Native한 컴퓨팅 환경을 적극 활용했기 때문에 클라우드가 제공하는 모든 장점을 거의 모두 반영한다. 기업의 모든 부분에서 신속한 고객 대응이 가능해지고, 새로운 기술을 실시간으로 채택함으로써 기업의 경쟁력이 높아진다. 비용은 지속적으로 효율화되기 때문에 TCO(Total Cost of Ownership)는 온프레미스를 사용하던 것에 비해서 점진적으로 낮아진다.

"Cloud All In"이 불가능하다고 생각하는가? 불가능하지 않다. Netflix나 일본통신 등의 기업이 이러한 환경이 가능하다는 것을 증명하고 있다.

클라우드에서 생산된 데이터는 클라우드에 저장되고, 클라우드에서 분석된다. 분석된 데이터는 비즈니스에 insight를 제공하고, 자동화된 비즈니스 환경을 제공한다. 이것이 클라우드가 제공하는 Digital Transformation이다. "Cloud All In" 전략을 통해서 기업은 효율적으로 Digital Transformation을 달성할 수 있다.

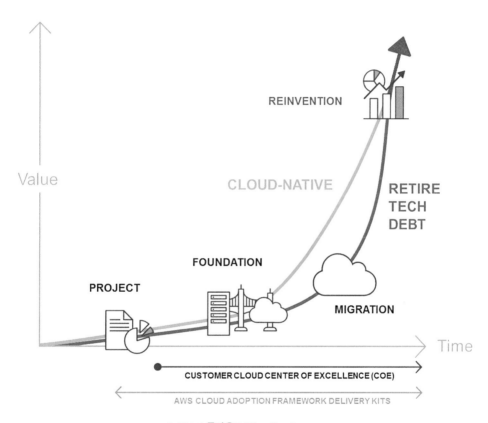

[그림 1-1] 클라우드 Migration Journey

2장

AWS의 개요

마이그레이션이란 온프레미스로 표현되는 사내 데이터센터의 프라이빗 서버를 퍼블릭 클라우드로 이전하는 것을 의미하는 것으로써 클라우드 All In을 위한 첫걸음이다. 클라우드 마이그레이션에는 비즈니스 서비스 워크로드를 구성하는 소프트웨어, 데이터베이스, 웹/모바일 애플리케이션뿐만 아니라 IoT, 엣지 서버, CRM 지원 서비스, 네트워크 관리 도구 등 다양한 AS-IS 시스템 등이 포함된다.

AWS 소개

데이터센터의 워크로드를 AWS로 마이그레이션하는 방법에 대해서 본격적으로 이야기하기 전에 AWS에 대한 소개부터 진행하고자 한다. AWS는 Amazon Web Service의 약자이며 글로벌 전자상거래 업체인 아마존닷컴이 제공하는 퍼블릭 클라우드 서비스이다. AWS는 2006년에, 지금은 흔히 클라우드 컴퓨팅이라고 알려진 웹 서비스 형태로 기업에 IT 인프라를 제공하기 시작했다. AWS의 각종 서비스는 GUI 형태로 제공되는 웹 콘솔 외에 REST API 및 CLI(Command Line Interface)를 통해 접근, 이용 및 관리가 가능하다. 비용은 실제 사용량에 따라 결정되며, 일부 서비스의 경우 미리 고정된 금액을 선불로 지불함으로써 할인을 적용 받는 과금 형태도 지원한다.

현재 AWS는 클라우드에서 매우 안정적이고 저렴한 확장형 인프라 플랫폼을 제공함으로써 전 세계 190개국에 있는 수천 개의 비즈니스 운영을 지원하고 있다. 우리나라뿐만 아니라 미국, 유럽, 브라질, 싱가포르, 일본 및 오스트레일리아 등 전 세계적으로 분포한 데이터센터에서 175개가 넘는 완벽한 기능의 서비스를 IaaS 및 PaaS, SaaS 형태로 제공하는, 세계적으로 가장 포괄적이며, 널리 채택되고 있는 클라우드 플랫폼이기 때문에 모든 업계 고객들이 퍼블릭 클라우드의 이점을 폭 넓게 누릴 수 있다.[1]

AWS는 세계에서 가장 큰 온라인 쇼핑몰인 아마존닷컴이 사용하는 인프라를 직접 제공함으로써 안정성 및 확장성, 성능에 대한 검증이 완료된 퍼블릭 클라우드 서비스이다.

---

1) https://aws.amazon.com/ko/getting-started/fundamentals-overview/

AWS의 특징

AWS에 대한 간단한 소개에 이어서, AWS의 특징을 언급하는 것은 AWS 마이그레이션을 설명하기 위해 반드시 필요한 과정으로 보인다. 적어도 마이그레이션의 대상 클라우드가 다른 퍼블릭 클라우스 서비스에 비해서 뒤처져 보여서는 안 되지 않겠는가. 그래서 이 장에서는 AWS의 장점 위주로 AWS의 특징 몇 가지를 언급하고자 한다.

① 10년 이상 축적된 서비스 경험

AWS는 퍼블릭 클라우드를 주도하고 있는 선도 사업자다. AWS가 서비스를 시작하면서 퍼블릭 클라우드가 세상에 등장했다고 해도 과언이 아니다. 이는 Gartner가 매년 선정하는 퍼블릭 클라우스 서비스 부분의 Magic Quadrant를 보면 알 수 있다. AWS는 Garner가 선정하는 클라우드 서비스 부분 Magic Quadrant에서 2020년 기준 10년 연속 Leader 그룹의 최상단에 위치하고 있다. 물론 [그림 2-1]과 [그림 2-2]에서 보는 바와 같이 2019년도의 MQ와 2020년도의 MQ 상에는 Azure나 GCP 등의 후발 주자들이 맹렬히 AWS를 추격하고 있는 것이 나타난다. 그러나 AWS는 가장 성숙한 클라우드 서비스 사업자로서 많은 수의 사용자 및 리소스를 관리하는 데 있어 가장 깊은 역량을 제공하고 있음을 부정할 수는 없다.

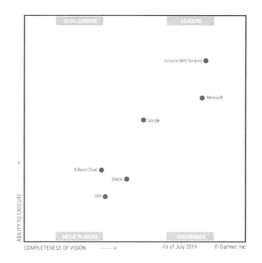

[그림 2-1] 2019년 클라우드 서비스 분야 Gartner Magic Quadrant

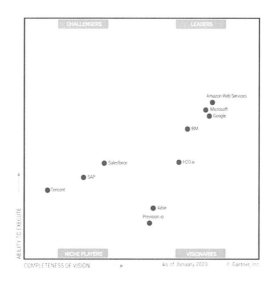

[그림 2-2] 2020년 클라우드 서비스 분야 Gartner Magic Quadrant

② 폭 넓고 깊이 있는 서비스 포트폴리오

AWS는 2006년부터 클라우드 비즈니스를 시작해서 2020년 현재 컴퓨팅, 스토리지, 데이터베이스 등의 주요 인프라에서부터 각종 애플리케이션에 이르기까지, 170여개의 End-to-End 서비스 제공하고 있다. 초기에는 컴퓨팅, 스토리지, 데이터베이스 등의 IaaS 위주의 서비스가 제공되었으나 이후 분석, 네트워킹, 모바일, 개발자 도구, 관리 도구, IoT, 보안 및 엔터프라이즈 애플리케이션을 비롯하여 광범위한 글로벌 클라우드 기반 제품을 제공하고 있다. 이러한 서비스를 사용하면 조직이 더 빠르게 움직이고, IT 비용을 낮추며, 성장할 수 있는 환경을 구축할 수 있다. AWS는 웹 및 모바일 애플리케이션, 게임 개발, 데이터 처리 및 웨어하우징, 스토리지, 아카이브 등 다양한 워크로드를 지원하면서 스타트업뿐만 아니라 엔터프라이즈 기업들에게도 신뢰를 얻고 있다.[2]

③ 빠르고 지속적인 혁신 속도

AWS는 2006년 이후 2019년 3월까지 무려 6,166개의 신규 서비스 및 기능을 시장에 선보인다. 2011년 80개, 2012년 159개, 2013년 280개, 2014년 516개, 2015년 722개, 2016년 1017개 등 AWS의 서비스 출시 속도는 해가 갈수록 더 빨라지는 특징을 보인다. 이러한 특징은 고객을 최우선으로 하는 AWS의 경영 철학을 바탕으로 하고 있는 것으로 보인다. AWS는 고객이 원하는 바를 지속적으로 감지해서 원하는 곳에 원하는 서비스를 맞춤형으로 제공한다. AWS의 서비스 지역이 위치하고 있는 곳 역시 고객의 AWS 접속 패턴에 기반한다. 서비스 지역이 없는 곳에서 높은 접속 패턴을 보이면 해당 지역에서 새로운 서비스 지역을 시작하는 식이다. 앞으로도 AWS의 혁신 속도는 점점 더 빨라질 것이 확실하다.

---

2) https://aws.amazon.com/ko/products/

④ 글로벌 인프라

앞서 퍼블릭 클라우드의 장점으로 글로벌 확장을 얘기했었다. 고객이 서비스가 필요한 지역에 굳이 IDC를 갖추지 않아도 서비스에 필요한 인프라를 퍼블릭 클라우드의 글로벌 인프라를 활용해서 구축할 수 있는 특징이었는데, 이를 가능하게 하는 것이 AWS의 글로벌 인프라다. AWS는 2020년 현재 전 세계 24개의 지리적 리전 내에 77개의 가용 영역에서 운영되고 있으며, 앞으로 호주, 인도, 인도네시아, 일본, 스페인, 스위스에 6개의 AWS 리전과 18개의 가용 영역을 추가할 계획을 가지고 있다.

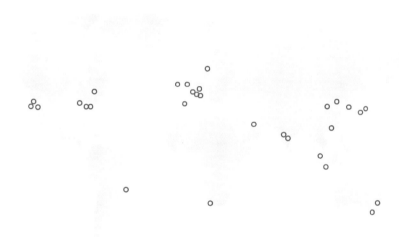

[그림 2-3] AWS 글로벌 인프라

리전은 AWS 서비스가 제공되는 거점 지역으로 데이터 센터들이 모여있는 지역을 말하며, 가용 영역은 리전을 구성하는 복수개의 데이터센터를 의미한다. 가용 영역들은 각각 물리적으로 분리되어 독립적으로 구성되어 있기 때문에 기본적으로 고가용성의 아키텍처를 구현하는 기본 요소가 된다.

AWS는 리전과 가용 영역 외에 CDN 서비스를 제공하기 위한 220개 이상의 엣지 로케이션을 추가로 제공하고 있다.

⑤ 가격 경쟁력

AWS의 비즈니스 모델은 독특한 특징이 있다. [그림 2-4]는 AWS가 주장하는 amazon Flywheel이라는 가격 철학을 나타낸다.

[그림 2-4] AWS의 가격 철학

낮은 가격과 다양한 선택권을 고객에게 제공함으로써 고객 경험을 향상 시키고 더 많은 고객이 AWS를 찾음으로써 대규모 구매 파워가 생기고 이는 다시 고객에게 더 많은 선택과 비용절감으로 되돌아오는 선순환의 모델을 형성한다.

AWS는 창립 초기부터 지금까지 이 비즈니스 모델을 사업 전반에 적용하고 유지해 나가고 있으며, 2006년 이후 2020년까지 60회 이상의 자발적인 가격인하를 단행했다.

⑥ 파트너 생태계

AWS는 크게 2개의 범주로 된 파트너 생태계를 가지고 있다. 하나는 컨설팅 파트너이고 다른 하나는 기술 파트너이다. AWS와 협력하고 있는 컨설팅 파트너 및 기술 파트너는 전세계적으로 수 만개에 달한다.

먼저 컨설팅 파트너는 AWS 클라우드에서 솔루션을 설계 및 구축하고 애플리케이션을 관리/운영 해주는 SI 및 컨설팅 파트너를 의미한다.

기술 파트너는 AWS 플랫폼 상에서 호스팅하거나 AWS와 결합된 소프트웨어 솔루션을 제공하는 ISV, SaaS, PaaS, 개발툴, 보안, 관리 벤더 등이 해당된다.

AWS는 파트너 생태계와 함께 마켓플레이스라는 공급 체인을 제공한다. 마켓플레이스는 3rd party 파트너사의 소프트웨어를 AMI, SaaS 및 데스크탑 SW와 같은 다양한 배포 모드에서 원클릭으로 구매하여 사용할 수 있는 전자 상거래 인터페이스이다.

마켓플레이스를 사용하면 AWS를 통해서 빌링 및 라이선스 부분을 처리할 수 있기 때문에 간단히 3rd party 제품을 적용할 수 있다. 2017년 현재 35개 분야, 1,250여개의 ISV로부터 4,100여 개의 소프트웨어 제품이 마켓플레이스를 통해서 제공되고 있다.

AWS에 의하면 실제로 154,000여 명 이상의 고객이 AWS 마켓플레이스를 통해서 software를 구매해서 사용하고 있다고 한다.

AWS의 서비스

이 책은 AWS 기술서는 아니다. AWS가 제공하는 서비스를 소개할 목적보다는 AWS로 온프레미스의 서비스를 마이그레이션하기 위한 방법들을 소개할 목적으로 기술되었다. 그럼에도 불구하고 마이그레이션에서 자주 사용되는 AWS의 서비스는 간단히 소개하고 넘어가는 것이 좋을 듯하다.

(1) Region, Availability Zone, Edge Location

AWS는 전 세계에 걸쳐 24개 이상의 지역에서 서비스를 제공하고 있는데, 서비스가 제공되는 각각의 지리적 위치를 Region이라고 정의한다. 하나의 Region은 2개 이상의 복수 데이터센터로 구성되어 있으며, 각각의 데이터센터를 Availability Zone, 즉 가용 영역이라고 부른다. 애플리케이션을 구성하는 리소스를 가용 영역에 걸쳐 배치하면 손쉽게 가용성이 뛰어난 애플리케이션을 구성할 수 있다. 이런 식의 구성을 'multi-AZ'로 표현한다.

Edge Location은 AWS가 제공하는 CDN 서비스인 CloudFront에서 콘텐츠 전송을 위해 배치해 놓은 캐시 서버들이 위치하는 곳이다. 전 세계적으로 200여개 이상의 Edge Location에서 CDN 서비스 캐시가 제공되고 있다.

AWS의 Region과 AZ, Edge Location 등의 글로벌 인프라는 현재도 계속 추가되고 있기 때문에 정확한 정보는 인터넷 주소[3]에서 확인하는 것이 좋겠다.

(2) VPC

VPC(Virtual Private Cloud)는 AWS 클라우드 네트워크의 근간을 이루는 서비스로서, 실제 데이터센터에서 운영하는 물리 네트워크와 매우 유사한 가상 네트워크 환경을 제공한다.

VPC는 private IP 네트워크를 효율적으로 구성하기 위해서 사용되며, 서브넷(subnet)과 라우트 테이블(route table), 인터넷 게이트웨이(internet gateway) 등을 활용해서 네트워크 대역을 분할하고, 분할된 네트워크 간의 통신 및 외부 인터넷 통신 등을 제어한다.

AWS에서 네트워크를 설정할 경우, 사설 IP로 사용되는 A class(10.0.0.0/8) 혹은 B class(172.16.0.0/12), C class(192.168.0.0/16) IP 대역을 하나의 VPC에 할당한 후, 해당 VPC에 하나 이상의 서브넷을 구성하여, 용도에 맞게 CIDR 블록으로 IP 대역을 분리해서 할당하는 방법으로 VPC 관련 서비스를 사용한다.

서브넷은 일반적인 네트워크 서브넷과 비슷한 의미로 사용되는 것으로, VPC에 할당된 IP 주소를 CIDR 블록을 이용하여 네트워크 주소로 잘게 쪼개기 위해 사용된다. VPC는 적어도 하나 이상의 서브넷을 가져야 하며, 서브넷의 네트워크 통신은 서브넷에 할당된 라우트 테이블을 통해 설정된다. 인터넷을 통한 외부 접속은 인터넷 게이트웨이나 NAT 게이트웨이로 트래픽을 라우팅함으로써 가능하다. 이때 인터넷을 통해 직접 외부 inbound 및 outbound 접속이 모두 가능한 서브넷을 public subnet이라고 하고, 인터넷 접속이 직접 허용되지 않는 서브넷은 private subnet이라고 정의한다. 즉 public subnet은 인터넷 게이트웨이로 향하는 라우팅 테이블이 설정된 서브넷을 의미

---

3) http://aws.amazon.com/ko/about-aws/global-infrastructure/

한다. Private subnet의 인터넷 outbound 통신을 위해서는 NAT 게이트웨이를 배치하는 것이 일반적이다.

AWS에 EC2 등의 가상 인프라를 배치하기 위해서는 반드시 VPC 설정이 필요하다. 안정성 측면에서 하나의 VPC에 가용 영역을 달리하는 복수의 서브넷을 구성하고, 리소스를 가용 영역이 다른 다수의 서브넷에 배치함으로써 가용성을 높일 수 있도록 구성하는 것이 권장사항이다.

(3) EC2

EC2는 AWS에서 생성할 수 있는 가상의 서버를 의미하며 Elastic Compute Cloud의 줄임말이다. EC2를 통해서 리눅스 서버나 윈도우 서버를 손쉽게 만들 수 있다. 이렇게 만들어진 서버는 원하는 때에 만들었다가 원하는 때에 반납하는 것이 가능하기 때문에 '인스턴스'라고 부른다. EC2에서 사용할 수 있는 OS 제품군은 일종의 템플릿 이미지인 AMI(Amazon Machine Image)를 통해서 제공된다. AMI는 Redhat, CentOS, Ubuntu, Suse 등의 linux 계열 OS와 다양한 버전의 Windows Server OS가 준비되어 있으며, AWS가 기본적으로 제공하는 것 외에 마켓플레이스나 커뮤니티를 통해 제공되는 다양한 이미지를 인스턴스 생성에 사용할 수 있다.

AWS의 EC2는 CPU 수량과 Memory 수량을 개별적으로 지정할 수 없는 특징이 있다. EC2는 미리 정의된 CPU와 Memory 수량을 Type이라는 형태로 제공한다. 이용자는 EC2의 Type 중에서 본인이 필요로 하는 CPU 수와 Memory 크기를 가장 근접하게 제공하는 Type을 선택해서 EC2 서버를 구성할 수 있다.

AWS는 Micro, 범용(General purpose), 메모리 집약형(Memory optimized), 스토리지 집약형(Storage optimized), CPU 집약형(Compute optimized) 등의 조합으로 리소스 타입을 지정할 수 있도록 제공하고 있다.

EC2는 EBS와 인스턴스 스토어를 기본 스토리지로 사용할 수 있다. EBS는 Elastic

Block Storage를 의미하며, EC2에 마운트 할 수 있는 가장 일반적인 블록 스토리지로 HDD 및 SDD 등의 형태로 선택 가능하게 제공된다. 인스턴스 스토어는 EC2가 생성되는 호스트 머신의 내장 디스크를 통해서 제공하는 블록 스토리지이며, 사용 가능한 디스크 용량에 제한이 있기 때문에 임시 저장소로서만 제공되는 특징이 있다.

EC2는 Type에 따라 추가로 장착할 수 있는 네트워크 인터페이스에 제한이 있으나 일반적으로 두 개 이상의 네트워크 인터페이스를 허용한다. EC2가 사용할 수 있는 네트워크 인터페이스는 ENI(Elastic Network Interface), ENA(Elastic Network Adapter), EFA(Elastic Fabric Adapter) 등으로 필요한 네트워크 성능에 따라 선택적으로 적용할 수 있다.

(4) ELB

Elastic Load Balancing(ELB)은 수신되는 애플리케이션 트래픽을 여러 EC2 인스턴스에 자동으로 배분한다. ELB를 사용하면 애플리케이션의 내결함성을 크게 높이고, 수신되는 애플리케이션 트래픽에 응답하는 데 필요한 로드 밸런싱 용량을 원활하게 제공할 수 있다. 더불어 ELB Pool로 구성된 EC2 인스턴스 중 비정상 인스턴스가 발생되면 해당 인스턴스가 정상화될 때까지 트래픽을 차단함으로써 서비스 가용성을 높일 수 있다.

ELB는 AWS 초기부터 제공되던 Classic ELB 외에 ALB(Application Load Balancer)와 NLB(Network Load Balancer)를 추가로 사용할 수 있다. Classic ELB가 layer 4에 해당하는 LB라면 ALB는 layer 7에 해당하는 LB이다. Web Server Traffic을 처리하는 용도라면 ALB가 CLB보다 더 적합하다. CLB 및 ALB는 클라이언트에게 IP 대신 URL 형태의 접점을 제공하기 때문에 고정된 IP가 필요한 워크로드에는 사용이 제한적이다. 고정된 IP로 접점을 제공하기 위해서는 NLB를 사용하는 것이 좋다. 다만 NLB는 TCP 혹은 UDP 등의 로우 레벨 프로토콜만 처리할 수 있기 때문에 Web Server 응답을 활용한 health check 등을 사용할 수 없다는 단점이 있다.

AWS의 ELB는 AWS Certification Manager가 제공하는 SSL 인증서를 연동하여 SSL offload, 즉 ELB가 TLS 통신에 필요한 암호화 및 복호화를 처리하고, 실제 ELB 하단의 인스턴스들과는 http 평문 통신을 주고받는 형태의 구성이 가능하다. 이 기능을 활용하면 인스턴스들이 TLS 암복호화에 사용하는 컴퓨팅 파워를 ELB에게 전가할 수 있기 때문에 성능 면에서 이점을 얻을 수 있다.

(5) AutoScaling

Auto Scaling은 사용자가 정의하는 조건에 따라 EC2의 수량을 자동으로 확장하거나 축소할 수 있게 하는 서비스다. Auto Scaling을 이용하면 수요가 급증할 경우 사용 중인 EC2 인스턴스의 수량을 원활하게 늘려 성능을 유지하고, 수요가 감소할 경우 인스턴스 수를 자동으로 줄여 비용을 줄일 수 있다.

AutoScale은 스케줄 기반으로 설정할 수도 있고, CPU 및 메모리 등이 특정 임계치를 넘을 경우 자동으로 수행되도록 설정할 수도 있으며, 수동으로 인스턴스 수량을 늘리기 위해서도 사용될 수 있다.

다만 AutoScale이 원활하게 진행되기 위해서는 서버 수량이 늘거나 줄더라도 서비스가 이상이 발생하지 않도록 애플리케이션이 수평적 확장이 가능한 형태로 구성되어야 한다. 일반적으로 고려할 사항은 세션 처리이다. 로그인 처리가 완료된 이용자가 자동으로 추가된 서버로 접속할 경우에도 로그인 세션이 유지되도록 설정하는 처리가 필요한데, 온프레미스에서는 WAS 서버 간의 multicast를 활용해서 session clustering을 구성하는 반면, AWS에서는 redis 등의 cache 저장소를 활용해서 구현하는 것이 일반적이다.

(6) RDS

RDS는 AWS가 제공하는 관리형 데이터베이스 서비스로써 Relational Database Service라는 이름에서 알 수 있듯이 관계형 데이터베이스 솔루션을 제공한다. AWS는 RDS를 통해서 MySQL 및 PostgreSQL 등의 오픈 소스 DB뿐만 아니라 Oracle, MS-SQL 등의 3rd party DB도 서비스로 제공한다. 관리형 데이터베이스라는 용어를 사용하는 이유는 Amazon RDS가 데이터베이스 서버만 제공하는 것이 아니라 데이터베이스 엔진 소프트웨어를 패치하거나 데이터를 백업하는 등의 관리 업무를 자동으로 수행하기 때문이다. 더불어 multi-AZ를 통해서 하나의 DB를 가용 영역을 달리하여 이중으로 구성할 수 있기 때문에 고가용성의 DB를 손쉽게 구성할 수 있다. RDS를 사용하면 시스템 관리자 및 DB 관리자의 도움이 필요하지 않기 때문에 개발자가 데이터베이스 본연의 업무에만 집중할 수 있다.

MySQL과 PostgreSQL은 AWS의 자체 DB인 AWS Aurora RDS 서비스로도 제공된다. Aurora RDS는 스토리지 레벨의 복제를 제공하기 때문에 DB의 이중화 및 삼중화를 효율적으로 구성할 수 있고, Active-Standby 구성뿐만 아니라 Active-Active 구성 등으로 고효율 DB 서버를 구성할 수 있게 해준다.

Aurora RDS를 사용할 경우에는 DB 인스턴스를 따로 구성할 필요 없이 DB 엔진이 필요한 순간에만 초단위로 DB를 기동하여 쿼리를 수행할 수 있는 Serverless 구성도 가능하다.

(7) S3

S3, Simple Storage Service는 2006년도에 AWS에서 클라우드라는 이름으로 최초로 선보인 서비스다. S3는 객체 스토리지 서비스로서, S3에 저장된 객체에는 인터넷 주소가 할당되기 때문에, S3를 사용하면 인터넷이 연결된 곳이라면 언제 어디서나 용량

에 관계없이 데이터를 저장하고 검색할 수 있다. S3는 용량 제한이 없다는 장점과 사용한 만큼만 비용이 청구되는 특징을 가지고 있으며, 이러한 특성 때문에 AWS가 제공하는 CloudFront 등의 여러 서비스에서 기본 스토리지로 사용된다.

S3는 99.999999999(eleven nine이라고 읽는다)의 안정성을 제공한다. 기본적으로 삼중화된 스토리지에 객체가 보관되기 때문에 데이터 유실의 확률이 거의 없다. 다만 특정 객체를 동시에 둘 이상의 클라이언트가 작업할 수 있기 때문에 동시성 제어에 대한 이해가 필요하다. 초기의 S3는 최종적인 일관성(eventual consistency)라는 동시성 제어 기술을 제공했다. 최종적인 일관성은 PUT과 GET 사이에 데이터 불일치가 발생할 수도 있음을 의미한다. AWS는 요 근래 최종적인 일관성 대신에 강력한 쓰기 후 읽기 일관성(strong read-after-write consistency)을 제공하기 시작했다. 다만 아직도 특정 객체에 과도한 동시 사용이 있을 경우에는 동시성 제어의 결과가 예측한 값과 달라질 수 있다.

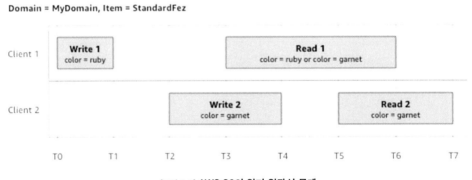

[그림 2-5] AWS S3의 읽기 일관성 문제

S3는 범용 객체 스토리지 서비스를 제공하기에는 적합하지만 EC2 인스턴스가 mount해서 사용하기에는 적합한 스토리지가 아니다. EC2가 mount해서 사용하려면 EBS나 EFS 등의 스토리지가 필요하다.

(8) EFS

EFS(Elastic File System)는 네트워크 파일 시스템 즉, NFS로 마운트할 수 있는 완전관리형 파일 스토리지 서비스이다. S3와는 다르게 마운트해서 사용할 수 있기 때문에 전체 파일 시스템 액세스 시맨틱(강력한 일관성, 파일 잠금 등)을 지원한다.

EFS 파일 시스템은 스토리지를 프로비저닝할 필요 없이 자동으로 기가바이트에서 페타바이트 규모의 데이터로 확장될 수 있다. 수십 개, 수백 개 또는 수천 개의 EC2 인스턴스에서 동시에 EFS 파일 시스템에 액세스할 수 있으며, EFS는 각 EC2 인스턴스에 일관된 성능을 제공한다. EFS는 높은 가용성과 뛰어난 내구성을 갖추도록 설계되었다. EFS에는 최소 비용이나 설정 비용이 없으며, 사용한 만큼만 비용을 지불하면 된다.

(9) CloudFront

CloudFront는 Contents Delivery Network, 즉 CDN 서비스를 제공하는 완전 관리형 서비스이다. CloudFront를 사용하면 정적 컨텐츠뿐만 아니라 동적 컨텐츠에 대해서도 빠른 반응 속도를 얻을 수 있다. CloudFront는 2021년 현재 46개국 89개 도시에서 225개가 넘는 PoP(Points of Presence)(엣지 로케이션 215개 이상, 리전별 중간 티어 캐시 12개)로 구성된 글로벌 네트워크를 사용하고 있다. 엣지 로케이션이 CloudFront의 CDN 서비스를 실제로 제공하는 곳이다. CloudFront에 설정된 오리진에 콘텐츠를 올리면 1시간 이내에 전 세계의 엣지 로케이션으로 전송된다. 콘텐츠를 이용하려는 이용자들은 자신의 위치에서 제일 가까운 엣지 로케이션으로부터 데이터를 전송받을 수 있기 때문에 신속하게 서비스를 제공받을 수 있다.

AWS의 리전 간 글로벌 네트워크는 강력한 전용선으로 연결되어 있기 때문에 CloudFront를 사용하면 정적 컨텐츠뿐만 아니라 동적 컨텐츠에 대해서도 빠른 응답 속도를 얻을 수 있다.

(10) Route53

Route 53은 AWS가 완전 관리형으로 제공하는 도메인 네임 시스템(DNS) 서비스다. DNS는 www.example.com과 같이 사람이 읽을 수 있는 이름을 컴퓨터가 서로 연결하는 데 사용하는 192.0.2.1과 같은 IP 주소로 변환하는 글로벌 배포 서비스이다. DNS 서버는 이름을 IP 주소로 변환하여 도메인 이름을 웹 브라우저에 입력할 때 최종 사용자를 어떤 서버에 연결할 것인지를 제어한다. Route 53은 도메인 이름을 IP 주소로 변환해주는데, AWS 내에서 서비스되는 EC2 인스턴스, ELB, CloudFront, S3 등에 대한 변환뿐만 아니라 AWS 외부의 인프라에도 연결할 수 있도록 서비스를 제공한다.

Route53의 DNS 서버는 전 세계적으로 분산되어 있어 인터넷 및 네트워크 문제를 우회할 수 있으며 최종 사용자가 애플리케이션에 안정적으로 라우팅될 수 있다. Route53 서비스는 100%의 SLA를 제공할 만큼 높은 수준의 신뢰도를 제공할 수 있도록 설계되었을뿐만 아니라 최종 사용자가 위치한 지역의 네트워크 상태에 따라 최적의 위치에서 쿼리에 자동으로 응답하도록 설계되었다. 그 결과 서비스가 최종 사용자에 대해 낮은 쿼리 지연 시간을 구현할 수 있다.

Route53은 단순한 DNS 응답 외에 지연시간 기반 라우팅, 위치 기반 라우팅, 가중치 기반 라우팅 등의 라우팅 정책을 지원하기 때문에 애플리케이션이 복수개로 구성되어 있을 경우 최종 사용자에게 최적의 이용자 경험을 제공할 수 있는 메커니즘을 제공한다.

3장

CAF(Cloud Adoption Framework)

특정 기업이 퍼블릭 클라우드를 도입한다는 것은 단순한 IT 기술의 변화가 아니라 기업의 IT 환경 전반에 대한 변화가 필요하다는 것을 의미한다. 퍼블릭 클라우드는 IT 환경에 대한 사용 방식 및 관리 방식, 관련 기술 등에 대해서 상당히 많은 기술적 변화를 초래한다. 일례로 사용한 만큼 지불하는 클라우드의 독특한 비용 청구 방식은 기업의 IT 서비스에 대한 예산 및 지불 방식에 구조적인 변화를 요구한다. 클라우드에서 IT 리소스는 자동으로 확장하거나 축소될 수 있고, 일시적으로 또는 영구적으로 사용을 중지하는 것도 가능하다. 기업의 IT 예산에 대해서 Capex, 즉 자본 비용에서 가변적으로 변동하는 Opex, 즉 운영 비용에 대응할 수 있는 구조적 변화가 필요한 것이다.

또 다른 예는 기업의 IT 자산 조달 절차에서 찾을 수 있다. 기업은 퍼블릭 클라우드를 통해서 프로젝트에 필요한 컴퓨팅, 스토리지, 네트워크 및 데이터베이스 리소스를 원하는 때에 원하는 만큼 즉시 프로비저닝 할 수 있다. 온프레미스에서 일반적으로 진행하던 견적받고, 딜리버리하고, 장비를 받은 후 설치 및 구성하는 등의 절차가 사라지기 때문에 기업의 조달 절차에도 많은 변화가 요구된다.

클라우드에서 생성한 리소스는 시작되고 몇 분 내에 프로젝트 팀에서 사용할 준비가 완료된다. 환경을 쉽게 재구성하고, 빠르게 업데이트하고, 필요 없어지면 그 순간 삭제하는 것이 가능하다. 온프레미스에서는 가능하지 않았던 이런 사용 패턴은 클라우드 관리를 위한 거버넌스에 고민할 사항이 많아졌음을 의미한다.

이렇듯 많은 변화가 요구되기 때문에 클라우드를 성공적으로 도입하려면 조직 전체에서 근본적인 변경 사항을 구체적으로 파악해서 IT 조직 내외부의 모든 이해 관계자가 이러한 변경 사항을 적극적으로 지원할 필요가 있다. AWS CAF(Cloud Adoption Framework)는 조직에서 변화가 필요한 영역에 대해서 변화에 필요한 가이드를 제공하여, 각 영역이 기술과 프로세스를 새롭게 조정함으로써 클라우드 컴퓨팅에서 제공하는 각종 서비스를 최대한 효율적으로 활용할 수 있도록 지원한다. CAF에 기반한 변화를 사전에 준비한 조직과 그렇지 못한 조직의 마이그레이션 과정은 여러 면에서 차이를 보인다. 성공적으로 온프레미스의 워크로드를 클라우드로 마이그레이션 하기 위해서는 CAF를 통한 변화가 반드시 필요하다.

AWS의 CAF는 변화가 필요한 영역으로 6가지 영역을 제시하고 있다. [그림 3-1]은 AWS CAF의 6가지 영역을 나타낸다.

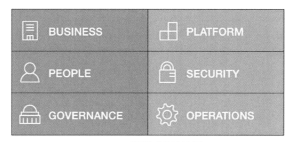

[그림 3-1] AWS의 CAF 영역

CAF의 각 영역은 한 명 이상의 이해관계자와 하나 이상의 기능을 포함한다. 각 기능은 이해 관계자가 클라우드 도입을 위한 여정에서 소유하고 있거나 관리해야 하는 "무엇"을 설명한다. 예를 들어 People 영역은 인력 관리를 담당하는 HR 책임자 및 관리자를 위한 지침을 제공한다. People 영역의 지침은 이해 관계자가 소유하거나 관리하는 기능이 클라우드 채택에 따라 어떻게 변화해야 하는지 가이드 하기 위한 인력 개발, 교육 및 커뮤니케이션에 중점을 둔다.

일반적으로 Business 및 People, Governance 영역은 비즈니스 기능에 중점을 두고 Platform 및 Security, Operations 영역은 기술 기능에 중점을 두고 있다.

각 영역이 설명하고자 하는 바는 다음과 같다.

Business 영역

Business 영역의 일반적인 이해관계자는 비즈니스 관리자, 재무 관리자, 예산 및 전략 담당자 등이다.

Business 영역에서는 클라우드를 도입할 때 이해 관계자가 비즈니스 가치를 최적화하기 위해 갖추어야 하는 기술 및 프로세스를 업데이트하는 방법을 이해할 수 있도록 지침을 제공한다.

비즈니스 영역은 IT가 비즈니스 요구사항에 부합하고, IT 투자가 입증 가능한 비즈니스 결과로 이어질 수 있도록 하는 데 중점을 둔다.

비즈니스 영역 내에서 이해 관계자를 참여시켜 클라우드 채택을 위한 강력한 비즈니스 사례를 만들고, 클라우드 마이그레이션 대상에 대한 우선순위를 지정하며, 조직의 비즈니스 전략과 목표가 IT 전략 및 목표와 확실하게 일치하도록 한다. 이를 위해서 아래 네 가지 기능을 이해할 필요가 있다.

(1) IT Finance

IT 비용이 Capex에서 Opex로 변경되기 때문에 필요한 영역이다. 기업의 IT 예산이 클라우드의 소비 기반 가격 모델을 효율적으로 지원할 수 있도록 변경되어야 한다. 이를 위해서는 클라우드 사용 비용을 모니터링 하는 방법과 클라우드 사용 요금을 사후

정산할 수 있는 프로세스가 필요하다. 더불어 클라우드의 charge-back 사용료 모델에도 익숙해질 필요가 있다. 다년도 계약을 통한 할인이나, Enterprise Discount Plan 등의 모델을 통해서 온 디멘드 요금에 비해 할인된 금액을 사용료로 지불할 수 있다.

(2) IT Strategy

기업이 클라우드를 채택하면 인프라 유지관리에 투입되던 시간과 노력을 획기적으로 줄일 수 있다. 그렇기 때문에 IT 조직은 유지관리 업무보다는 핵심 업무에 집중할 여력이 많이 확보되기 때문에 비즈니스 요구사항을 수집하기 위한 새로운 기술과 비즈니스 과제를 해결하기 위한 새로운 프로세스가 필요하다.

(3) 이익 실현(Benefits Realization)

클라우드를 채택함으로써 얻을 수 있는 IT 투자 이익을 측정하는 기술 및 절차가 필요하다. 주로 총 소유 비용(TCO) 이나 투자 수익(ROI) 계산을 통해 수치화 하고 계량화 할 수 있다.

클라우드는 사용 비용을 실제로 사용한 부서와 매칭시킬 수 있는 방법을 제공한다. 따라서 특정 부서가 IT 투자를 통해서 어떤 비즈니스 이익을 창출했는지 확인할 수 있기 때문에 의미 있는 수치를 얻어낼 수 있다.

(4) 비즈니스 위험 관리(Business Risk Management)

비즈니스 위험 관리는 외부 위험이 비즈니스에 미치는 영향을 통제해야 함을 의미한다. 재무 및 기술 제약에 따라 비즈니스 민첩성이 저해되는 것이 비즈니스 위험의 일반적인 모습이다. 클라우드를 채택하면 각종 제약을 회피할 수 있기 때문에 비즈니스 민첩성이 증가된다.

지속적으로 민첩성을 증가시키기 위해서는 잠재적인 위험을 식별하고 평가하기 위한 기술과 프로세스가 개발되어야 한다.

People 영역

People 영역의 일반적인 이해관계자는 HR 및 인사 관리자들이다.

People 영역에서는 기업이 클라우드를 채택하기 위해 필요한 직원의 역량 및 변화 관리 기능에 대해서 지침을 제공한다.

기업의 이해 관계자들과 함께 현재의 조직 구조 및 역할을 분석하고, 새로운 기술 및 프로세스 요구사항을 평가하여 서로 간의 격차를 식별한다. 요구사항 및 GAP 분석을 수행하면 필요한 교육을 지정하고, 조직 간 인력 배치 및 조직 변경의 우선순위를 정하는 데 도움이 되므로 클라우드 채택에 필요한 조직 구조를 빠르고 효과적으로 구성할 수 있다. 이를 위한 다섯 가지 기능이 People 영역에서 기술된다.

(1) 자원 관리(Resource Management)

클라우드 채택을 위해 필요한 인력 요구사항을 정의하고 필요한 인재를 육성하거나 충원하기 위한 기술 및 절차가 필요하다.

클라우드 채택을 위해서는 인력 지원 부서가 조직의 요구사항에 따라 필요 인력을 예측하고 적절하게 인력을 배치할 수 있도록 새로운 기술과 프로세스를 습득해야 한다. 이를 위해서 클라우드 기술을 이해하는 데 필요한 기술을 파악해야 하며 향후 인력 요구사항을 예측하기 위한 프로세스가 준비되어야 한다.

(2) 인센티브 관리(Incentive Management)

클라우드 채택을 위해 핵심 인재를 영입하거나 유지하기 위해 인센티브 제도가 정비될 필요가 있다.

인센티브 관리는 핵심 인재 유치 및 유지의 핵심이다. 클라우드 채택 작업의 일환으로 인센티브가 고려되어야 한다. 클라우드 도입의 성공 여부는 조직의 인재들의 역량에 달려 있기 때문에 인사 지원 조직은 인센티브를 통해서 인재를 관리할 수 있는 새로운 기술과 프로세스를 개발해야 한다.

(3) 경력 관리(Career Management)

클라우드 채택은 IT 커리어 패스에 변화를 초래하므로 HR 관리자와 인력 관리자는 조직의 구성원들이 새로운 역할과 경력 옵션을 이해할 수 있도록 경력 관리 기술과 프로세스를 업데이트 해야 한다.

(4) 교육 관리(Training Management)

조직의 구성원들은 클라우드 서비스를 구현하고 유지하는 데 필요한 지식과 기술을 지속적으로 학습해야 한다. 이를 위해서 조직이 변화와 혁신의 속도를 수용할 수 있도록 교육 방식을 수정해야 할 수도 있다. 급격한 변화에 대처하기 위한 훈련 방식이 가능하도록 프로세스 및 기술이 개발되어야 한다.

(5) 조직 변화 관리(Organizational Change Management)

조직의 구성원들이 클라우드 도입에 따라 야기되는 변화에 효율적으로 대처할 수 있도록 조직 전반의 변화 관리가 필요하다.

변화 관리는 성공적인 클라우드 채택의 핵심이다. 명확한 커뮤니케이션을 통해서 조직 구성원들이 변화를 수용할 수 있도록 함으로써 새로운 작업 방식을 도입할 때 직원들에게 나타날 수 있는 불확실성을 줄이도록 노력해야 한다. 이러한 노력이 지속적으로 진행될 수 있도록 변화를 관리하기 위한 기술과 프로세스를 개발해야 한다.

Governance 영역

Governance 영역의 일반적인 이해관계자는 CIO, 프로그램 관리자, 프로젝트 관리자, 엔터프라이즈 아키텍트, 비즈니스 분석가 및 포트폴리오 관리자 등이다.

Governance 영역은 조직이 IT 투자를 통해 얻을 수 있는 비즈니스 가치를 극대화하고, 비즈니스 위험을 최소화할 수 있도록 IT 전략과 목표를 조직의 비즈니스 전략 및 목표에 일치시키기 위해 필요한 기술과 프로세스에 중점을 둔다.

이를 위해서 네 가지 기능을 제시하고 있다.

(1) 포트폴리오 관리(Portfolio Management)

조직의 비즈니스 목표에 따라 IT 투자와 프로젝트의 우선순위를 지정하고 관리하기 위한 조직의 능력에 중점을 둔다.

포트폴리오 관리는 워크로드에 대한 클라우드 적합성을 파악하고 클라우드 서비스로의 마이그레이션 우선순위를 결정하기 위한 중요한 메커니즘이다. 이를 통해서 애플리케이션과 서비스의 수명주기 관리(lifecycle management)가 가능해진다. 조직은 특정 워크로드를 클라우드로 마이그레이션 하는 것이 적합한지 평가하기 위한 새로운 기술과 프로세스를 개발해야 한다.

(2) 프로젝트 관리(Project Management)

하나 또는 여러 개의 관련 프로젝트를 관리하여 조직의 성과를 개선하고 시간과 예산에 맞춰 프로젝트를 완료하기 위해 조직이 갖추어야 하는 것들에 중점을 둔 기능이다.

기존의 프로젝트 관리 방식은 일반적으로 클라우드 도입 및 운영에 필요한 반복적인 변화 속도를 따라가지 못한다. 프로젝트 관리자는 클라우드 서비스의 민첩성 및 비용 관리 기능을 활용하기 위해 기술과 프로세스를 업데이트해야 한다. 애자일 프로젝트 관리에 대한 새로운 기술과 애자일 스타일 프로젝트를 관리하기 위한 새로운 프로세스를 개발해야 한다. 애자일에 대해서는 이 책의 뒷부분에서 살펴볼 것이다.

(3) 비즈니스 성과 측정(Business Performance Measurement)

기업의 목표를 지원하기 위해 프로세스를 측정하고 최적화하는 조직의 능력을 다룬다.

클라우드 서비스는 조직이 새로운 프로세스 자동화 및 최적화 수단을 빠르게 실험할 수 있는 잠재력을 제공한다. 이러한 잠재력을 활용하려면 클라우드 중심의 핵심성과지표(KPI)를 정의하고 클라우드 활용이 비즈니스 결과에 매핑되도록 프로세스를 생성하는 새로운 기술 및 절차가 필요하다.

(4) 라이선스 관리(License Management)

IT 시스템 및 소프트웨어에 필요한 라이센스를 조달 및 배포, 관리하는 조직의 기능을 정의한다. 클라우드 소비 모델을 사용하려면 라이선스 구매 및 관리를 위한 새로운 기술과 라이선스 요구사항을 평가하기 위한 새로운 프로세스를 개발해야 한다.

Platform 영역

Platform 영역의 일반적인 이해관계자는 CTO, IT 관리자 및 솔루션 아키텍트 등이다.

Platform 영역에서는 이해관계자가 클라우드에서 솔루션을 구성하고 최적화된 서비스를 제공하기 위해 필요한 기술과 프로세스를 업데이트하는 방법에 중점을 두고 있다.

이 영역에서 파생된 정보를 사용하면 원하는 환경의 아키텍처를 자세히 설명할 수 있다. Platform 영역에는 클라우드에 새로운 솔루션을 구현하고 사내 워크로드를 클라우드로 마이그레이션하기 위한 원칙과 패턴이 포함된다.

(1) 컴퓨팅 프로비저닝(Compute Provisioning)

조직에게 컴퓨팅 파워를 제공하기 위한 기능 영역이다. 클라우드에서 컴퓨팅 파워를 제공하는 것은 온프레미스에서 물리적인 하드웨어를 제공하는 것과는 많이 다르다. 클라우드에서는 데이터센터의 물리 환경이나 하드웨어의 조달 절차 등이 필요하지 않다. 컴퓨팅 환경이 가상화되어 있기 때문에 필요한 순간에 필요한 리소스를 바로 선택해서 사용할 수 있다. 필요한 순간에 필요한 자원을 프로비저닝하기 위한 절차 및 프로세스가 준비되어야 한다.

(2) 네트워크 프로비저닝(Network Provisioning)

조직이 클라우드를 채택하게 되면 네트워크 역시 구성 방식이 많이 달라진다. 하드웨어 구성 요소 대신에 클라우드가 제공하는 네트워크 서비스를 설계하고 구현하는 능력이 필요하다. 이를 위한 기술과 프로세스를 개발해야 한다.

(3) 스토리지 프로비저닝(Storage Provisioning)

클라우드는 블록 스토리지, 오브젝트 스토리지, 파일 스토리지 등의 다양한 스토리지 서비스를 제공한다. 이러한 서비스들은 온프레미스에서 SAN(Storage Area Network)이나 NAS(Network-Attached Storage)를 구성하던 방식과는 많이 다른 기술과 절차를 요구한다.

(4) 데이터베이스 프로비저닝(Database Provisioning)

클라우드는 관계형 데이터베이스뿐만 아니라 NoSQL DB, Document DB, 시계열 DB 등의 다양한 데이터베이스 관리 시스템을 서비스로 제공한다. 이러한 서비스들은 관리형 서비스로 제공되기 때문에 하드웨어 데이터베이스 자체에 들이는 노력이 필요하지 않다. 서비스로 제공되는 DB를 관리하기 위한 절차 및 기술이 학습되어야 한다.

(5) 시스템 및 솔루션 아키텍처(Systems & Solution Architecture)

클라우드 서비스를 사용하면 시스템 아키텍처를 설계하고 구현하는 방식이 많이 달라진다. 시스템 설계자는 손쉽게 시각화된 아키텍처를 디자인할 수 있고, IaC(Infrastructure as Code) 방식으로 아키텍처를 클라우드 상에 구현할 수 있다. 클라우드에서 조직이 요구하는 다양한 아키텍처를 생성하는 방법과 각 아키텍처를 최적화하기 위한 프로세스를 정의해야 한다. 이를 위해서 AWS에서는 Well Architected Framework이라는 모범사례 및 가이드를 제공하고 있다. WAF에 대해서는 따로 지면을 할애해서 설명할 예정이다.

(6) 응용 프로그램 개발(Application Development)

조직의 비즈니스 목표를 지원하기 위해 응용 프로그램을 사용자 지정하거나 개발하는 조직의 기능을 정의한다.

클라우드가 제공하는 민첩성를 활용해서 비즈니스 민첩성을 확보하기 위해서는 CI/CD(지속적 통합 및 지속적 배포)를 활용한 개발 및 배포 방법이 필요하다.

Security 영역

Security 영역의 일반적인 이해관계자는 CISO, IT 보안 관리자 및 IT 보안 분석가 등이다.

Security 영역은 이해관계자가 클라우드에 배포된 아키텍처가 조직의 보안 요구사항, 복원력 및 규정 준수 요구사항에 부합하는지 확인하는 데 필요한 기술 및 프로세스를 업데이트하는 방법을 가이드하는 영역이다.

(1) ID 및 액세스 관리

클라우드 내에 리소스를 생성하고 관리하기 위해서는 할당된 권한을 가지고 클라우드 계정에 접근해야 한다. 잘못된 리소스 사용이나 불미스러운 사고를 예방하기 위해서는 클라우드 계정에 대한 적절한 접근 권한 관리와 액세스 제어가 필요하다.

(2) Detective Control

클라우드는 클라우드 환경에서 발생하는 활동 상황을 로깅함으로써 가시성을 제공하는 관제용 서비스를 제공한다. 로깅 기능을 중앙 집중식 로깅 및 모니터링 솔루션에 통합하여 전체적인 가시성을 확보할 수 있는 방안을 모색해야 한다.

(3) 인프라 보안

클라우드가 제공하는 보안 서비스를 활용해서 인프라를 구축하고 운영하는 능력을 키워야 한다. 새로운 보안 기능이 가용해지면 조직의 IT 보안팀이 새로운 기능을 활용할 수 있도록 기술과 프로세스를 업데이트 해야 한다.

(4) 데이터 보호

데이터에 대한 무결성을 유지하는 방법과 조직에서 안전한 방식으로 데이터를 액세스해서 사용할 수 있는 방법을 정의해야 한다.

(5) 사고 대응

보안 사고에 대한 대응 방안과 피해를 최소화하면서 환경을 복원하는 능력에 중점을 둔다. 클라우드를 사용하면 서비스 및 ISV(Independent Software Vendor) 솔루션을 사용하여 사고 대응 및 복구를 자동화하고 재해 복구의 일부를 완화할 수 있다. 그렇기 때문에 보안팀은 사고 대응이 아니라 사고에 대한 근본 원인 분석 및 포렌식 분야에 더 많은 시간을 사용할 수 있게 된다.

Operations 영역

Operations 영역의 일반적인 이해관계자는 IT 운영 관리자 및 IT 지원 관리자 등이다. Operations 영역에서는 비즈니스 이해 관계자와 합의된 수준으로 IT 워크로드를 제공하고 운영하기 위해 필요한 영역을 설명한다. IT 운영은 비즈니스 목표가 달성될 수 있도록 비즈니스를 지원할 필요가 있다.

(1) 서비스 모니터링

IT 서비스 및 애플리케이션의 상태와 관련된 문제를 감지하고 이에 대응하는 능력을 나타낸다. 클라우드를 사용하면 서비스 및 애플리케이션 이상을 감지하고 대응하는 프로세스를 고도로 자동화하여 서비스 가동 시간을 늘릴 수 있다. 운영팀은 클라우드가 제공하는 서비스 모니터링 기능을 활용할 수 있는 능력과 서비스 모니터링 프로세스를 자동화하기 위한 새로운 기술을 개발해야 한다.

(2) 애플리케이션 성능 모니터링

애플리케이션의 성능이 조직의 요구사항을 충족하는지 확인할 수 있는 모니터링 방안이 필요하다. 클라우드 서비스는 성능 모니터링과 함께 자동화된 크기 조정을 통해 애플리케이션의 성능을 유지할 수 있는 기능을 제공한다. 운영 팀은 이러한 기능을 효과적으로 활용하기 위해 기술과 프로세스를 업데이트 해야 한다.

(3) 리소스 인벤토리 관리

클라우드를 채택하면 하드웨어 자산과 하드웨어 수명주기를 관리할 필요가 없다. 조직은 라이선스 사용을 최적화하는 주문형 기술을 활용하여 소프트웨어 라이선스 관리를 단순화 할 수 있다. 운영 팀은 클라우드 리소스를 관리할 수 있도록 기술과 프로세스를 보완해야한다.

(4) 변경 및 릴리스 관리

클라우드 사용을 통해서 배포 속도를 높이고 문제가 발생할 경우 빠르고 정확하게 롤백할 수 있도록 CI/CD 기술을 적극 활용해야 한다.

(5) 리포트 및 분석

조직의 리포트 정책을 준수하고 SLA(Service Level Agreement) 및 OLA(Operational Level Agreement) 같은 주요 KPI의 달성 여부를 지속적으로 분석해서 보고할 수 있는 기능이 필요하다.

(6) BC / DR(Business Continuity / Disaster Recovery)

심각한 장애로부터 조직의 IT 서비스를 보호하고 복구할 수 있도록 BC 및 DR에 대한 고민이 필요하다. 기존 BC 및 DR 프로세스의 대부분은 클라우드 채택으로 인해 변경될 가능성이 크기 때문에 운영 팀은 새로운 모델을 활용하기 위한 기술과 절차를 업데이트 해야 한다.

(7) IT 서비스 카탈로그

IT 서비스 카탈로그는 이해관계자들이 IT 서비스를 선택해서 사용할 수 있도록 가능한 서비스를 알리고 제공하는 것을 의미한다. 클라우드 채택을 통해 IT 서비스 카탈로그는 조직이 비즈니스 위험을 최소화하면서 최고의 비즈니스 가치를 제공하는 서비스를 선택할 수 있도록 하는 제어 메커니즘을 제공한다. 거버넌스 관점에서 포트폴리오 관리와 밀접하게 결합되어 기술 서비스가 비즈니스 목표 및 요구사항에 부합하는지 확인한다.

4장

MRA 및 MRP

클라우드를 채택할 경우 사전에 준비가 필요한 IT 환경이 어떤 것들이 있는지 CAF(Cloud Adoption Framework)를 통해서 알아보았다. 계속해서 얘기하지만 클라우드를 채택한다는 것은 IT 기술의 변화뿐만 아니라 IT 환경의 전반적인 변화가 필요함을 의미한다. CAF는 변화가 필요한 IT 환경이 어떤 영역인지, 그리고 어떠한 대비가 필요한지를 보여주는 프레임워크이다.

MRA(Migration Readiness Assessment)

 이제 MRA(Migration Readiness Assessment), 즉 마이그레이션 준비 상태 점검 방법에 대해서 소개하고자 한다. MRA는 CAF에서 언급하고 있는 6개 영역에 대해서 조직의 현재 준비 상태가 어떠한지를 분석하는 과정이다. 베스트 프랙티스, 즉 클라우드를 제대로 사용하고 있는 조직들의 6개 영역에 대한 상태와 우리 조직의 현재 상태 간의 간극을 확인하는 과정이다. AWS에서는 간단하게 간극을 확인하는 방법으로 웹 페이지 (https://cloudreadiness.amazonaws.com)를 통해서 self-check tool을 제공하고 있다. [그림 4-1]은 해당 페이지에서 질의응답을 통해서 간단하게 확인한 특정 조직의 AS-IS 상태에 대한 레이더 차트를 나타낸다.

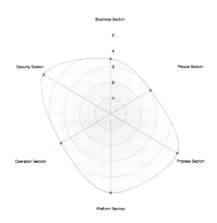

[그림 4-1] Cloud Readiness Radar Chart

그러나 자가 점검으로 확인할 수 있는 영역은 많은 한계가 있다. Self-check tool에서는 15개 정도의 질문 항목이 있는 반면, 실제 MRA 진단은 조직의 실무 담당자들에게 80여 개에 달하는 질문 항목에 대해서 인터뷰를 진행한 결과를 바탕으로 한다. AWS의 공식 MRA 질문 항목은 고객이 직접 열람할 수 있도록 허용되어 있지 않기 때문에 AWS 혹은 베스핀글로벌 같은 AWS 전문 기술 파트너 업체의 도움이 필요하다.

MRA 진단은 초도 인터뷰, 인터뷰 결과 분석, 결과 보고의 순으로 진행된다.

초도 인터뷰에는 IT 담당자, 보안 담당자, 비즈니스 담당자 등이 참여해서 인터뷰 방식으로 MRA 질의 항목에 답변을 달게 된다. 질문의 형식은 self-check tool과 유사하게 객관식으로 5가지 중 하나를 선택하는 형식이다. 사전에 MRA 질문서를 공유해서 각 질문 항목에 답변이 가능한 담당자들이 MRA 인터뷰에 참석할 수 있도록 유도하는 것이 필요하다. 인터뷰는 대략 4, 5시간 정도가 소요되는데, 가능하다면 모든 참석자들이 동석한 상태에서 진행하는 것이 담당자 간의 협의 및 동의를 이끌어내는데 효과적이다.

인터뷰 결과 분석은 대략 1, 2주 정도의 시간이 소요된다. 이 기간 동안 인터뷰 결과를 분석하고 권장 조치 사항을 식별해서 결과 보고서를 작성하게 된다.

[그림 4-2]는 인터뷰 결과에 대한 샘플을 나타낸다. 개선이 필요한 부분은 붉은색 혹은 노란색으로 표시된다.

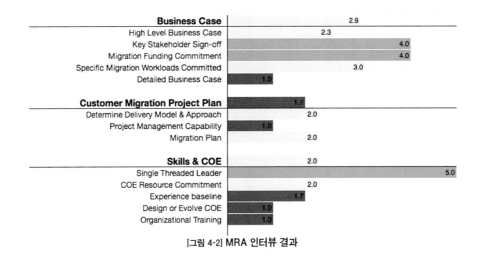

[그림 4-2] MRA 인터뷰 결과

결과 보고는 초도 인터뷰에 참석했던 대상자들이 모두 동석한 가운데 1시간 안팎으로 진행된다. 결과 보고에서는 인터뷰 결과에 입각한 고객의 현재 상태에 대한 제시와 고객의 강점과 약점을 식별하여 개선이 필요한 사항에 대한 안내, 고객이 향후 실행 계획을 수립할 수 있도록 로드맵을 설명하는 순서로 진행된다.

MRP(Migration Readiness & Plan)

MRP는 본격적으로 마이그레이션을 준비하는 단계이다. 이 단계가 끝나면 실제로 온프레미스에서 서비스되던 워크로드를 클라우드로 마이그레이션할 수 있다. 온프레미스에서 서비스되던 워크로드가 클라우드에서도 안정적으로 서비스될 수 있도록 사전에 필요한 것들을 식별하고 준비하는 과정이 MRP이다. MRP 단계에서는 가장 먼저 책임 있게 조직의 마이그레이션을 주도할 팀을 구성하는 작업이 진행된다.

(1) CCoE

기업의 마이그레이션을 처음부터 끝까지 책임지고 리드할 수 있는 조직을 CCoE(Cloud Center of Excellence)라고 부른다. CCoE가 어느 정도의 책임과 권한을 가지고 마이그레이션을 주도하느냐에 따라서 마이그레이션의 성패가 결정된다고 해도 과언이 아니다. 기업이 온프레미스에 있는 워크로드를 클라우드로 마이그레이션 하기로 결정했다면 관련된 모든 조직이 한 방향으로 움직일 필요가 있다. CCoE는 모든 조직 구성원들이 바라봐야 하는 방향을 제시하고, 조직이 그 방향으로 움직일 수 있도록 독려하고 가이드하며 리딩하는 역할을 수행한다. 따라서 CCoE에는 마이그레이션에 관련된 모든 조직의 조직장들이 멤버로 참여하는 것이 가장 이상적이다. 인프라 담당자와 애플리케이션 담당자, 보안 담당자와 데이터 담당자, 그리고 서비스 담당자까지 모두 멤버로 참여해야 한다. 더불어서 CCoE의 결정과 실행에 힘이 실리기 위해서는 C 레벨의 강력한 리더십과 지원이 필수적이다. 마이그레이션 전 과정에 대해서 방향을 제시하고, 모든 구성원들이 그 방향으로 갈 수 있도록 관리 감독하는 역할이 CCoE 조직에 주어지기 때문이다.

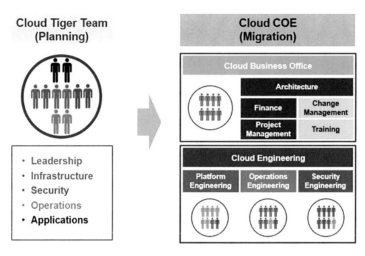

[그림 4-3] CCoE 구성 및 역할

[그림 4-3]은 전형적인 CCoE TF를 나타낸다. CCoE는 CAF(Cloud Adoption Framework)에서 제시하는 6개 영역에 대한 GAP을 식별하고 극복하는 역할을 수행하는 조직이기 때문에 Business, People, Governance, Platform, Operation, Security 등과 관련된 모든 담당자 및 책임자들이 조직의 구성원으로 참여해야 한다.

가. Cloud Tiger Team

초기 계획 단계에서의 CCoE는 민첩한 의사결정과 실행이 필요하기 때문에 핵심 멤버들만 참여해서 MRP 과정에 필요한 사전 준비를 진행한다. 이 조직을 Cloud Tiger Team이라고 부른다. Cloud Tiger Team은 마이그레이션 준비 과정에서 야기될 수 있는 조직적 이해관계의 충돌을 조절하고 극복해나가야 하기 때문에 팀 이름처럼 집요하고 용맹하게, 그리고 민첩하게 준비 과정을 진행해야 한다. Cloud Tiger Team이 수행해야 하는 사전 준비가 바로 MRP 과정이다. 더불어 MRA 진단을 통해서 식별된 GAP도 Cloud Tiger Team의 주도하에 극복된다. Cloud Tiger Team은 본격적으로 마이그레이션이 시작되면 CCoE로 조직 규모가 커진다. 대규모 마이그레이션은 전사적인 리소스 동원이 필요한 작업이기 때문에 최대한 많은 인원이 CCoE에 참여해서 실행력을 높여야 한다. 그리고 CCoE에 참여한 멤버들은 주기적으로 일부씩 교체해서 기업 전체의 구성원들이 클라우드 경험을 쌓아나갈 수 있도록 하는 것이 중요하다.

본격적인 마이그레이션을 대비한 CCoE의 구성 형태는 다음과 같다.

나. CBO(Cloud Business Office)

CBO는 CAF의 비즈니스 측면, 즉 Business, People, Governance와 관련된 업무를 수행한다. CCoE는 기업 전체에 대해서 조직적인 대규모 변화를 가이드하고 리드해야 하는 조직이기 때문에 CBO의 역할은 대단히 중요하다. CBO는 온프레미스 워크로드가 클라우드 상에서 원활하게 동작할 수 있도록 표준 아키텍처를 제시하고 새로운 개발 방법론을 가이드 해야 한다. 기업의 재무 구조에 클라우드 비용 모델인 사용한 만큼 과금되는 후불제 비용 모델이 적용될 수 있도록 변경하는 것도 CBO의 책임이다. 그리고 기존 구성원들을 클라우드 엔지니어로 탈바꿈시키며, 그에 따른 교육 과정을 준비하는 것도 CBO의 역할이다. 이러한 과정들이 조직에 대규모 부작용을 일으키지 않도록 조율하고 부작용을 최소화하도록 변경관리를 수행하는 것이 CBO의 가장 큰 역할이라고 할 수 있다. 대규모로 진행되는 마이그레이션 프로젝트의 일정 관리 및 리소스 관리, 위험 관리 등도 CBO의 책임하에 진행된다.

다. CE(Cloud Engineering)

CE는 CAF의 기술적 측면인 Platform, Operation, Security와 관련된 업무를 진행한다. CBO가 방향을 제시하고 리드하는 역할이라면, CE는 기술적으로 그 방향대로 마이그레이션 실무를 실행하는 역할을 수행한다. 실제적인 구축 및 마이그레이션 업무가 CE를 통해서 진행된다. 클라우드 인프라를 구성하고 애플리케이션 및 데이터를 이전하며, 이전된 워크로드에 대해서 필요한 보안 조치를 수행한 후 본격적으로 운영 업무를 수행하는 것이 CE의 역할이다. 기업의 전체 엔지니어들이 클라우드 경험을 모두 공유할 수 있도록 CE에 참여하는 멤버들을 주기적으로 로테이션하는 것이 기업의 원활한 변경 관리를 위해서 반드시 필요하다.

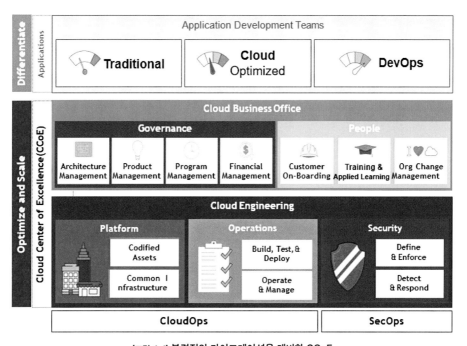

[그림 4-4] 본격적인 마이그레이션을 대비한 CCoE

(2) Resource Plan

리소스 플랜은 마이그레이션을 주도할 팀과 마이그레이션 이후 마이그레이션된 워크로드를 관리하고 운영할 팀을 구성하기 위한 작업이다. 대규모 마이그레이션을 준비하려면 조직 내에 클라우드에서 운영 워크로드를 구축하고 운영해 본 경험이 있는 인력과 마이그레이션 방법론, 운영 프로세스가 필요하며, 다양한 조직을 통해서 적절한 리소스를 동원하고 마이그레이션 팀을 이끌 전담 리더십 팀이 있어야 한다. 따라서 Resource Plan은 CCoE 구성과 함께 고민해야 하는 부분이다. CCoE의 구성원 역시 리소스 플랜을 통해서 구성되고, CCoE의 CBO는 마이그레이션에 필요한 기술과 인력을 계획한다.

다만 한 가지 고려할 것은 클라우드 엔지니어의 Skill Set이다. 일반적으로 온프레미스에서는 엔지니어의 Skill Set이 수직으로 나뉘어진다. 시스템 엔지니어, 네트워크 엔지니어, 미들웨어 엔지니어, 데이터베이스 엔지니어, 개발자, 보안 엔지니어 등으로 수직적으로 나뉜 Skill Set에 따라 각 분야에 적어도 한명 이상의 엔지니어가 포진하고 있는 것이 일반적인 그림이다. 그러나 클라우드 엔지니어는 더 이상 수직적으로 분할된 Skill이 아니라 전 분야에 걸쳐 보편지식을 가지고 있는 상태에서 자신만의 특화된 전문지식을 가지고 있는 이른바 T자형 인재의 모습으로 거듭날 필요가 있다. 이것이 가능한 것은 클라우드가 제공하는 as a Service 덕분이다. 온프레미스에서는 한 분야의 복잡성 때문에 각 분야에 대한 Skill Set이 수직으로 나뉠 수밖에 없다. 시스템 엔지니어가 네트워크나 보안을 함께 커버하는 것이 쉽지 않다. 그러나 클라우드에서는 이런 접근이 가능하다. 클라우드가 제공하는 서비스는 다양성이나 깊이가 온프레미스에 비해서 적기 때문에 클라우드 엔지니어는 클라우드가 제공하는 서비스만 이해한다면 워크로드 구성이 가능해진다. 그래서 T자형 엔지니어가 만들어질 수 있다.

T자형 엔지니어는 DevOps 엔지니어로 쉽게 변모할 수 있다. 개발을 책임지는 엔지니어가 쉽게 클라우드 인프라 영역을 커버할 수 있기 때문에 개발과 운영이 한두 사람의 엔지니어에 의해서 가능해진다. 물론 반대의 경우도 가능하다. 즉 운영을 담당하던

엔지니어가 쉽게 개발자로 탈바꿈할 수 있다.

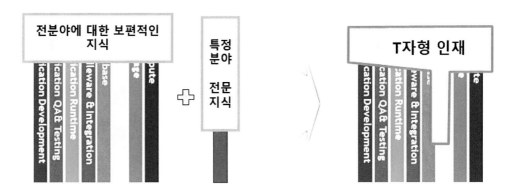

[그림 4-5] 클라우드에서의 T자형 인재

클라우드 도입과 함께 기업은 Agile 개발 방법론을 고민해야 하는데, Agile 방법론 중 각광을 받고 있는 Scrum의 경우, T자형 인재를 고집한다. Scrum에서는 Scrum을 구성하고 있는 하나의 조직에서 기획, 개발, 테스트 등을 통해서 완성품을 만들어낼 수 있어야 한다. 수직적 Skill Set으로 Scrum 멤버를 구성할 경우, 만약 특정 Skill을 가지고 있는 멤버가 부재하게 되면 해당 멤버 때문에 Scrum의 결과물이 제시간에 나올 수가 없다. 그러나 T자형 인재로 구성될 경우에는 다른 멤버가 해당 멤버의 부재를 커버할 수 있어서 결과물이 제시간에 나올 수 있게 된다.

Resource Plan에서는 조직의 구성원들이 T자형 인재로 거듭날 수 있도록 Skill Set을 정의하고, 구성원들이 Skill Set을 갖출 수 있도록 교육의 기회와 인센티브 등을 통한 동인을 제공할 필요가 있다. 그리고 조직의 구성원들만으로 채워지지 않는 영역이나 인재에 대해서는 외부 영입이나 아웃소싱 등을 통해서 필요한 시점에 필요한 인재를 제공할 수 있도록 계획을 수립하여 조직이 클라우드를 채택하는 데 어려움이나 지장이 없도록 해야 한다.

(3) Discovery & Plan

Discovery란 현재 조직이 보유하고 있는 자산 목록을 파악하는 것을 의미한다. 애플리케이션 목록과 서버 목록, 데이터베이스 목록 등 마이그레이션의 대상이 될 수 있는 자산들의 목록을 파악하고 수집하는 것이 Discovery다. 이 과정에서 중요한 데이터는 CMDB, 즉 Configuration Management Database이다. CMDB가 어느 정도의 정확도로 관리되고 있느냐에 따라서 Discovery에 소요되는 시간이 다르다. 더불어 Discovery에서는 자산 목록뿐만 아니라 애플리케이션 간의 연관 관계 및 종속성 등의 확인 절차도 포함된다. 마이그레이션은 결국 온프레미스에서 기동 중인 애플리케이션을 클라우드로 이전하여 무리 없이 서비스되게 하는 것을 의미하기 때문에 연관 관계 및 종속성 파악은 마이그레이션의 우선순위 및 함께 이전해야 하는 애플리케이션을 파악하기 위해 필수적인 데이터이다. 이런 데이터가 평소에 잘 관리되고 있지 않다면 3rd party 도구 등을 활용해서 연관 관계를 파악할 수 있다. 이 책의 뒷부분에서 Discovery에 활용할 수 있는 3rd party 도구를 일부 소개할 예정이다.

자산 목록이 확인되었다면 그중에서 클라우드로 옮길 수 있는 워크로드들을 식별하는 과정이 필요하다. 이 과정은 비즈니스 영향도 및 마이그레이션의 기술적 난이도, 자산의 노후화 정도 등을 복합적으로 고려해서 결정된다. 장비가 많이 노후 되었다면 해당 워크로드의 마이그레이션은 우선순위를 앞당겨서 진행한다. 현재 온프레미스에서 서비스되고 있는 워크로드가 안정성 문제나 확장성 문제, 성능 문제 등을 겪고 있다면 마이그레이션 우선순위가 높은 워크로드다. 다만 해당 워크로드를 클라우드로 마이그레이션하는 것이 기술적으로 어렵다면 우선순위를 앞당기는데 문제가 될 수 있다. 일반적으로 특정 워크로드는 비즈니스 영향도와 기술적 난이도를 복합적으로 평가해서 4/4 분면에 표현한다. [그림 4-6]은 마이그레이션 우선순위 선정에 사용되는 4/4분면 그래프를 나타낸다.

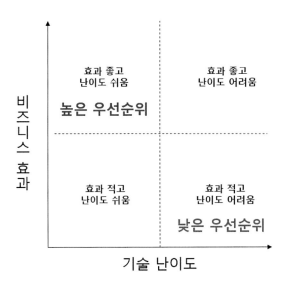

효과 좋고
난이도 쉬움

효과 좋고
난이도 어려움

높은 우선순위

비즈니스 효과

효과 적고
난이도 쉬움

효과 적고
난이도 어려움

낮은 우선순위

기술 난이도

[그림 4-6] 마이그레이션 우선순위 선정을 위한 사분위표

마이그레이션을 통해서 얻을 수 있는 비즈니스 효과가 높으면서 마이그레이션에 따른 기술적 난이도가 낮은 워크로드가 가장 높은 우선순위로 마이그레이션 대상이 된다. 반면 비즈니스 효과도 적으면서 기술적 난이도가 높은 것들은 낮은 우선순위를 갖거나 최악의 경우 마이그레이션 대상에서 제외될 수 있다.

(4) Landing Zone

클라우드에 익숙하지 않은 사람들은 Landing Zone이라는 용어가 낯설 수 있다. Landing Zone을 우리말로 그대로 번역하면 '착륙 지점'이라는 이상한 말로 번역된다. 그러나 '착륙 지점'이라는 용어가 어쩌면 Landing Zone이 추구하는 바를 올바로 나타내고 있는지도 모르겠다.

Landing Zone은 클라우드 상에 리소스를 배치하기 위한 구조를 의미한다. EC2 인스턴스 등을 생성해서 배치하기 위한 기본 구조를 Landing Zone이라는 말로 표현하는데, Network 혹은 서브넷이라는 용어 대신에 Landing Zone이라는 용어를 사용하는 이유는 클라우드의 독특한 Account 구조 때문이다.

가. AWS Account

클라우드에서 콘솔에 접속하기 위한 Account는 로그인 정보 이상의 의미를 갖는다. 클라우드의 특정 Account에 생성한 리소스는 해당 Account의 소유이다. 만약 Account 소유권을 변경하고자 한다면, 현재 수준에서는 Account 간의 리소스 마이그레이션밖에는 방법이다. Account DB에서 레코드를 일부 수정해서 특정 리소스의 소유 구조를 바꿀 수 있는 방법이 제공되지 않는다. 따라서 Account는 특정 리소스의 경계로서의 의미를 나타낸다.

또한 Account는 클라우드의 각종 리소스 생성 제약(Limit)의 대상으로 작용한다. 클라우드에서 리소스를 생성하기 위해서는 리소스 생성 제약을 이해할 필요가 있다. 리소스 생성에 제약을 두는 이유는 이용자들이 뜻하지 않은 실수로 과다한 리소스를 생성함으로써 발생할 수 있는 비용의 손해를 방지하는 측면도 있고, 리소스 생성량을 예측함으로써 AWS가 자체적으로 필요한 하드웨어 인프라를 준비하기 위한 측면도 있다. 더불어 특정 이용자에 의해서 하드웨어 자원이 과다하게 사용되는 것을 방지하는 안전 장치로 작용한다.

클라우드 상에서 리소스를 생성하기 위해는 리소스 생성 제약을 이해할 필요가 있는데, 리소스 생성 제약은 Account를 근간으로 한다. 특정 Account에서 생성할 수 있는 리소스에 대해서 제약을 적용한다는 얘기다.

마지막으로 Account는 비용을 청구하는 대상이 된다. AWS의 경우에는 통합빌링이라는 개념으로 여러 Account에서 발생한 비용을 하나의 Account에서 통합적으로 납부할 수 있도록 하고 있다. 그럼에도 불구하고 특정 Account에서 사용한 비용은 해당 Account로 비용이 한정된다.

AWS Account의 이러한 특징들, 리소스 경계로서의 특징, 리소스 생성 제약의 대상이 되는 특징, 비용 청구의 대상이 되는 특징 등 때문에 Network 구조를 생각하기 전에 Account 구조를 먼저 고민해야 한다.

나. 멀티 어카운트의 필요성

규모가 크지 않은 워크로드를 구성하는 경우라면 하나의 어카운트로도 워크로드 구성이 가능하다. 그러나 대규모 워크로드를 구성할 계획이라면 단일 어카운트로는 충분하지 않다. AWS Account는 앞서 언급했듯이 생성된 리소스의 경계, 리소스 생성 제약, 비용 청구의 대상이라는 특성을 가지고 있다. 더불어 특정 Account에 보안 사고가 발생하면 최악의 경우 해당 Account에 생성한 모든 리소스를 악의적인 침입자가 모두 삭제할 가능성을 완전히 배제할 수 없다. 이런 이유 때문에 대규모 워크로드는 다중 어카운트 구조를 필요로 한다.

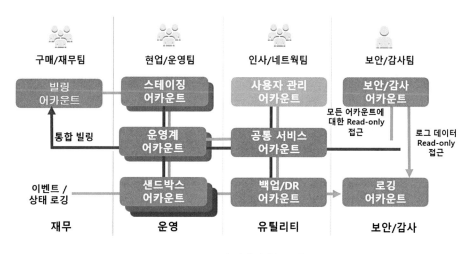

[그림 4-7] AWS의 멀티 어카운트 예시

일반적으로 어카운트를 분리하는 기준은 다음과 같다.

㉠ 비용 주체가 다른 경우

비용의 주체가 다른 경우 별도의 어카운트에 분리 구성하는 것이 비용 분리를 위해서 타당한 구성이다

ⓛ 관리 주체가 다른 경우

어카운트 및 해당 어카운트에 생성한 리소스의 관리 주체가 다른 경우에도 관리
주체별로 어카운트를 분리하는 것이 좋다

ⓒ 용도가 다른 경우

비즈니스 프로세스가 다른 경우나, 환경이 다른 경우에도 어카운트를 분리 구성
하는 것이 일반적이다. 개발계, 검증계, 운영계에 대해서 어카운트를 분리 구성하
는 것은 이 때문이다.

ⓔ 보안상의 필요성

앞서 언급했듯이 특정 어카운트에 침해 사고가 발생할 경우 해당 어카운트에 구
성한 리소스들이 무단으로 삭제될 가능성이 있다. 만약 개발계, 검증계, 운영계
등의 리소스를 하나의 어카운트에 구성했다면 보안 사고에 의해서 한꺼번에 피해
를 입을 수 있는 반면, 개발계와 검증계, 운영계 등을 별도의 어카운트에 구성했
다면 피해 규모를 줄일 수 있을뿐만 아니라 남아 있는 리소스를 활용해서 쉽게
복구할 수도 있다.

다. 멀티 어카운트의 고려사항

어느 정도 규모 있는 워크로드를 클라우드에 구성하기 위해서는 멀티 어카운트
는 반드시 필요한 전략이다. 다만 어카운트가 늘어나면 필연적으로 관리 부하가
증가할 수밖에 없다.

더불어 클라우드를 채택했다는 것은 이용자들에게 어느 정도 자율권을 보장했다
는 것을 의미한다. 온프레미스처럼 IDC 출입키를 특정 관리자가 틀어쥐고 출입자
들을 일일이 통제하는 것이 아니라, 통제가 필요한 영역과 자율권을 부여할 영역을
경계로 구분해서 이른바 가드레일을 제공하여, 기준만 준수한다면 자유로운 구성
및 테스트가 가능하게 하는 것이 멀티 어카운트 구조의 고려 사항 중 하나이다.

ⓖ 어카운트 구조

일반적으로 AWS 상에서 멀티 어카운트를 구성할 경우에는 AWS Organizations 서
비스를 활용하여 계층형 어카운트 구조를 생성한다.

AWS Organizations는 AWS 리소스가 늘어나고 확장됨에 따라 환경을 중앙 집중
식으로 관리하고 규제하는 데 도움이 된다. AWS Organizations를 통해 프로그래
밍 방식으로 새 AWS 계정을 생성하고 리소스를 할당하며, 계정을 그룹화하여 워
크플로를 구성하고, 거버넌스를 위해 계정이나 그룹에 정책을 적용하며, 모든 계정
에 대해 단일 결제 방법을 사용하여 청구를 간소화할 수 있다.

또한, AWS Organizations는 다른 AWS 서비스에 통합되므로 중앙 구성, 보안 메커
니즘, 감사 요구사항 및 조직 내 계정에 걸쳐 공유되는 리소스를 정의할 수 있다.

ⓛ 어카운트의 권한

어카운트에서 수행할 수 있는 액션과 수행할 수 없는 액션을 정의함으로써 어카
운트의 역할 기반 액세스를 정의할 수 있다. AWS Organizations 환경에서는 어
카운트 집합을 OU(Organization Unit)으로 정의하고 해당 OU에 SCP(Service Con-
trol Policy)를 적용하여 어카운트별 권한을 제어한다.

만약 AWS Organizations를 사용하지 않는다면 어카운트 레벨에서 권한를 제어
하는 것이 가능하지 않다.

ⓒ 어카운트의 거버넌스

어카운트의 거버넌스라 함은 어카운트 들이 지켜야 하는 규칙을 정의하는 것을
의미한다. 가령 S3에 bucket을 만들 경우에는 반드시 Server Side 암호화를 수
행해야 한다든지, Public Access를 불허해야 한다든지 하는 규칙을 정의하고 특
정 어카운트에서 그 규칙을 준용하게 하는 것이 거버넌스다. AWS에서는 AWS
Config Rule을 이용해서 어카운트의 거버넌스를 강제할 수 있다.

ⓔ 이용자 접속 정보 관리

AWS의 어카운트는 root 관리자뿐만 아니라 복수개의 IAM(Identity and Access Management) User가 로그인할 수 있다. 어카운트가 많아지면 IAM User도 그 만큼 늘어날 수밖에 없다. 특정 개인이 여러 어카운트에 대해서 IAM User를 가지고 있다면 관리 부담이 커진다. 기억해야 하는 패스워드도 많아지고 각 계정별로 보안 규칙을 준수하는 것도 어렵다. 이용자의 부담을 경감하기 위해서는 Federation Login 기능을 사용하거나 AWS SSO(Single Sign On) 서비스 등을 구성하는 것이 효율적이다.

ⓜ 네트워크 구조

앞에서도 언급했듯이 어카운트는 리소스의 경계 역할을 수행한다. 이러한 리소스에는 네트워크도 포함된다. 어카운트가 분리되었다는 얘기는 원칙적으로 네트워크도 분리 구성되었다는 얘기다. 물론 네트워크를 통합 관리할 수 있는 방법이 아예 없는 것은 아니다. AWS RAM(Resource Access Manager)을 사용하면 특정 어카운트에 생성한 네트워크 리소스를 다른 어카운트에서 공유해서 사용할 수 있도록 액세스 권한을 허용할 수 있다.

RAM을 활용해서 리소스를 공유하게 구성하든, 어카운트 별로 네트워크를 분리 구성하든 멀티 어카운트 환경에서는 단일 어카운트 환경과는 다르게 숙제 하나가 늘었다.

ⓑ 로깅

클라우드에서 리소스를 관리하는 것은 보이지 않고 물리적으로 제어할 수 없는 환경에 뭔가를 생성하고 유지관리한다는 것을 의미한다. 물리적으로 제어할 수 없는 리소스를 효율적으로 관리하기 위해서는 가능한 모든 활동 내역을 기록하고 유지하는 것이 대단히 중요하다. AWS에서는 CloudTrail이라는 로깅 서비스를 제공한다. 이 서비스를 이용해서 관리 대상 어카운트들의 활동 이력을 기록하고 관리할 필요가 있다.

AWS의 어카운트가 어떤 의미를 가지며, 왜 하나의 어카운트보다는 다수의 어카운트가 필요한지, 그리고 어카운트가 늘어나면 어떤 고려사항이 있는지 살펴보았다.

Landing Zone은 클라우드 환경에서 가상의 데이터센터를 만드는 작업이다. 가상의 데이터센터를 만들기 위해서 어카운트 구조를 잡고, 어카운트 구조 위에 네트워크 구조를 잡는다. 지켜야 할 규칙과 하지 말아야 하는 것들을 정의하고 그것들을 강제화할 수 있는 메커니즘을 제공하는 것이 Landing Zone 설정이다.

말은 쉽지만 실제로는 대단히 까다롭고 시간 소모적인 일이다.

그러나 그렇게 많이 걱정하지 않아도 될 듯하다. AWS는 Landing Zone과 관련해서 베스트 프랙티스를 가이드할뿐만 아니라 베스트 프랙티스에 기반해서 계정 구조 및 네트워크 구조를 초기화할 수 있는 도구를 제공한다.

AWS가 제공하는 도구는 두 가지다.

㉠ AWS Landing Zone 솔루션

AWS Landing Zone 솔루션은 AWS 모범 사례에 따라 안전한 멀티 어카운트 AWS 환경을 빠르게 설정할 수 있도록 하는 솔루션이다. 멀티 어카운트 환경에는 설계 선택 사항이 많기 때문에 환경을 설정할 때 상당한 시간이 소요되고, 여러 어카운트 및 서비스를 구성해야 하며, AWS 서비스에 대한 깊은 이해가 요구될 수 있다.

이 솔루션을 사용하면 안전하고 확장 가능한 워크로드 실행을 위한 환경이 자동으로 설정되고 핵심 어카운트 및 리소스 생성을 통해 초기 보안 기준이 구현되므로 시간을 절약할 수 있다. 또한, 멀티 어카운트 아키텍처, ID 및 액세스 관리, 거버넌스, 데이터 보안, 네트워크 설계 및 로깅을 시작하기 위한 기준 환경을 제공한다.

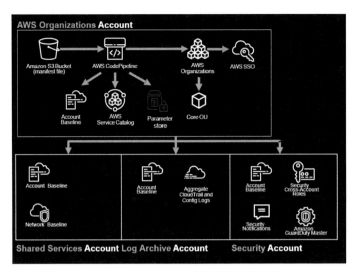

[그림 4-8] AWS Landing Zone 솔루션의 어카운트 구조

Landing Zone 솔루션은 맞춤형 Landing Zone을 구성하는 방법을 제공하는 코
딩 기반의 솔루션이다. Landing Zone 솔루션을 통해서 Landing Zone을 구성
하기 위해서는 Landing Zone 솔루션 코딩 규칙과 작동 방식을 이해해야 한다.
Landing Zone 솔루션의 근간은 CodePipeline과 Lambda 함수가 자리한다.
Landing Zone 코드를 S3 버킷에 업로드하면 CodePipeline에 의해서 Landing
Zone이 구현된다.

ⓛ AWS Control Tower

AWS Control Tower는 멀티 어카운트 기반 Landing Zone 설정을 자동화한다.
Control Tower의 Landing Zone은 보안, 운영 및 규정 준수 규칙 등에 대해서
수많은 엔터프라이즈 고객들이 구축한 모범 사례를 바탕으로 구성된다.

엔터프라이즈가 AWS로 마이그레이션하면 대개 많은 애플리케이션과 팀 분산이
발생한다. 엔터프라이즈는 보통 멀티 어카운트를 생성하여 보안과 규정 준수 수
준은 일관되게 유지하면서 팀이 자율적으로 업무를 진행할 수 있기를 희망한다.
게다가 엔터프라이즈는 워크로드에 대해 세분화된 제어를 제공해 주는 AWS

Organizations, AWS Service Catalog 및 AWS Config 등의 AWS 관리 및 보안 서비스를 사용한다. 엔터프라이즈는 이러한 제어를 유지하면서 환경 내 모든 어카운트들이 효율적으로 AWS Service 사용할 수 있도록 권한을 부여하는 동시에 각 어카운트를 중앙에서 관리하고 통제할 수 있는 방식을 원한다.

Control Tower 환경에서 분산된 팀은 새로운 AWS 어카운트를 빠르게 프로비저닝할 수 있는 반면, 중심 팀은 새 어카운트가 중앙에서 요구되는 전사적인 규정 준수 정책을 준수하고 있음을 확신할 수 있다. 덕분에 AWS가 개발 팀에 제공하는 속도와 대응력은 그대로 유지하면서 환경에 대한 제어가 가능하다.

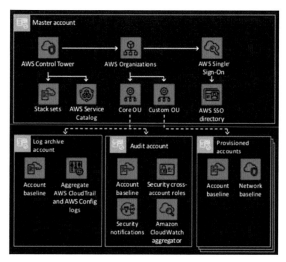

[그림 4-9] AWS Control Tower의 어카운트 구조

Control Tower는 완전 관리형 서비스다. Control Tower를 사용하면 별도의 코딩 작업 없이도 기본적으로 적용되는 AWS 제공 가드 레일 및 규정 준수 정책을 활성화할 수 있다. 모니터링 및 규정 준수 상태를 확인할 수 있는 중앙화된 대시 보드를 제공하며, 새로운 어카운트를 기존 규칙을 자동으로 적용하며 생성할 수 있는 어카운트 팩토리 기능을 제공한다.

2021년 4월 현재, AWS는 AWS Landing Zone 솔루션의 추가적인 기능 업데이트가 없다고 밝히고 있다. Landing Zone 설정이 필요한 고객들은 이제 Control Tower를 사용하는 것이 좋겠다. 다행히 2021년 4월에 AWS Control Tower가 AWS Seoul 리전에도 정식으로 서비스 되기 시작했다.

(5) 표준 To-Be Architecture

표준 To-Be Architecture는 AS-IS 워크로드를 클라우드에 구현하기 위한 표준 아키텍처를 구성하는 작업이다. 워크로드의 AS-IS 아키텍처를 분석하여 해당 워크로드를 클라우드에 구성하는 데 최적화된 아키텍처를 선택적으로 적용할 수 있도록 다수의 참조 아키텍처를 생성하는 작업이 이 단계에서 진행된다.

가장 일반화된 3 tier 아키텍처, 즉 WEB, WAS, DBMS로 구성된 아키텍처는 AWS 상에서 [그림 4-10]과 같이 구성할 수 있다.

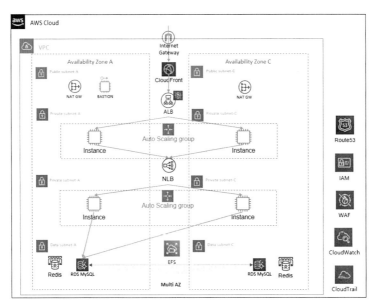

[그림 4-10] AWS의 전형적인 n Tier 아키텍처

To-Be 아키텍처에 대한 참조 아키텍처를 구성할 때 고민해야 하는 것은 Well Architected Framework이다. AS-IS 아키텍처의 Pain Point를 해결하면서 베스트 프랙티스를 반영한 아키텍처를 구성하려면 Well Architected Framework에서 권장하는 안정성과 성능, 운영효율성과 보안, 비용 효율성 등을 고려한 아키텍처가 구성되어야 한다. Well Architected Framework에 대해서는 별도의 섹션을 통해서 추가로 설명할 예정이다.

3 Tier To-Be 아키텍처의 핵심은 Multi-AZ를 활용한 안정성과 부하에 따라 인스턴스 수량을 자동으로 조절하는 AutoScaling, 관리형 서비스로 제공되는 로드밸런서 및 DBMS 서비스 등이다.

관리형 서비스 및 AutoScaling은 온프레미스 환경에서는 친숙하지 않은 것들이지만 워크로드를 클라우드의 특성을 활용하면서 배치할 수 있는 필수 요소라고 해도 과언이 아니다.

요 근래에는 VM 기반의 모놀로식 워크로드를 마이크로 서비스 기반으로 분할하면서 컨테이너 기술을 통해 배포하는 것이 또 다른 추세이다.

컨테이너 기술을 클라우드에서 구동하는 것은 클라우드의 확장성을 활용할 수 있는 효율적인 방법이다. AWS는 ECS 및 EKS 등의 서비스를 통해서 컨테이너를 기동할 수 있는 다양한 방법을 제공하고 있다. 특히나 EKS는 현재 컨테이너 기술로 각광받고 있는 쿠버네티스 컨테이너 오케스트레이션 서비스를 관리형으로 제공한다. EKS를 사용하면 쿠버네티스 환경을 설치하고 구성하는 번거로움없이 바로 쿠버네티스 클러스터를 실행할 수 있기 때문에 편리성과 확장성, 효율성이 뛰어나다.

EKS를 활용한 To-Be Architecture는 [그림 4-11]처럼 단순하게 표현할 수 있다.

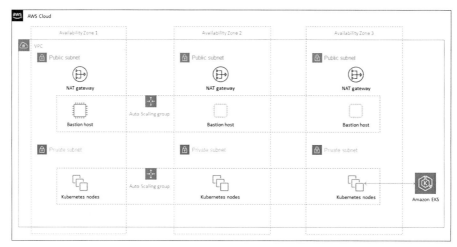

[그림 4-11] AWS의 전형적인 EKS 아키텍처

EKS는 쿠버네티스 환경 구성에 필요한 컨트롤 플레인을 관리형 서비스로 제공하기 때문에 클러스터 구성에 필요한 작업 노드 정도만 구성하면 컨테이너 환경을 구성할 수 있어서 아키텍처가 단순해질 수 있다.

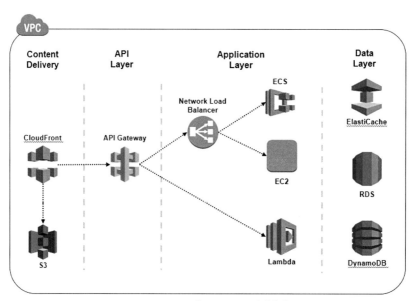

[그림 4-12] AWS의 Serverless 아키텍처

컨테이너 환경을 포함한 마이크로 서비스 아키텍처는 [그림 4-12]처럼 구성할 수 있다. [그림 4-12]가 중요한 의미를 갖는 것은 이른바 서버리스 구성, 즉 EC2 인스턴스 없이 관리형 서비스만으로 서비스를 구성할 수 있음을 나타내고 있기 때문이다. AWS의 API Gateway와 Lambda, 관리형 DB 조합으로 비즈니스 로직을 처리할 경우 이용자들은 EC2 인스턴스 등의 관리 부담 없이 비즈니스 로직을 처리하는 애플리케이션을 코드에만 집중하면서 구성할 수 있다.

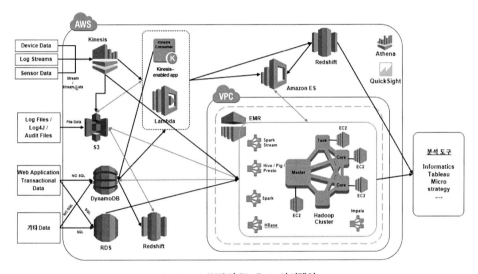

[그림 4-13] AWS의 Big Data 아키텍처

[그림 4-13]은 빅데이터 처리를 위한 아키텍처를 나타낸다. 다양한 데이터 소스로부터 데이터를 수집하여 관리형 서비스로 제공되는 MapReduce 서비스를 활용해서 분석한 후에 서비스형 BI 도구인 QuickSight를 통해 시각화하는 그림을 표현하고 있다. 이 그림에도 인프라가 차지하는 비중보다는 알고리즘이 차지하는 비중이 훨씬 크다.

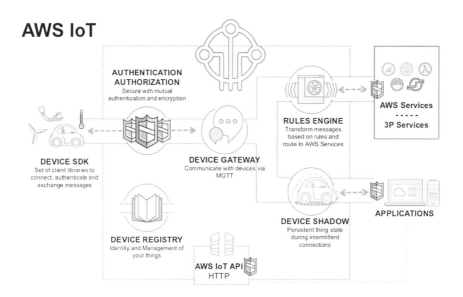

[그림 4-14] AWS IoT 아키텍처

[그림 4-14]의 아키텍처는 AWS가 서비스형으로 제공하는 IoT 관련 서비스들로 인프라에 대한 부담 없이 IoT 환경을 구성하는 아키텍처를 나타낸다. 온프레미스에서 IoT 서비스를 구현하려면 수 많은 장비들과 복잡한 소프트웨어 구성이 필요한데 AWS에서는 상기 아키텍처를 활용해서 몇번의 마우스 클릭만으로 IoT 환경을 구성하는 것이 가능한다.

AS-IS 환경의 다양한 워크로드를 클라우드에 수용할 수 있도록 다양한 To-Be 아카텍처를 표준화해서 정의해 두면, 워크로드에 특화된 To-Be 환경을 구성하는 데 유리하다. MRP 단계에서 To-Be 아키텍처를 표준화하는 이유는 바로 이를 위해서다.

(6) 운영 모델

AS-IS의 운영 워크로드를 클라우드 환경으로 마이그레이션 하고 나면 가장 먼저 고러해야 할 사항이 이전된 워크로드에 대한 운영 모델이다. 운영 워크로드가 클라우드로 마이그레이션 됐다는 얘기는 바로 그 순간부터 클라우드에서 해당 워크로드가 서비스되기 시작했다는 것을 의미한다. 운이 없다면 마이그레이션해서 Cut-Over를 진행하자마자 서비스에 이상이 생길 수도 있다. 운영 모델이 제대로 정의되어 있지 않다면 그 순간부터 지옥을 경험할 수 있다. 그렇기 때문에 아주 작은 하나의 운영 워크로드를 클라우드로 이전할 지라도 마이그레이션 하기 전에 클라우드 환경에 대한 운영 모델을 고민해야 한다.

일반적으로 운영 모델에서 고민해야 하는 사항은 다음과 같다.

가. 모니터링

운영 모델에서 가장 중요한 위치를 차지하는 것이 모니터링이다. 모니터링 방법과 모니터링 도구, 모니터링 항목 및 alert 임계값 등의 정의가 운영 모델 안에서 확립되어야 한다. 더불어 모니터링의 주체 및 알람 등급에 따른 alert 수신인 등이 정의되어야 하며, 장애처리 프로세스에 입각해서 장애가 발생할 경우 누가 어떤 방식으로 조치를 취할 것인지가 모니터링 항목에서 정의될 필요가 있다. 앞서 To-Be 아키텍처의 예로 몇 가지 아키텍처를 제시했었는데, 그중에서는 서버가 전혀 없이 서버리스로 동작하는 아키텍처도 있을 수 있음을 보았다. 서버리스는 온프레미스 환경에서는 좀처럼 사용되지 않는 개념이기 때문에 온프레미스에서 사용하던 모니터링 도구는 서버리스 환경에 대한 모니터링이 가능하지 않을 수 있다. 클라우드 네이티브한 모니터링 도구가 필요한 이유다. 온프레미스의 모니터링 도구가 서버리스 환경에 대한 모니터링을 제공하지 않을 경우 대체품으로 사용할 수 있는 것이 AWS의 CloudWatch 서비스이다. CloudWatch는 AWS의 다양한 관리형 서비스들에 대해서 필수적인 모니터링 메트릭을 제공하고 있으며 특정 임계값에 도달하면 alert을 발생시킬 수 있는 메커니즘을 제공한다.

나. Logging

로깅에 대해서는 먼저 로그를 남길 대상부터 정의하는 것이 필요하다. 클라우드는 눈에 보이지 않는 무형의 서비스 환경이기 때문에 IDC의 장비들이 그랬던 것처럼 LED 불빛으로 health 상태를 표시해주지 않는다. 그리고 출입문을 열쇠로 걸어 잠글 수도 없다. 그렇기 때문에 운영을 위해서, 그리고 보안을 위해서 가능한 모든 활동에 대한 흔적을 남길 필요가 있다.

네트워크 흐름에 대한 로그, 웹 서버 및 WAS 서버의 액세스 로그와 에러 로그, 데이터베이스 접근 로그 등 가능한 모든 대상에서 로그를 수집하고 저장하는 것이 좋다. 그러기 위해서는 효율적인 로그 수집 도구와 로그 저장 도구가 정의되어야 한다. 더불어 저장된 로그로부터 필요한 인사이트를 뽑아낼 수 있는 분석 도구도 필요하다.

이 부분에서도 AWS는 바로 사용할 수 있는 관리형 서비스를 제공하고 있다. CloudWatch Log나 S3, ElasticSearch 등의 서비스를 조합해서 사용하면 로그의 수집, 저장, 분석이 가능하다. 네트워크 로그는 VPC Flowlog를 활성화해서 수집할 수 있다.

다. 비즈니스 연속성 계획

비즈니스 연속성 계획은 재해 복구(DR: Disaster Recovery) 계획을 의미한다. 가장 먼저 고민할 내용은 데이터 백업이다. 백업의 대상과 수행 주기, 보관 주기 등이 정의되어야 한다. 더불어 백업본으로부터 주기적으로 복구 테스트를 수행하는 테스트 전략도 함께 정의될 필요가 있다.

클라우드에 보관된 데이터는 클라우드가 제공하는 백업 솔루션을 활용해서 백업하는 것이 가장 효율적이다. 클라우드에 보관된 데이터를 온프레미스 백업 솔루션으로 백업하면 네트워크 사용 비용이 과다하게 청구될 가능성이 크기 때문이다.

백업에 대한 정의가 완료되었다면 이제 실질적인 재해 복구 계획으로 DR 센터를 고민해야 한다. AWS에서 Multi AZ를 활용해서 고가용성의 애플리케이션과 관리형 DBMS를 구성했다면 원칙적으로 DR센터가 필요하지 않다. AWS의 Multi AZ 자체가 DR의 개념을 염두에 두고 구성되었기 때문이다. 그러나 워크로드의 특성상 국가 간의 DR 구성이 필요한 상황이라면 Multi AZ 전략으로 충분하지 않다. 이 경우에는 진정한 의미의 DR을 구성해야 한다. 목표복구시간(RTO)와 목표복구시점(RPO)를 고려해서 DR 센터 간에 데이터 복제를 구현해야 하는 것이다. AWS에서는 DR 전략을 다음과 같이 세 가지로 분류한다.

㉠ Pilot light

DR 센터에는 실시간으로 데이터 복제가 필요한 최소한의 서버만 구성하고 실제 복구가 필요한 시점이 오면 서비스에 필요한 나머지 서버들을 생성하는 전략이다. 이것이 가능한 것은 IaC(Infrastructure as Code) 도구가 있기 때문이다. IaC를 활용하면 별도의 수작업 없이도 서비스 환경 구성에 필요한 인프라를 한번에 구성할 수 있다.

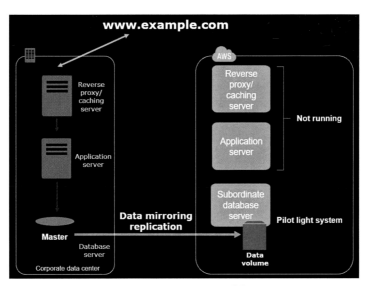

[그림 4-15] Pilot light DR 전략

Pilot light는 평소에는 DR 센터에 최소한의 인프라만 구성하면 되기 때문에 비용을 줄일 수 있는 대신에 Fail Over 시점에 인프라를 구성하는 시간이 소요된다는 단점이 있다. 그러나 목표복구시간이 1시간 이내까지 허용된다면 충분히 도입해 볼 수 있는 전략이다.

ⓛ Warm standby

Warm Standby는 IaC 대신에 AutoScaling을 활용한 전략이다. Pilot light 전략에서는 실시간으로 데이터 동기화가 필요하지 않은 장비들은 기동시키지 않는 반면에, Warm Standby는 서비스 구동에 필요한 모든 장비들이 대기 상태로 실행된다. 대신 그 규모는 평상시에는 최소 크기로 유지해서 비용을 절약하다가 Fail Over 상황이 발생하면 서비스 부하에 따라 AutoScaling되면서 트래픽을 처리할 수 있는 규모로 확장된다.

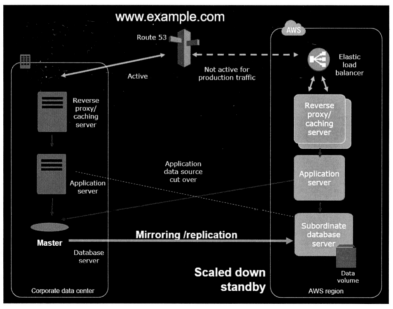

[그림 4-16] Warm Standby DR 전략

Warm Standby는 Fail Over를 대비하기 위한 유휴 상태 리소스들이 항시 구동되고 있기 때문에 비용이 소요되는 대신에 Fail-Over가 발생해도 거의 실시간으로 데이터를 처리할 수 있기 때문에 허용되는 RTO가 크지 않을 때 유용하게 사용할 수 있는 모델이다.

ⓒ Hot site

Hot site 전략은 DR 센터를 Fail-Over 대비용으로 사용하는 것이 아니라 Active-Active 형태로 서비스 트래픽을 처리하기 위한 용도로 사용하는 모델이다. Hot site 전략에서는 실제 Origin 센터와 동일한 구성과 규모로 DR 센터를 구성하고 Origin 센터와 DR 센터 양방향으로 데이터를 동기화한다.

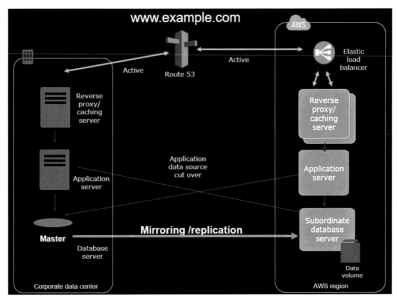

[그림 4-17] Hot Site DR 전략

Pilot Light나 Warm Standby 전략의 경우에는 Standby DR 센터의 장비들이 평소에는 유휴 상태인 반면에, Hot Site 전략은 DR 센터의 장비들이 서비스에 투입되어 사용된다. 더불어 Origin Site와 DR 센터가 서로에 대해서 DR 센터의 역할을 수행하기 때문에 Active-Active 상황에서도 안정성을 확보할 수 있다.

그러나 Origin 센터와 DR 센터 사이에 양방향 데이터 동기화가 필요하기 때문에 기술적 난이도가 높은 것이 단점이다.

라. CI/CD

온프레미스 환경에서도 DevOps 조직 운영이 가능하기는 하지만, 진정한 DevOps는 클라우드 환경에서 더욱 빛을 발한다. 클라우드의 신속성과 확장성 등의 특징이 agile을 기본으로 하는 DevOps의 철학과 맞물려 있기 때문이다. DevOps가 제대로 가동되기 위해서는 자동화된 CI/CD가 지원될 필요가 있다.

CI/CD는 Continuous Integration과 Continuous Delivery 혹은 Deployment를 의미한다. CI/CD는 애플리케이션의 빌드 및 테스트, 배포 절차를 자동화함으로써 DevOps가 추구하는 개발 및 운영 활동의 간극을 해소하도록 가이드한다.

[그림 4-18] DevOps Cycle

CI/CD의 관점에서 특정 애플리케이션이 서비스 되기까지 다양한 도구들이 툴 체인의 형태로 제공될 수 있다.

가장 먼저 소스 코드의 저장소 도구로 Git을 활용할 수 있다. Git을 활용할 경우에는 GitLab이나 GibHub를 사용하여 소스 관리뿐만 아니라 개발자 간의 협업 시스템을 구성할 수 있다.

빌드 및 배포 도구로는 주로 젠킨스(Jenkins)가 활용된다. 젠킨스는 소스 코드가 저장소에 등록되면 자동으로 소스 통합 작업을 진행하고 빌드 및 배포를 코디네이션 해준다.

이 과정에서 자동화된 테스트 도구로 소나큐브(Sonarqube) 나 큐컴버(Cucumber)를 연동할 수 있다.

클라우드에서도 이러한 툴 조합을 계속해서 사용할 수도 있지만, AWS에서는 CI/CD를 위해서 다양한 관리형 서비스를 제공한다.

AWS에서 소스 코드 저장소는 CodeCommit 서비스가 Git을 대신한다. CodeCommit은 Git에서 사용하던 대부분의 명령어를 그대로 지원하기 때문에 Git에 익숙한 개발자들은 별다른 학습 곡선 없이 바로 서비스를 사용할 수 있다.

빌드 및 배포는 CodeBuild와 CodeDeploy가 서비스로 제공된다. CodeBuild를 사용하면 자체 빌드 서버를 프로비저닝하거나 관리할 필요 없이 빌드 작업을 수행할 수 있다. CodeBuild는 빌드 작업에 대해서 지속적으로 확장되며 여러 빌드를 동시에 처리하기 때문에 빌드 작업이 대기열에서 대기하지 않고 바로 처리된다. 사전 패키징된 빌드 환경 외에도 사용자 지정 빌드 환경을 만들 수 있기 때문에 다양한 빌드 작업을 구성할 수 있다.

CodeDeploy는 EC2나 Fargate, Lambda 등의 AWS 서비스를 대상으로 코드를 배포할 수 있을뿐만 아니라 온프레미스에 구성된 서버에 대해서도 코드 배포를 지원한다. CodeDeploy는 CodeBuild와 마찬가지로 완전관리형 서비스이기 때문에 배포 서버를 프로비저닝하거나 관리할 필요 없이 소프트웨어 배포를 자동화할 수 있다. CodeDeploy를 사용하면 애플리케이션을 배포하는 동안 가동 중지 시간을 최소화할 수 있기 때문에 새로운 기능을 쉽고 빠르게 배포하는 것이 가능하다.

AWS의 CodePipeline 서비스를 사용하면 CodeCommit과 CodeBuild, CodeDeploy 등과 연계하여 배포 오케스트레이션 구축이 가능해진다. CodePipeline은 코드 변경이 발생할 때마다 사용자가 정의한 릴리스 모델을 기반으로 릴리스 프로세스의 빌드, 테스트 및 배포 단계를 자동화한다.

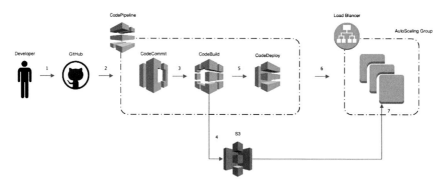

[그림 4-19] AWS의 Code 시리즈 배포 모델

CI/CD 환경 구축에 AWS의 Code 관련 서비스를 사용할지 말지는 조직의 선택 사항에 달려 있다. 기존에 이미 배포 및 롤백 시스템을 갖추고 있다면 그 시스템을 계속해서 사용하는 것이 더 효율적인 방법이다. 만약 그런 시스템을 갖추고 있지 않다면 AWS의 Code 시리즈 서비스는 완전 관리형 서비스로서 훌륭한 대안이 될 수 있다.

적어도 클라우드 운영 환경에 워크로드를 배치하기로 마음먹었다면 워크로드에 애플리케이션을 어떻게 배포할 것인가에 대해서는 고민이 되어 있어야 한다.

마. 프로세스

클라우드에서도 여전히 ITSM과 관련된 다양한 프로세스들이 고민되어야 한다. 자산 및 구성관리(Asset & Configuration Management), 변경 관리(Change Management), 장애관리(Incident Management), 보안 관리(Security Management)에 대한 절차와 관리 주체가 RACI 메트릭의 형태로 정의되어 있어야 클라우드 Day One부터 커다란 혼란 없이 시스템 운영이 가능하다.

㉠ 자산 및 구성 관리(Asset & Configuration Management)

자산 및 구성 관리는 IT 자산의 수명주기 관리를 통해서 비용 및 위험에 대한 정확한 설명을 제공하여 기술 전략, 아키텍처, 자금 조달, 계약 및 소싱 결정 등의 비즈니스 가치를 극대화한다.

효율적인 IT 자산 수명주기 관리를 보장하기 위해 IT 자산 요청, 승인, 조달, 폐기 및 재배포 프로세스가 정의되어야 한다. 이러한 프로세스를 통해 IT 자산에 대한 DB화와 배포 및 폐기에 대해서 적절한 추적이 가능할 수 있다.

AWS에서는 클라우드 리소스에 대한 자산 및 구성 관리 서비스로 AWS Config 서비스를 제공한다. AWS Config는 AWS 리소스 구성을 측정, 감사 및 평가할 수 있는 서비스다. Config는 AWS 리소스 구성을 지속적으로 모니터링 및 기록하고, 원하는 구성을 기준으로 기록된 구성을 자동으로 평가해 준다. Config를 사용하면 AWS 리소스 간 구성 및 관계 변화를 검토하고, 자세한 리소스 구성 기록을 분석하며, 내부 지침에 지정되어 있는 구성을 기준으로 전반적인 규정 준수 여부를 확인할 수 있다. 이에 따라 규정 준수 감사, 보안 분석, 변경 관리 및 운영 문제 해결 작업을 간소화할 수 있다.

ⓛ 변경 관리(Change Management)

변경 관리의 목적은 표준화된 방법과 절차를 사용하여, IT 구성요소들에 대한 변경이 서비스에 어떤 영향을 미치는지를 검토하여 서비스 품질에 대한 악영향을 최소화하고 모든 변경이 효율적이고 성공적으로 처리되는지를 확인하는 데 있다. 따라서 변경 요청이 발생하면 변경에 대한 필요성과 변경에 대한 영향 사이의 적절한 균형을 유지하여 위험 분석, 업무 연속성 평가, 변경의 영향, 필요한 자원 규모 등을 다각적으로 고려하여 변경승인을 결정해야 한다. 이러한 기능을 수행하기 위해서는 IT 구성요소의 정보 및 업무와의 연관도를 충분히 파악해야 하므로, 변경 관리는 구성 관리와 밀접한 관계가 있다.

AWS는 Systems Manger 서비스의 하위 서비스로 Change Manager 서비스를 제공한다. Change Manager는 AWS와 온프레미스에서 애플리케이션 구성 및 인프라에 대한 운영 변경을 요청, 승인, 구현 및 보고하는 방법을 간소화한다.

Change Manager를 사용하면 운영 변경을 수행할 때 사전 정의된 변경 워크플로를 통해 승인을 자동화하고 의도하지 않은 결과를 방지할 수 있다. Change Manager는 또한 중요한 비즈니스 이벤트와의 일정 충돌을 방지하고 필요한 승인자에게 변경을 자동으로 알려주므로 변경이 안전하게 구현되도록 지원한다. Change Manager는 사용자가 구성한 Amazon CloudWatch 경보에 기반하여 변경을 자동으로 롤백한다. Change Manager에서 변경 진척도를 모니터링하고 전체 조직에서 운영 변경을 감사하여 개선된 가시성과 책임을 제공한다.

ⓒ 장애 관리(Incident Management)

장애 관리는 서비스에 문제가 발생할 경우, 문제의 원인을 찾아서 장애를 해결하고 근본 원인에 대한 재발 방지 대책을 수립하는 과정을 의미한다.

장애 관리는 모니터링 및 alert에 의해 시작되는 경우가 많기 때문에 원활한 장애 관리가 진행되기 위해서는 적절한 모니터링 설정이 필요하다. 모니터링 설정에 대해서는 앞에서도 살펴보았듯이 AWS의 CloutWatch를 활용해서 구성하는 것이 가장 손쉬운 방법이다.

다만 AWS 클라우드는 AWS가 책임지는 영역과 고객이 책임지는 영역이 나누어져 있기 때문에 AWS의 도움을 완전히 무시하고 장애를 처리하는 것이 쉽지 않다.

AWS에서는 이용자들의 문의 사항 및 장애 대응을 위해 Support Plan이라는 독특한 지원 체계를 제공한다. Support Plan은 Plan의 등급에 따라 문의 내용과 답변 시간을 SLA로 규정하여 분리 제공한다.

별도 비용 없이 사용할 수 있는 Plan은 Basic이다. Basic 등급은 비용 없이 사용할 수 있는 장점은 있으나 기술적인 문의나 장애 처리 요청을 보낼 수 없기 때문에 운영 워크로드에는 적합하지 않다.

운영 워크로드를 위해서는 'Business' 혹은 'Enterprise' 등급의 Support Plan을 도입해야 한다. 'Business'와 'Enterprise' 등급의 가장 큰 차이는 AWS에서 고객

을 위해 전담 조직을 운영하는지 여부에 있다. Enterprise 등급의 Support Plan에서는 TAM(Technical Account Manager)로 불리는 전담 조직이 고객을 위해서 문의 대응 및 장애 조치를 수행한다.

'Business'와 'Enterprise' 등급은 응답 시간에서도 차이가 있다. 대기 시간없이 AWS의 빠른 응대를 기대한다면 Enterprise 등급의 Support Plan을 적용하는 것이 좋다. 다만 비용에 대해서는 부담이 있는 것이 사실이다.

ㄹ **보안 관리**(Security Management)

보안 관리는 새로운 보안 위협을 감지해서 조직 내에 취약점을 사전에 보완하는 일상 업무와 보안 사고가 발생했을 때 신속하게 사고에 대응하는 비상 업무를 유지하는 두 부분으로 구성된다. 보안 관리 역시 ITSM의 한 축이지만 이 책에서는 '보안 모델'을 별도의 섹션으로 나눠서 얘기하고자 한다.

(7) 보안 모델

여전히 수많은 엔터프라이즈 기업들이 클라우드 도입에 가장 큰 걸림돌로 손꼽고 있는 부분이 보안 영역이다. 유수의 해외 유명 매체들이 클라우드의 보안이 온프레미스의 보안보다 특별히 취약하지 않다는 것을 여러 차례 천명하고 있음에도 불구하고 구름처럼 보이지 않는 영역에 대해서 보안을 강화한다는 것이 개념상으로 쉽지 않기 때문으로 보인다.

더욱이 보안 영역은 정보통신망법이나 개인정보보호법 등의 법규로 규정된 기술적 조치 및 절차적 조치에 대한 이해가 부족할 경우, 클라우드 상에서 워크로드를 구성하는 것조차 쉽지 않기 때문에 기업이 준수해야 하는 보안 규정들이 어떤 것이 있는지에 대해서 면밀한 검토가 필요하다.

가. 보안 지침: 거버넌스, 위험 및 규정 준수 모델

보안 모델 수립 시 가장 먼저 고민할 부분은 기업이 준수해야 하는 보안 법규를 나열하는 것이다. 법규에 따라서 인용해야 하는 기술적 보안 조치와 절차적 보안 조치에 차이가 있기 때문이다. 다음은 정보 통신과 관련해서 참고해야 하는 법률들이다.

ⓐ 개인정보보호법

개인정보의 수집·유출·오용·남용으로부터 사생활의 비밀 등을 보호함으로써 국민의 권리와 이익을 증진하고, 나아가 개인의 존엄과 가치를 구현하기 위하여 개인정보 처리에 관한 사항을 규정함을 목적으로 하는 법률이다.

ⓑ 정보통신망법(정보통신망 이용촉진 및 정보보호 등에 관한 법률)

정보통신망의 이용을 촉진하고 정보통신서비스를 이용하는 자의 개인정보를 보호함과 아울러 정보통신망을 건전하고 안전하게 이용할 수 있는 환경을 조성하여 국민생활의 향상과 공공복리의 증진에 이바지하는 것을 목적으로 하는 법률이다. 간단히 정보통신망법, 정통망법, 망법 등으로 줄여 부르기도 한다.

ⓒ 정보통신기반보호법

전자적 침해행위에 대비하여 주요정보통신기반시설의 보호에 관한 대책을 수립·시행함으로써 동 시설을 안정적으로 운용하도록 하여 국가의 안전과 국민생활의 안정을 보장하는 것을 목적으로 한다.

ⓓ 정보보호산업의 진흥에 관한 법률

정보보호산업의 진흥에 필요한 사항을 정함으로써 정보보호산업의 기반을 조성하고 그 경쟁력을 강화하여 안전한 정보통신 이용환경 조성과 국민경제의 건전한 발전에 이바지함을 목적으로 한다.

ⓜ 클라우드법(클라우드 컴퓨팅 발전 및 이용자 보호에 관한 법률)

클라우드 컴퓨팅의 발전 및 이용을 촉진하고 클라우드 컴퓨팅 서비스를 안전하게 이용할 수 있는 환경을 조성함으로써 국민생활의 향상과 국민경제의 발전에 이바지함을 목적으로 한다.

ⓑ 전자금융거래법

전자금융거래의 법률관계를 명확히 하여 전자금융거래의 안전성과 신뢰성을 확보함과 아울러 전자금융업의 건전한 발전을 위한 기반을 조성함으로써 국민의 금융편의를 꾀하고 국민경제의 발전에 이바지함을 목적으로 한다.

ⓢ 전자상거래법(전자상거래 등에서의 소비자 보호에 관한 법률)

전자상거래 및 통신판매 등에 의한 재화 또는 용역의 공정한 거래에 관한 사항을 규정함으로써 소비자의 권익을 보호하고 시장의 신뢰도를 높여 국민경제의 건전한 발전에 이바지함을 목적으로 한다.

ⓞ 중소기업 기술 보호 지원에 관한 법률

중소기업 기술 보호를 지원하기 위한 기반을 확충하고 관련 시책을 수립·추진함으로써 중소기업의 기술 보호 역량과 기술 경쟁력을 강화하고 국가 경제의 발전에 이바지함을 목적으로 한다.

ⓩ 의료법

의료법은 의료 종사자와 환자의 권리의 특권과 책무에 관여하는 법이다. 법이 아닌 의학의 한 분야인 법의병리학과는 구별된다. 의료법은 주로 의료 및 치료와 관련한 불법행위의 법과 형법에 관한 것이다.

ⓒ 전자정부법

전자정부법은 행정업무의 전자적 처리를 위한 기본원칙, 절차 및 추진방법 등을 규정함으로써 전자정부를 효율적으로 구현하고, 행정의 생산성, 투명성 및 민주성을 높여 국민의 삶의 질을 향상시키는 것을 목적으로 2001년 제정된 법률이다.

ⓗ 국가사이버안전관리규정

이 훈령은 국가 사이버 안전에 관한 조직체계 및 운영에 대한 사항을 규정하고 사이버 안전 업무를 수행하는 기관 간의 협력을 강화함으로써 국가안보를 위협하는 사이버 공격으로부터 국가정보통신망을 보호함을 목적으로 한다.

나. 위협을 보호하고 완화하기 위한 예방 조치

기본적인 예방 조치를 위해서 기술적인 보안 조치를 강구해야 한다.

ㄱ ID 관리

시스템 및 AWS로의 접속이 허용된 주체 및 권한을 정의한다. ID 관리의 핵심은 불필요한 주체를 식별해서 반드시 필요한 인원에게만 접근 권한을 부여하고, 최소 권한의 원칙을 적용하여 필요 이상의 권한이 제공되지 않도록 하는 것이다. 이를 위해서 RBAC, 즉 Role Base Access Control 정의가 사용된다. 더불어 접속 주체들에 대해서 강력한 패스워드 정책을 시행함으로써 패스워드 유실에 따른 피해를 방지하고, 정기적인 감사를 통해 지속적으로 접속이 필요하지 않은 접속 주체들이 시스템에 남아있지 못하도록 하는 것도 ID 관리에서 정의되어야 하는 부분이다.

ㄴ 인프라 보호

인프라 보호에서 고려할 사항은 네트워크에 대한 보안과 컴퓨팅 리소스에 대한 보안이다. 네트워크 보안을 위해서는 퍼블릭 액세스가 필요한 영역과 프라이빗 액세스가 필요한 영역에 대한 요구사항을 정의하고, 각 영역에 대한 노출이 최소화될 수 있도록 아키텍팅하는 것이 필요하다. 모든 계층에 대해서 트래픽을 제어할 수 있는 메커니즘이 구현되어야 한다. AWS에서는 VPC 및 Security Group, NACL 등이 네트워크 제어를 위해 사용될 수 있다. AWS에서 VPC나 Security Group 등은 Infrastructure as Code의 일환으로 코드를 통해 자동으로 구성되도록 설정하는 것이 가능하다. 컴퓨팅 리소스에 대한 보안은 OS Hardening 등을 통해 공격 표면을 최소화하는 것이 출발점이다. 더불어 설치형 솔루션보다는 관리형 솔루션을 채택하는 것이 외부 공격으로부터 리소스를 방어하는 수단이 된다. 클라우드에서도 서비스에 대한 취약점 진단과 패치가 가능하다. AWS는 Inspector 등의 취약점 진단 솔루션을 서비스로 제공하고 있다.

ⓒ 데이터 보호

데이터 보호 영역에서 정의할 부분은 저장 데이터에 대한 보호와 전송 중인 데이터에 대한 보호, 두 부분이다. 이를 위해서는 먼저 데이터 분류 체계와 각 분류에 따른 보호 수준을 정의할 필요가 있다. 퍼블릭 액세스가 필요한 영역과 프라이빗 액세스가 필요한 영역, 허용된 일부 이용자만 액세스가 허용되는 영역 등으로 데이터를 분류하고 각 대상별 보호 수준을 결정한다. 저장 데이터에 대한 보호는 데이터 암호화 및 접근 제어를 통해서 수행된다. AWS에서 데이터 암호화는 키 관리 시스템(KMS)을 활용한 서버 측 암호화를 통해서 구현된다. EC2나 RDS, DynamoDB 등에서 사용하는 기본 스토리지를 같은 방식으로 암호화할 수 있다. S3 스토리지는 서버 측 암호화 외에도 클라이언트 암호화도 지원한다.

전송 중인 데이터에 대해서는 HTTPS 통신이나 SSH를 활용한 보안 통신을 활성화한다. 온프레미스와 클라우드 간의 연결은 VPN을 활용하거나 전용선을 연결하여 프라이빗 통신이 가능하도록 구성한다.

다. 위반을 검사하고 감지할 수 있는 방안

보안 위반 사항을 검사하고 감지하기 위해서는 보안 로그에 대한 정의가 필요하다. 로그 대상 및 수집 주기, 수집 방법 등을 정의하고 로그에 대한 이벤트 메트릭과 알람 요구사항 등이 정의되어야 자동 검사 및 감지가 가능하다. AWS에서는 일반적으로 AWS 상에서 수행되는 작업 로그와 서비스 및 애플리케이션에서 발생한 로그, 네트워크 수발신 내역 등이 로깅의 대상이 된다.

AWS의 작업 로그는 CloudTrail 서비스를 통해서 수집될 수 있다. 네트워크 수발신 내역은 VPC FlowLog를 활성화하면 수집이 가능하다. 서비스 및 애플리케이션 로그는 CloudWatch Log를 통해서 수집하는 것이 가장 효율적인 방법이다. 더불어 AWS는 DDoS 탐지 및 방어 서비스인 AWS Shield를 서비스로 제공한다. Shield Standard 서비스는 L3 구간, 즉 TCP/UDP 등의 DDoS 공격에 대한 탐지 및 방어가 가능하고 Shield Advanced 서비스는 L7 구간인 애플리케이션 레벨의 DDoS 공격에 대한 탐지 및 방어를 관제 서비스와 함께 제공하고 있다.

AWS의 GuardDuty 서비스를 활성화하면 DDoS에 위한 보안 위협 외에도 AWS 계정, 워크로드 및 Amazon S3에 저장된 데이터를 보호하기 위해 악의적 활동 또는 무단 동작을 지속적으로 모니터링하는 것이 가능하다. GuardDuty는 AWS CloudTrail 이벤트 로그, Amazon VPC Flow Log 및 DNS 로그와 같은 여러 AWS 데이터 원본에 걸쳐 수백억 건의 이벤트를 분석한다.

라. 보안 사고 대응 방안

조직의 보안 사고를 최소화할 수 있도록 보안 사고에 대한 적시 조사 및 대응 체계가 마련되어야 한다. 보안 사고가 발생할 경우 사고 대응이 가능한 주요 인력 및 외부 리소스가 식별되어야 하고, 사고 처리에 사용할 수 있는 도구도 사전에 정의되어 있어야 한다.

보안 사고에 대한 대응을 전담하는 조직이 CERT(Computer Emergency Response Team)이다. CERT는 보안 침해사고의 접수 및 처리 지원을 비롯해서 보안사고 예방 및 피해 복구 등의 임무를 수행한다.

CERT가 원활하게 업무를 진행하기 위해서는 보안 사고를 24시간 모니터링할 수 있는 보안 관제의 도움이 필요하다. 보안 사고가 발생하면 보안관제에서 기본적인 패킷 분석 후 CERT로 내용을 전달하게 되며, CERT는 해당 트래픽에 대한 원인, 영향도, 대응방안 등을 심도 깊게 분석하여 세부적인 사항들을 컨트롤하게 된다.

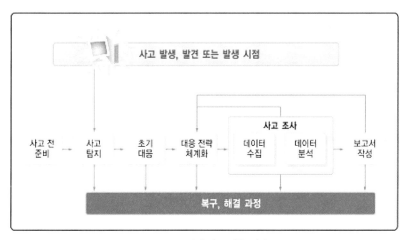

[그림 4-20] 보안 사고 대응 절차

우리나라의 경우, 정보통신망법 등에서 침해사고 발생 시 신고 의무를 강제하고 있다. 침해사고가 발생할 경우 미래창조과학부나 한국인터넷진흥원에 신고하고 침해사고에 대한 기술 지원을 신청할 수 있다. 신고를 누락할 경우 과태료 처분을 받을 수 있기 때문에 유의할 필요가 있다. 개인정보 유출 사고에 대해서는 침해사고에 비해서 조금 더 강력한 과태료 처분으로 신고를 강제한다. 개인정보 유출 시에는 방송통신위원회에 유출 사실을 신고해야 하며, 정보가 유출된 개인을 대상으로도 통지할 의무를 갖는다.

구분		내용
신고대상		건수에 관계없이 신고
신고내용		1. 유출 등이 된 개인정보 항목 2. 유출 등이 발생한 시점 3. 이용자가 취할 수 있는 조치 4. 정보통신서비스 제공자등의 대응 조치 5. 이용자가 상담 등을 접수할 수 있는 부서 및 연락처
신고시기		1. 정보통신서비스 제공자등이 유출 등의 사실을 인지한 시점에서 합리적인 이유 및 근거가 없는 한 즉시 신고 의무 발생 2. 추가 확인 사항은 확인되자마자 바로 신고
신고방법	서면신고	개인정보 유출신고서를 작성하여 전화, 팩스, 이메일, 우편으로 신고 ※ **이메일주소** : 118@kisa.or.kr **전화번호** : 국번 없이 110, 전화 연결 후 118 상담센터 연결을 요청 **팩스번호** : 02-405-5229 **우편주소** : (05717) 서울특별시 송파구 중대로 135 IT벤처타워 서관 4층 한국인터넷진흥원 개인정보점검팀
	인터넷신고	온라인 개인정보보호포털(http://www.i-privacy.kr)의 개인정보유출신고 페이지 이용

[그림 4-21] 개인 정보 유출 보안 사고에 대한 신고

업무의 특수성 때문에 보안관제 및 CERT는 외부의 전문 조직을 활용하는 경우가 많다. 외부 조직을 활용하더라도 사고가 발생되면 처리 및 대응이 가능하도록 사고 대응 계획을 수립하고, 자동화된 방법으로 보안 사고를 억제할 수 있도록 3rd 파트 도구를 포함해서 다양한 도구로 인프라 및 데이터를 보호할 필요가 있다.

보안 사고가 발생하면 포렌식 과정을 거쳐 사고의 원인과 피해 범위 식별, 대응 방안 모색 등의 작업이 진행된다. 포렌식 과정에서 사용할 수 있는 도구로 AWS CloudTrail 로그와 VPC Flowlog 등을 활용할 수 있다. 따라서 이러한 로그들은 사전에 반드시 활성화 상태로 유지될 필요가 있다. Amazon GuardDuty, Amazon Detective, AWS Security Hub 등의 서비스도 포렌식 과정에 도움을 받을 수 있는 도구들이다. 모든 절차와 도구가 정의되고 준비되었다면 주기적으로 게임데이를 실행해서 보안 사고에 대비한 사고 대비 훈련을 실시하는 것이 추천사항이다. 게임데이는 운영 환경과 비슷한 테스트 환경을 구성해서 실제로 보안 침해 사고를 시뮬레이션 하는 것을 의미한다. 시뮬레이션을 통해서 취약점을 발견할 수 있을뿐만 아니라 조직의 침해 사고 대응 수준을 점검할 수 있다.

(8) 마이그레이션 계획

마이그레이션 계획에서는 실제로 마이그레이션 프로젝트를 진행하기 위해 필요한 절차 및 조직을 정의한다. 대규모로 진행되는 마이그레이션은 짧은 기간 내에 진행될 수 없기 때문에 대부분 1년 이상의 장기 계획을 세워서 진행한다. 프로젝트 기간이 길다는 얘기는 불확실성 및 위험이 커질 수 있다는 것을 의미한다. 불확실성과 위험을 최소화하면서 프로젝트 계획을 수립하는 것이 핵심이다.

장기간 대규모로 진행되는 프로젝트이기 때문에 전형적으로 'Divide & Conquer' 전략이 가장 효율적인 방법이 될 수 있다. 마이그레이션 대상을 애플리케이션별로 분류한 다음에 각각의 애플리케이션에 대해서 마이그레이션을 수행하는 방법이 'Divide & Conquer' 전략이다.

'Divide & Conquer' 전략은 '분석→설계→구축→이행'이 단계별로 분리되어 수행되는 폭포수(Waterfall) 모델보다는 이터레이션의 형태로 스프린트를 반복 수행하는 agile 방법이 더 효율적이다. 이 부분에서 사용되는 프로젝트 팀 구성 모델이 스크럼이다. 프로덕트 오너와 스크럼 마스터, 다수의 작업자로 구성된 최대 8명의 조직이 하나의 스크럼을 형성해서 2주 내지 4주 기간으로 스프린트를 수행하는 모델이 가장 이상적이다.

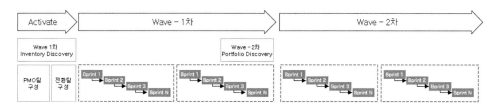

[그림 4-22] Agile 기반 마이그레이션 계획

전체 마이그레이션 기간을 Wave로 분리하고, 각 Wave에 대해서 복수의 스크럼 조직이 동시에 스프린트를 진행하는 것이 일반적인 모습이다.

마이그레이션 기간을 Wave로 분리하는 이유는 하나의 Wave가 종료된 이후 다음 Wave에 대한 준비 기간을 갖기 위함이다. 마이그레이션 기간이 길기 때문에 최초 계획했던 마이그레이션의 대상이 변경되었을 가능성도 있고, 프로젝트 투입 인원들의 피로도를 고려해서 인원 교체도 필요하기 때문이다.

스크럼 내의 인원수와 스크럼 자체의 수량은 마이그레이션 대상 수량 및 마이그레이션 프로젝트 기간을 고려해서 결정된다.

자동화된 도구를 활용한 마이그레이션이라면 보통 한 명의 작업자가 30대 이상의 장비를 한 달 동안 마이그레이션하는 것이 가능하지만, 재설치(Clean Install) 방법으로 마이그레이션하는 경우에는 애플리케이션의 복잡성 때문에 한 달에 10대 이상 마이그레이션 하는 것이 쉽지 않다.

스크럼에 대해서는 뒤에서 다시 한번 살펴볼 기회가 있을 것이다.

마이그레이션 계획에서 함께 고민한 부분은 프로젝트에 대한 위험 관리 방법과 커뮤니케이션 방법, 그리고 변화 관리에 대한 방법이다.

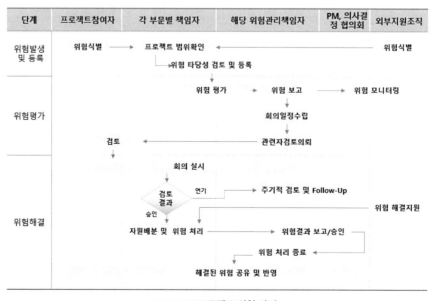

[그림 4-23] 프로젝트 위험 관리

가. 위험관리

위험 관리에서는 위험 식별과 평가, 위험 대응 계획이 수립되어야 한다. 위험 식별을 위해서 위험에 대한 등급을 정의하고 식별된 위험을 에스컬레이션 하는 절차와 에스컬레이션의 대상이 정의되어야 한다. 이 부분에서도 RACI 매트릭스가 사용될 수 있다. RACI 매트릭스는 Responsible, Accountable, Consulted, Informed를 나타낸다. Responsible은 업무를 실제로 진행하고 해결할 역할을 의미한다. Accountable은 업무를 실제로 진행하지는 않지만 업무 진행 결과에 대해서 책임을 지는 역할이다. Responsible이 hands-on을 수행하는 역할이라면 Accountable은 hands-on의 결과를 책임지는 역할이라고 할 수 있겠다. Consulted는 특정 업무를 진행하는 데 필요한 정보를 제공할 책임이 있음을 나타내고, Informed는 업무가 진행되는 과정에 진전이 있거나 이슈가 발생할 경우 알림을 받는 역할이다.

RACI 매트릭스는 각 업무에 대한 이해 관계자들의 RACI 현황을 표로 나타낸 것이다. [그림 4-24]는 위험 관리에 대한 RACI 매트릭스의 예시를 나타낸다.

단계	프로젝트참여자	부문별 책임자	위험관리 책임자	PM	외부지원조직
위험발생 및 등록	PR	I	A, SR	I	C
위험평가	SR	C	A, PR		
위험해결	PR	I	A, SR	I	C

※ PR : Primary Responsible, SR : Secondary Responsible, C : Consulted, I : Informed

[그림 4-24] 위험 관리에 대한 RACI 매트릭스 예시

나. 커뮤니케이션 계획

커뮤니케이션 계획은 마이그레이션 프로젝트에 참여하고 있는 작업자 및 이해관계자 간에 작업 진행에 필요한 정보를 전달하거나 요청하는 절차와 방법, 커뮤니케이션 도구 등을 정의하는 것을 말한다.

마이그레이션의 진행 상황을 대시보드 형태로 공유하는 것도 커뮤니케이션 방법 중에 하나이다. AWS의 Migration Hub를 사용하면 마이그레이션 진행 상황을 대시보드로 확인할 수 있다.

[그림 4-25] AWS Migration Hub Dashboard

다. 변환관리 계획

변화관리 계획은 마이그레이션이 진행됨에 따라 온프레미스의 장비는 줄어드는 반면 클라우드에 생성되는 장비는 점진적으로 늘어남에 따라 기존 인원들에 대한 운용 계획 및 교육 계획, 온프레미스에 대한 exit 계획 등을 수립하는 것을 의미한다.

(9) Pilot

MRP 단계에서 준비해야 하는 대부분의 절차가 마무리되면 이제 바로 마이그레이션이 시작되어도 문제가 없다. 마이그레이션 프로젝트팀을 구성했고 클라우드 상에 워크로드를 구성하기 위한 아키텍처와 운영 모델, 보안 모델이 수립되었기 때문이다. 이 부분에서 선택적으로 진행할 수 있는 업무가 Pilot 혹은 PoC(Proof of Concept)이다.

Pilot 혹은 PoC는 MRP 단계에서 수립한 각종 절차 및 방법론, 아키텍처 등이 실제로 대규모 마이그레이션 과정에서 효과적으로 작동하는 지를 확인하는 방법이다.

일반적으로 기술적인 의혹을 해소하기 위한 기술 검증 PoC와 마이그레이션 절차상의 문제를 사전 점검하기 위한 Pilot 테스트가 짧은 시간 내에 진행될 수 있다.

기술 검증 PoC에서는 마이그레이션 대상 선정 과정에서 식별된 마이그레이션 상의 기술 허들에 대한 극복 방안 및 회피 방안을 사전에 확인하는 과정이 진행된다. 기술 검증 PoC는 마이그레이션 절차보다는 클라우드의 기술 효과성을 검증하는 데 중점을 둔다. 온프레미스의 기술 요구사항이나 안정성 및 성능 요구사항, 보안 요구사항 등이 주요 검증 대상이 된다.

만약 기술 검증 PoC에서 극복 방안이나 회피 방안이 적합하게 작용하지 않는다면 해당 애플리케이션은 마이그레이션 대상에서 제외된다.

마이그레이션 절차에 대한 Pilot 검증은 기술 검증보다는 마이그레이션 프로젝트 팀이 계획한 대로 업무를 진행할 수 있는지, 커뮤니케이션이나 상황 공유에 문제가 생기지는 않는지, 하나의 스프린트를 수행하는 데 소요되는 시간 혹은 하나의 스프린트에서 마이그레이션할 수 있는 장비 수량이 어느 정도인지를 중점적으로 점검한다.

기술 검증 PoC는 만약 원하는 결과를 얻지 못하더라도 전반적으로 계획된 마이그레이션 프로젝트는 계속해서 수행할 수 있는 반면에 절차 검증 Pilot이 실패할 경우에는 마이그레이션 계획 자체에 대한 수정이 불가피하기 때문에 전반적인 마이그레이션 기간에 영향을 줄 수 있다.

일반적으로 스크럼의 형태로 애자일하게 프로젝트를 진행하면 스프린트를 진행할 수도록 참여자들의 경험에 기반해서 마이그레이션 절차상의 문제가 서서히 극복될 수 있을뿐만 아니라 참여자들의 스킬도 향상된다. 정말 치명적인 문제가 식별되지 않는 한 절차상에 문제가 있더라도 마이그레이션 프로젝트를 시작하는 것이 바람직한 방법 이다.

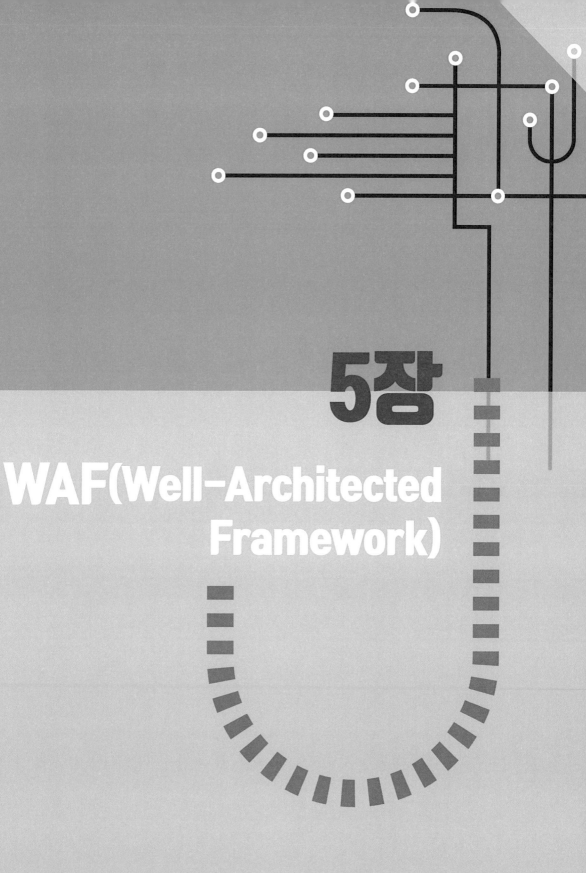

5장

WAF(Well-Architected Framework)

AWS의 Well-Architected Framework은 AWS 클라우드상에서 워크로드를 구성하고 운영할 때 참고할 수 있는 베스트 프랙티스 및 가이드 문서이다. AWS는 백서(White Paper)의 형태로 Well-Architected Framework을 제공하다. WAF는 보안, 안정성, 성능 효율성, 비용 최적화, 운영 효율성 등 5가지 영역에 대해서 권장사항을 가이드 하고 있다.

보안 부문은 위험 평가 및 위험 완화 전략을 통해 AWS에서 정보, 시스템, 자산을 보호하면서 비즈니스 가치를 창출하기 위해 지켜야 하는 규칙들을 나열하고 있다.

안정성 부문은 잘못된 시스템 구성이나 일시적인 네트워크 문제 등으로 인한 중단 사태를 최소화하고, 불가피한 인프라 및 서비스 중단으로부터 빠른 시간 내에 워크로드를 복구함으로써 워크로드가 비지니스 안정성을 확보할 수 있도록 할뿐만 아니라 수요에 맞게 컴퓨팅 리소스를 동적으로 확보하기 위해 필요한 내용을 기술하고 있다.

성능 효율성 부문은 컴퓨팅 리소스를 효율적으로 사용하여 시스템 요구사항을 수용하고 수요 변화와 기술 발전 속에서도 그러한 효율성을 유지하기 위해 필요한 사항들을 가이드한다.

비용 최적화 부문은 워크로드가 비즈니스 요구사항을 충족하면서도 가장 낮은 가격으로 비즈니스 가치를 유지하기 위해 필요한 것들에 대해서 가이드한다.

마지막으로 운영 효율성 부문은 AWS 내에 구성된 워크로드가 비즈니스 가치를 계속해서 창출할 수 있도록 중단없이 서비스 되기 위해 필요한 모니터링 및 지원 프로세스, 배포 방법 등에 대한 베스트 프랙티스를 제안한다.

AWS의 Well-Architected 프레임워크는 스타트업, 유니콘 기업, 대기업 등이 클라우드에 워크로드를 구성하기 위한 올바른 방향을 제시하고, 그 과정을 안내해주는 역할을 수행한다.

본격적으로 각 영역에 대해서 자세히 살펴보자.

보안

보안 부문은 클라우드 기술을 활용하여 시스템 및 데이터, 각종 리소스들을 보호함으로써 보안 상태를 개선할 수 있는 방법을 가이드한다.

(1) 설계 원칙

보안 부문에서 AWS가 가이드 하는 설계 원칙은 다음과 같다.

가. AWS 관리 콘솔에 대해서 강력한 자격 증명 기반 구현

관리 콘솔에 접속이 반드시 필요한 주체에게만 최소 권한의 원칙에 따라 리소스 사용에 반드시 필요한 권한만 부여된 User ID를 허용함으로써 보안 사고가 발생할 경우에도 피해를 최소화할 수 있도록 한다.

나. 추적 기능 활성화

실시간으로 클라우드 환경 및 워크로드에 대한 작업 사항과 변경 사항을 모니터링하고 알림을 전송하여 작업 내역을 감사(Audit)한다. 로그 및 지표 수집을 시스템과 통합하여 자동으로 조사하고 조치를 취하도록 하는 것이 권장사항이다.

다. 서비스를 구성하는 모든 계층에 보안 적용

보안을 적용할 수 있는 모든 계층, 예를 들어 네트워크 엣지, VPC, 로드 밸런서, 모든 인스턴스 및 컴퓨팅 서비스, 운영 체제, 애플리케이션, 서비스 코드 등에 대해서 접근 제어 및 암호화, 감사(Audit) 체계를 구성한다.

라. 보안 모범 사례의 자동 적용

소프트웨어 기반의 자동화된 보안 메커니즘은 안전한 확장 능력을 빠르고 비용 효율적으로 향상시킨다. 버전 제어가 가능한 템플릿을 활용함으로써 코드로 정의되고 관리될 수 있는 제어 기능을 구현하여 보안 아키텍처를 생성한다.

마. 전송 및 보관 중인 데이터 보호

데이터를 민감도 수준에 따라 분류하고 보호 등급에 따라 적절하게 암호화 및 액세스 제어 메커니즘을 적용한다.

바. 사람들이 데이터에 쉽게 접근할 수 없도록 유지

데이터에 대한 직접 액세스 또는 수동 처리의 필요성을 줄이거나 없애기 위한 메커니즘 및 도구를 활용한다. 이를 통해 민감한 데이터를 잘못 처리하거나, 수작업으로 인한 휴먼 오류의 위험을 줄일 수 있다.

사. 보안 이벤트에 대비

조직의 요구사항에 부합하는 인시던트 관리 및 조사 정책과 프로세스를 통해 사고에 대비한다. 인시던트 대응 시뮬레이션을 실행하고 자동화된 도구를 사용하여 감지 및 조사, 복구 속도를 높인다.

(2) 책임 공유 모델

AWS에서 보안을 강화하기 위한 방안을 고민하기 위해서는 가장 먼저 보안에 대한 책임 공유 모델을 이해할 필요가 있다. 책임 공유 모델은 'as a Service'로 제공되는 클라우드 인프라에 대해서 AWS가 책임지는 영역과 고객이 책임을 져야 하는 영역을 구분함으로써 각자가 보안 강화를 위해 집중해야 하는 영역이 어느 부분인지를 나타낸다.

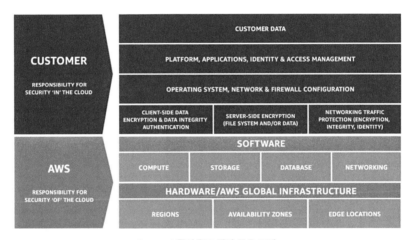

[그림 5-1] 클라우드 책임 공유 모델

보안 및 규정 준수에 있어서 책임 공유 모델은 고객으로부터 물리 인프라에 대한 운영 부담을 경감해주고, 고객이 필요한 영역에 집중할 수 있도록 하기 위해 구성된 모델이다. 이 모델에 의하면 AWS의 보안 책임이 호스트 운영 체계 및 가상화 계층, 그리고 AWS 서비스가 운영되는 데이터센터의 물리적 보안에 걸쳐 구성 요소를 운영하고 관리하고 제어할 부분에 있음을 나타내고 있다.

클라우드에 구성한 고객 측 서비스에 대한 보안 책임은 고객 자신에게 있다. 서비스에 대한 고객측 보안 책임은 고객이 AWS의 어떤 서비스를 선택하느냐에 따라서 책임 범위가 달라진다. EC2 인스턴스의 경우, 고객은 게스트 운영 체제의 업데이트, 보안 패치 등의 관리, 인스턴스에 설치한 모든 애플리케이션 소프트웨어 또는 유틸리티의 관리, 인스턴스별로 AWS에서 제공한 방화벽의 구성 관리에 대한 책임을 갖게 된다. Amazon S3 및 Amazon DynamoDB와 같은 관리형 서비스의 경우, 고객은 암호화 옵션을 포함한 데이터 관리, 자산 분류, 적절한 허가를 부여하는 IAM 도구 사용에 대한 책임이 있을 뿐 서비스 자체의 인프라 계층, 운영 체제, 플랫폼에 대한 유지관리는 AWS가 책임지는 영역이다.

보안 공유 모델은 '클라우드의 보안'과 '클라우드에서의 보안'이라는 말로 구분하기도 한다. '클라우드의 보안'은 AWS 서비스가 제공되도록 하는 데 필요한 인프라 및 호스트 운영 체계에 대한 보안을 의미하며, 이 영역은 AWS가 책임지는 영역이다. '클라우드에서의 보안'은 클라우드에 구성한 고객측 서비스의 유지관리에 필요한 보안을 의미하며, 고객이 사용한 AWS 서비스의 성격에 따라서 고객의 책임 영역이 조금씩 다르다. 관리형 서비스를 사용할 경우에는 AWS가 대부분의 영역을 책임지고, 고객은 데이터 자체와 서비스 자체에 대한 보안만 책임지면 된다.

책임공유모델은 보안 영역뿐만 아니라 IT 운영 및 관리 영역까지도 확대되는 개념이다. AWS는 클라우드 서비스가 제공될 수 있도록 물리적 인프라를 유지관리할 책임이 있다. 고객은 고객의 워크로드가 정상적으로 서비스될 수 있도록 운영할 책임을 갖는다. 가령 패치 관리를 예로 들면 AWS는 인프라와 관련된 결함 수정과 패치에 대한 책임이 있으며, 고객은 게스트 OS와 애플리케이션 패치에 대한 책임이 있다.

(3) Identity and Access Management

AWS 서비스를 사용하려면 사용자와 애플리케이션에 AWS 계정 내 리소스에 대한 액세스 권한을 부여해야 한다. AWS에서 워크로드를 실행할 경우 적절한 사용자가 적절한 조건에서 적절한 리소스에 액세스할 수 있도록 강력한 자격 증명 관리 및 권한이 필요하다. 이러한 기능에 대한 모범 사례는 자격 증명 관리와 권한 관리 등의 두 가지 주요 영역으로 나뉜다.

가. 자격 증명 관리

ㄱ **중앙 집중식 자격 증명 공급자 사용**

중앙의 단일 위치에서 자격증명을 생성 및 관리함으로써 여러 애플리케이션과 서비스에 대한 액세스를 쉽게 관리할 수 있다. 이런 용도로 사용할 수 있는 서비스가 SAML(Security Assertion Markup Language)을 활용한 로컬 Active Directory 연동이나 AWS의 SSO(Single Sign On) 서비스 등이다.

ㄴ **사용자 그룹 및 속성 활용**

액세스를 제어할 때는 개별적인 사용자가 아니라 그룹과 속성을 사용한다. 이를 통해 사용자의 액세스 권한을 변경해야 할 때 여러 개별 정책을 업데이트하는 대신 권한 세트를 사용해 사용자의 그룹 멤버십 또는 속성을 한 번에 변경하여 중앙에서 액세스를 관리할 수 있습니다

ㄷ **강력한 로그인 메커니즘 사용**

최소 패스워드 길이를 적용하고, 사용자에게 평이한 패스워드나 재사용된 패스워드를 사용하지 않도록 강제한다. 추가적인 확인 절차를 제공하기 위해 소프트웨어 또는 하드웨어 메커니즘을 사용하여 MFA(Multi-Factor Authentication)를 활성화한다.

ㄹ **임시 자격 증명 사용**

인적 자격 증명의 경우 AWS SSO를 사용하거나 IAM(Identity and Access Management)과의 연동을 사용하여 AWS 계정에 액세스한다. 시스템 자격 증명의 경우에는 액세스 키를 사용하는 IAM 사용자 대신 IAM 역할을 사용한다.

인적 자격 증명이란 관리자, 개발자, 운영자 및 최종 사용자가 AWS 환경 및 애플리케이션에 액세스할 때 사용하는 자격 증명이다. 이들은 웹 브라우저, 클라이언트 애플리케이션 또는 대화형 명령줄 도구를 통해 AWS 리소스와 상호작용한다. 시스템 자격 증명은 서비스 애플리케이션, 운영 도구 및 워크로드에서 AWS 서비스에 데이터 읽기 등의 요청을 보낼 때 사용하는 자격 증명이다. 이러한 자격 증명에는 Amazon EC2 인스턴스 또는 AWS Lambda 함수와 같이 AWS 환경에서 실행되는 시스템이 포함된다.

ⓜ 정기적으로 자격증명 감사 및 교체

인적 자격 증명의 경우, 사용자가 주기적으로 패스워드를 변경하도록 강제하고, 액세스 키 대신 임시 자격 증명을 사용하도록 강제한다. 시스템 자격 증명의 경우, IAM 역할을 사용한 임시 자격 증명을 사용한다. 만약 IAM 역할 사용이 불가할 경우에는 액세스 키를 자주 감사하고 교체해서 사용하도록 가이드 해야 한다.

ⓗ 안전하게 보안 암호 저장 및 사용

데이터베이스 접속 ID처럼 IAM과 관련이 없는 자격 증명의 경우, 보안 암호 관리 작업을 처리하도록 설계된 서비스를 활용한다. 이런 용도로 사용할 수 있는 서비스가 AWS Secrets Manager이다.

나. 권한 관리

ⓖ 조직에 대한 권한 가드레일 정의

AWS Organizations 서비스를 사용해서 AWS 계정을 그룹화하고 SCP(Service Control Policy)로 각 계정 그룹에 대한 공통 제어를 설정한다.

ⓛ 최소 권한 액세스 부여

최소 권한 원칙을 수립하면 사용 가능성과 효율성을 적절하게 절충하면서 자격 증명이 특정 작업을 처리하는 데 필요한 최소한의 기능 세트만 수행하도록 할 수 있다.

ⓒ 퍼블릭 및 교차 계정 액세스 분석

불필요하게 부여된 교차 계정 액세스 정책이나 퍼블릭 액세스 권한이 설정된 리소스를 찾아내기 위해 정기적으로 액세스 분석을 수행한다.

ⓔ 안전하게 리소스 공유

AWS 계정 간의 리소스 공유는 최소화하며, 반드시 필요한 경우에는 AWS Resource Access Manager(RAM) 서비스를 활용한다.

ⓜ 지속적으로 권한 축소

프로젝트 시작 시점에는 혁신과 민첩성을 끌어내기 위해 광범위한 액세스 권한을 부여하는 경우가 많다. 액세스를 지속적으로 평가하여 필요한 권한만 제공하도록 최소 권한을 달성하는 것이 좋다.

ⓗ 긴급 액세스 프로세스 설정

실제로 일어날 가능성은 희박하지만 자동화된 프로세스나 파이프라인에 문제가 발생할 경우에 대비하여 워크로드, 특히 AWS 계정에 대한 긴급 액세스를 허용하는 프로세스를 마련하는 것이 좋다.

(4) 탐지

탐지를 통해 잠재적인 보안 구성 오류, 위협 또는 예기치 않은 동작을 식별할 수 있다.

가. 로깅 구성

AWS 계정 수준의 탐지 메커니즘과 네트워크 인터페이스에서 송수신되는 트래픽에 대한 정보, 애플리케이션 기반의 로깅 등 수집 가능한 모든 로그를 저장하고 분석하는 것이 좋다.

나. 조사

탐지 메커니즘에 대해서 보안 이벤트를 구현하고 이벤트에 대한 응답 자동화를 구현한다. 보안 이벤트에 대응하기 위한 프로세스 및 대응 매뉴얼을 구성한다. AWS의 lambda 함수나 Config Rule을 활용해서 보안 이벤트에 대해서 자동화된 대응을 구현할 수 있다.

다. 인프라 보호

인프라 보호는 정보 보안 프로그램의 핵심 요소이다. 인프라 보호 기능을 사용하면 의도하지 않은 무단 침입 및 잠재적 취약점으로부터 워크로드 내의 시스템과 서비스를 보호할 수 있다.

라. 네트워크 보호

㉠ 네트워크 계층 생성

인터넷 액세스가 필요한 영역과 인터넷 액세스가 필요 없는 영역을 계층별로 나누고, 각 계층에 따라 서브넷을 분리 배치한다. 이러한 계층적 제어 방식은 단일 계층으로 구성할 경우 발생할 수 있는 의도하지 않은 액세스를 방지한다.

㉡ 모든 계층에서 트래픽 제어

네트워크 토폴로지를 설계할 때 각 구성 요소의 연결 요구사항을 조사해야 한다. 구성 요소에 인터넷 연결이 필요한지, VPC 간의 연결이나 로컬 데이터센터로의 사설 구간 연결이 필요한지를 조사해서 연결 요구에 맞게 서브넷을 구성하고 라우팅을 설정하는 한편, 네트워크 방화벽과 보안 그룹을 설정한다.

㉢ 검사 및 보호 구현

각 계층에서 트래픽을 검사하고 필터링한다. 가능하다면 WAF(Web Application Firewall) 서비스나 Shield Advanced 서비스를 활성화한다.

㉣ 네트워크 보호 자동화

위협 정보 및 이상 상태 감지 결과에 따라 자체 방어 네트워크를 제공하는 보호 메커니즘을 구성한다. AWS의 Lambda 함수를 이런 용도로 사용할 수 있다.

마. 컴퓨팅 보호

㉠ 취약점 진단 수행

코드, 종속 관계, 인프라의 취약점을 자주 검색하고 패치하여 새로운 보안 위협으로부터 워크로드를 보호한다.

㉡ 공격 대상 영역 최소화

운영 체제에 대해서 보안 요소를 강화하고 사용 중인 구성 요소, 라이브러리 및 외부 사용 서비스를 최소화하여 공격 대상 영역을 줄인다.

㉢ 사람의 실수를 미연에 방지

대화형 액세스 기능을 제거하면 수동으로 구성하거나 수동으로 관리할 가능성과 인적 오류의 위험을 줄일 수 있다. 예를 들어 변경 관리 워크플로를 사용하여 직접 액세스를 허용하는 대신 AWS Systems Manager와 같은 도구를 통해 EC2 인스턴스를 관리할 수 있다.

ⓔ 관리형 서비스 사용

책임 공유 모델의 일환으로 보안 유지관리 작업을 줄일 수 있도록 AWS의 관리형 서비스를 적극 활용한다.

ⓜ 소프트웨어 무결성 검증

워크로드에서 사용되는 소프트웨어, 코드, 라이브러리가 신뢰할 수 있는 소스에서 온 것이며 변조되지 않았는지를 검증하기 위한 메커니즘을 구현한다.

ⓗ 컴퓨팅 보호 자동화

취약성 관리, 공격 대상 최소화, 리소스 관리 등 컴퓨팅 보호 메커니즘을 자동화한다. 자동화를 사용하면 컴퓨팅 보호에 소요되는 시간을 줄일 수 있을뿐만 아니라 인적 오류의 위험을 줄일 수 있다.

(5) 데이터 보호

민감도에 따라 데이터를 분류하고, 무단 침입 사용자가 데이터를 해석하지 못하도록 데이터를 암호화한다. 이는 데이터에 대한 잘못된 접근 방지 또는 규제 의무 준수 등 목표 달성을 뒷받침하는 중요한 방법이다

가. 데이터 분류

ⓙ 워크로드 내에서 데이터 식별

데이터가 공개적으로 사용 가능한지, 데이터가 개인식별번호처럼 내부에서만 사용되는지, 지적 재산처럼 데이터에 대한 액세스가 더 엄격히 제한되는지 등에 따라 데이터를 분류한다.

ⓛ 데이터 보호 제어 정의

데이터 분류 시스템과 각 워크로드의 보호 요구사항 수준을 반영하여 적합한 제
어 기능과 액세스 보호 수준을 적용한다.

ⓒ 데이터 수명 주기 관리 정의

데이터 보존 기간, 데이터 폐기 프로세스, 데이터 액세스 관리, 데이터 변환, 데이
터 공유 등을 반영하여 수명 주기 전략을 정의한다.

ⓔ 식별 및 분류 자동화

데이터 식별 및 분류를 자동화하면 올바른 제어를 구현하는 데 도움이 될 수 있
을뿐만 아니라 사람이 직접 액세스하는 영역을 줄임으로써 인적 오류와 노출의
위험을 최소화할 수 있다.

나. 저장된 데이터 보호

저장된 데이터란 비휘발성 스토리지에 유지되는 모든 데이터를 의미한다. 여기에
는 블록 스토리지, 객체 스토리지, 데이터베이스, 아카이브, IoT 디바이스, 그리
고 데이터가 지속되는 모든 기타 스토리지 미디어가 포함된다. 저장된 데이터에
대해서 암호화 및 적절한 액세스 제어가 구현될 경우 무단 액세스 위험이 감소될
수 있다.

ⓖ 암호화 키 관리

암호화 키의 저장, 교체, 액세스 제어를 포함하는 암호화 방식을 정의함으로써 권
한이 없는 사용자로부터 콘텐츠를 보호하고 권한이 있는 사용자에게도 불필요한
콘텐츠 노출이 발생하는 것을 방지할 수 있다.

암호화 키 관리는 AWS의 KMS(Key Management System)를 활용할 수 있다.

ⓛ 저장 시 암호화

데이터를 저장할 때 반드시 암호화를 사용하도록 강제한다.

ⓒ 액세스 제어

최소 권한 원칙에 기반한 액세스, 안정성 확보를 위한 백업, 데이터 격리, 버전 관리 등 다양한 제어 방식을 통해 저장된 데이터를 보호한다.

ⓔ 암호화 키 사용 감사

암호화 키 이용 실태를 감사할 수 있도록 암호화 키에 대한 액세스 제어 메커니즘을 구현한다. AWS CloudTrail을 활용하면 실시간 감사가 가능하다.

ⓜ 데이터에 접근하지 못하도록 하는 메커니즘 사용

정상적인 운영 환경에서 모든 사용자가 민감한 데이터와 시스템에 직접 액세스하는 것이 불가하도록 구성한다.

ⓗ 저장된 데이터 보호 자동화

자동화된 도구를 사용하여 저장된 데이터 제어 상태를 지속적으로 검증하고 보완한다. AWS Config Rule을 사용하면 암호화에 대한 검증을 자동화할 수 있다.

다. 전송 중 데이터 보호

전송 중 데이터는 시스템 간에 전송되는 모든 데이터를 의미한다. 여기에는 워크로드 내 리소스 간의 통신과 다른 서비스 및 최종 사용자 간의 통신이 포함된다.

ⓖ 보안 키 및 인증서 관리 구현

암호화 키와 인증서를 안전하게 저장하고 엄격한 액세스 제어를 통해 적절한 간격으로 교체한다. AWS의 ACM(AWS Certificate Manager) 서비스를 활용하면 효율적인 인증서 관리가 가능하다.

ⓛ 전송 중 암호화 적용

TLS를 통한 HTTPS 통신 및 SSH 통신을 강제화한다.

ⓒ 네트워크 통신 인증

인증을 지원하는 네트워크 프로토콜을 사용하여 당사자 간의 네트워크 보안을
강화할 수 있다. TLS 통신이나 IPSec VPN 통신 등이 이에 해당한다.

ⓔ 데이터 무단 침입 탐지 자동화

탐지 도구를 사용해서 데이터 분류 수준에 따라 정의된 경계 밖으로 데이터를
이동하려는 시도를 자동으로 탐지한다. AWS의 GuardDuty나 VPC Flowlog를
이런 용도로 사용할 수 있다.

(6) 인시던트 대응

예방 및 탐지 제어를 고도화해서 사용하더라도 조직은 잠재적 보안 사고에 대응하고
그 영향을 완화하기 위한 메커니즘을 구현해야 한다. 이러한 준비는 인시던트 발생 시
보안팀이 효과적으로 문제를 격리 및 억제하며 정상 상태로 복구시킬 수 있는 능력에
지대한 영향을 미친다.

가. 내부 리소스 및 외부 리소스 파악

보안 인시던트에 빠른 대응이 가능하도록 내부 책임자와 함께 외부 전문가에 대
한 리소스도 파악되어 있어야 한다.

나. 인시던트 관리 계획 수립

인시던트에 대응하고, 인시던트 해결 과정에 관련자와 커뮤니케이션하며, 인시던트로부터 복구하는 데 도움이 되는 계획을 수립한다.

다. 액세스 환경 사전 프로비저닝

AWS 및 기타 관련 시스템에 사전에 프로비저닝된 올바른 액세스를 인시던트 대응 인력에게 제공함으로써 조사부터 복구까지 소요되는 시간을 단축할 수 있도록 한다.

라. 도구 사전 배포

AWS에 사전 배포된 올바른 도구를 보안 담당자에게 제공함으로써 조사부터 복구까지 걸리는 시간을 단축할 수 있도록 한다.

마. 포렌식 기능 준비

외부 전문가, 도구, 자동화 등 적합한 포렌식 조사 기능을 식별하고 준비한다. 포렌식 기능으로는 인시던트와 관련된 디스크 이미지, 파일 시스템, 메모리 덤프 및 아티팩트 분석 등이 포함될 수 있다.

바. 게임 데이 실행

인시던트 상황을 시뮬레이션해 볼 수 있는 게임 데이는 실제 시나리오를 기반으로 인시던트 관리 계획 및 절차를 연습할 수 있는 기회를 제공하는 내부 이벤트이다.

사. 억제 및 복구 기능 자동화

인시던트의 억제 및 복구를 자동화하여 대응 시간과 조직에 미치는 영향을 줄인다.

안정성

안정성 부문은 클라우드에 구축한 워크로드가 요구되는 수행 시간 동안 중단없이 서비스될 수 있도록 클라우드 기술을 활용하는 방법에 대해서 가이드한다.

(1) 설계 원칙

안정성 부문에서 AWS가 가이드 하는 설계 원칙은 다음과 같다.

가. 장애 자동 복구

워크로드의 핵심 성능 지표를 모니터링하고 특정 지표가 임계값을 초과할 경우 복구 절차를 트리거할 수 있도록 구성한다. 성능 지표를 모니터링하여 장애 추적 및 자동 알림을 지원하고, 자동화된 복구 프로세스에 따라 장애 지점을 우회하거나 복구할 수 있도록 하는 것이 권장사항이다.

나. 복구 절차 테스트

사전에 장애 상황을 시뮬레이션해서 복구 절차가 제대로 동작하는지 확인한다. 이 접근 방식은 실제 장애가 발생하기 전에 장애 경로를 확인하고 수정함으로써 위험을 줄일 수 있는 방법이다.

다. 수평적 크기 조정을 통해 전체 워크로드 가용성 증대

하나의 큰 리소스를 다수의 작은 리소스로 대체하여 단일 장애가 전체 워크로드에 미치는 영향을 축소한다. 요청을 더 작은 리소스 여러 개로 분산함으로써 SPoF(Single Point of Failure)를 해소할 수 있다.

라. 용량 추정 불필요

온프레미스에서는 장비 도입에 시간이 소요되기 때문에 정확하게 용량을 산정해서 필요한 장비를 적기에 도입하는 것이 중요한 업무이다. 그러나 클라우드에서는 원하는 때에 원하는 리소스를 바로 프로비저닝할 수 있기 때문에 용량 추정에 따른 오버 프로비저닝이 필요하지 않다. 더불어 Auto Scaling을 활용하면 용량 할당을 자동화 할 수 있다.

마. 자동화된 변경 관리

인프라 변경은 자동화를 통해 수행되어야 한다. 변경을 자동화함으로써 인적 에러를 최소화할 수 있고, 자원 변경 이력을 추적하고 검토할 수 있게 된다.

(2) 기본(Foundation)

안정성을 보장하기 위해 필요한 기본 요구사항을 가이드한다. 온프레미스에서는 데이터센터 상면이나 네트워크 대역폭 등이 안정성 보장을 위한 기본 요구사항에 해당하지만 클라우드에서는 이론적으로 이러한 기본 요구사항은 무제한으로 제공된다. 다만 무제한으로 사용하기 위해서 확인해야 하는 것들이 있다.

가. 서비스 할당량 및 제약 조건 관리

안정성을 위해서 가장 먼저 확인할 사항은 리소스별 할당량 제한을 확인하는 것이다. AWS의 거의 모든 리소스는 생성할 수 있는 수량이나 사용할 수 있는 수량에 대해 제한을 가지고 있다. 이는 실수에 의해 리소스를 과대 생성함으로써 발생할 수 있는 문제를 해소하기 위함인데, 실제로는 서비스용 리소스 생성 시에 걸림돌로 작용할 수도 있다.

나. 서비스 할당량 및 제약 조건 인식

EC2나 VPC, EBS 등 AWS의 각종 리소스는 할당량 제한이 있다. 대부분의 제한은 소프트 제한이어서 AWS에 한도 제한 해제를 요청해서 한도를 늘릴 수 있다. 그러나 일부 제한들은 제한 요청을 통해서도 할당량을 늘릴 수 없는 것들이 있다. 이러한 제한을 하드 제한(Hard Limit)이라고 표현한다. 워크로드 생성에 필요한 리소스들의 할당량 제한과 현재 어느 정도의 사용량을 보이는지 확인할 필요가 있다. AWS의 ServiceQuota나 TrustedAdvisor 서비스를 활용하면 할당량 제한을 확인할 수 있다.

다. 계정 및 리전 전체 할당량 관리

AWS의 리소스 할당량은 AWS Account별로 할당되며, 사용되는 리전별로 할당된다. 따라서 사용하고 있는 AWS Account 모두에 대해서 리전별 할당량 제한을 관리하는 것이 필요하다.

라. 아키텍처를 통해 고정된 서비스 할당량 및 제약 조건 수용

앞서 언급했듯이 일부 서비스 할당량은 하드 제한들이기 때문에 할당량 제한 해제 요청을 통해서 제한을 늘릴 수 없다. 대표적인 것들로 네트워크 대역폭, AWS Lambda 페이로드 크기, API Gateway의 조절 버스트 속도, Amazon Redshift 클러스터에 대한 동시 사용자 연결 등이 있다. 이러한 제한들은 필요시 늘릴 수 있는 것들이 아니기 때문에 하드 제한을 고려한 아키텍처가 필요하다.

마. 할당량 모니터링 및 관리

클라우드에서는 자동 확장 기능을 사용할 수 있기 때문에 서비스 사용량이 동적으로 변화한다. 따라서 특정 리소스가 사용 제한이 걸리지 않는지를 실시간으로 확인할 필요가 있다. Service Quota 및 TrustedAdvisor와 모니터링을 연계하여 실시간으로 알림을 받는 것이 권장사항이다.

바. 할당량 관리 자동화

모니터링을 자동화할 경우, 알림을 받는 것과 동시에 할당량 조절 요청을 API로 호출하여 할당량을 자동으로 확장할 수 있다.

사. 현재 할당량과 최대 사용량 사이에 충분한 여유가 있는지 확인

할당량을 관리할 때 놓치기 쉬운 부분은 이중화 구성한 리소스들이 차지하는 사용량이다. 이중화에 필요한 리소스들도 할당량을 차지하기 때문에 이중화 요소들에 대해서는 특별한 주의가 필요하다.

(3) 네트워크 토폴로지 프로비저닝

기본 영역에서 다음으로 살펴볼 항목은 네트워크 토폴로지와 관련된 내용이다. 워크로드에 필요한 리소스들은 실제로 네트워크상에 구현되는 것들이라 안정성을 확보하기 위해서는 네트워크에 대한 고민이 충분히 반영되어야 한다.

가. 워크로드 퍼블릭 엔드포인트에 고가용성 네트워크 연결 사용

프로덕션 워크로드를 위한 네트워크의 퍼블릭 엔드포인트에 고가용성 리소스들이 사용되어야 한다. 구체적인 서비스들로 ELB, Route53, CloudFront, API Gateway 등의 서비스를 예로 들 수 있다.

나. 클라우드와 온프레미스 환경의 네트워크 이중화

클라우드와 온프레미스 환경 사이에는 전용선이나 VPN을 활용해서 사설 네트워크를 구성할 수 있다. 전용선 서비스나 VPN 회선 모두 이중화를 기본으로 구성해야 회선 장애에 따른 서비스 단절을 방지할 수 있다. 전용 회선에 대한 비용 부담이 있을 경우에는 전용선의 백업 회선으로 VPN을 구성하는 것도 방법이다.

다. 확장 및 가용성을 위한 IP 서브넷 할당

실제로 리소스들은 서브넷에 배치된다. 따라서 서브넷의 IP 대역은 필요한 리소스들을 수용할 수 있을 만큼 충분한 IP가 확보되어 있어야 한다. 서브넷에 IP를 할당할 경우에는 향후 확장성을 고려해야 하며, 각 서브넷에 대해서 AWS가 고정적으로 3개의 IP를 내부 관리 용도로 사용한다는 점을 염두 해야 한다. 서브넷에 24 CIDR 블록을 할당하더라도 실제로 가용한 IP는 252개뿐이다.

라. 다대다 메시보다 허브 앤 스포크 토폴로지 채택

VPC 내에서의 네트워크 통신은 라우팅 테이블만으로 제어되지만 VPC 간의 연결은 별도의 메커니즘이 필요하다. 가장 단순한 메커니즘은 피어링, 즉 일대일 연결이다. 그런데 일대일 연결이 필요한 VPC가 많아지거나 VPC와 연결해야 하는 온프레미스 네트워크가 많아질 경우, 이런 식의 메시형 연결은 관리가 복잡할 뿐만 아니라 라우팅 테이블의 등록 엔트리를 많이 차지하게 된다. 따라서 이런 식의 연결보다는 transit gateway를 활용한 허브 앤 스포크 토폴로지가 바람직한 구성이다.

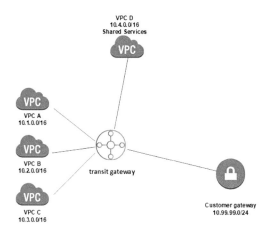

[그림 5-2] transit gateway를 활용한 VPC 허브 구성

마. 연결되는 모든 프라이빗 주소 공간에 겹치지 않는 주소 적용

VPC 간의 프라이빗 연결이나 온프레미스 간의 프라이빗 연결을 위해서는 겹치지 않은 프라이빗 IP 대역이 필요하다. 지금 당장은 VPC 간의 연결이나 온프레미스 연결이 필요하지 않더라도 향후 확장을 고려해서 프라이빗 IP 대역은 겹치지 않도록 구성해야 한다.

(4) 아키텍처

워크로드의 안정성은 올바른 아키텍처에서 시작된다. AWS에서는 안정성을 확보하기 위한 아키텍처 설계 방안을 가이드한다.

가. 워크로드 서비스 아키텍처 설계

특정 서비스 요소의 장애가 전체 서비스 장애로 이어지는 것을 방지하기 위해서는 서비스 요소를 작은 단위로 쪼개는 것이 바람직하다. 이런 형태의 서비스 아키텍처를 SOA(Service Oriented Architecture) 혹은 MSA(Micro Service Architecture)라고 부른다.

나. 분할 방법 선택

모놀리식(monolithic) 아키텍처를 SOA 또는 MSA로 분할하는 것이 바람직하다. 다만 분할이 모두를 행복하게 하는 것은 아니다. 분할은 필연적으로 분산 컴퓨팅 아키텍처를 필요로 하며, 분산 컴퓨팅 환경에서는 지연 시간 증가, 디버깅 복잡성, 운영 부담 증가 등의 어려움이 초래된다. 따라서 안정성을 확보하면서 비용을 줄일 수 있는 지점에서 모놀리식 아키텍처를 분할하는 것이 최적의 방법이다.

다. 특정 비즈니스 도메인 및 기능에 중점을 둔 서비스 구축

모놀리식 아키텍처의 서비스를 작은 단위 서비스로 분할할 경우에는 단위 서비스가 하나의 기능만 수행하도록 분할하는 것이 바람직하다. AWS는 이를 위해서 DDD(Domain-Driven Design)에서 엔터티를 사용하여 비즈니스 문제를 모델링하는 것이 도움이 된다고 가이드하고 있다.

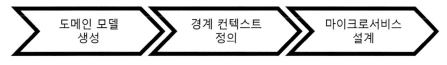

[그림 5-3] DDD 기반 마이크로 아키텍처 변환 절차

예를 들어 Amazon.com 엔터티에는 패키지, 배송, 일정, 가격, 할인 및 통화가 포함될 수 있다. 이 모델은 경계 컨텍스트를 사용하여 유사한 기능 및 속성을 공유하는 엔터티를 그룹화하는 더 작은 모델로 구분된다. 따라서 Amazon 예제 패키지에서 배송 및 일정은 배송 컨텍스트에 포함되지만 가격, 할인 및 통화는 요금 컨텍스트에 포함된다. 모델을 컨텍스트로 나누면 마이크로 서비스의 경계를 지정하는 방법에 대한 템플릿을 사용할 수 있게 된다.

라. API당 서비스 약정(Agreement) 제공

서비스 약정은 서비스 통합에 대한 팀 간의 문서화된 계약으로, API의 정의, 속도 제한 및 성능 기대치 등을 문서화한다. 약정을 위반하지 않는 한 언제든지 배포가 가능하다. 서비스 제공자는 팀이 원하는 기술 스택을 이용하여 API 약정을 충족할 수 있다. 서비스 소비자 역시 자체 기술을 활용하는 것이 가능하다.

마. 분산 시스템의 장애 방지를 위한 상호 작용 설계

분산 시스템에서 서버 또는 서비스는 통신 네트워크를 사용하여 상호 연결된다. 워크로드는 데이터 손실 또는 네트워크 지연이 발생하더라도 안정적으로 작동해야 한다. 따라서 분산 시스템의 구성 요소는 다른 구성 요소나 워크로드에 부정적인 영향을 미치지 않는 방식으로 작동해야 한다.

ㄱ 필요한 분산 시스템의 종류 식별

분산 시스템의 종류를 식별하기 위해서는 응답 시간에 대한 허용 범위를 확인해야 한다. 응답이 실시간으로 제공되어야 하는지, 아니면 비동기식으로 배치 형태의 응답이 가능한지에 따라서 하드 분산 시스템과 소프트 분산 시스템으로 구분할 수 있다.

ㄴ 약결합 종속성 구현

분산 시스템이 안정적으로 동작하기 위해서 시스템 구성 요소 간의 결합 형태가 다른 구성 요소에 미치는 영향을 최소화하도록 구성될 필요가 있다. 이른바 약결합으로 표현되는 이러한 연결 형태는 시스템의 특정 구성 요소에 대한 변경이 다른 구성 요소의 변경을 요구하지 않는 구조를 의미한다. 이러한 형태에서는 특정 구성 요소의 장애가 다른 구성 요소에 영향을 미치지 않도록 분리할 수 있다. 약결합에 의한 종속성을 구현하기 위해서는 인터페이스에 의한 비동기식 상호 작용이 필요하다. 이를 위해서는 내구성을 갖춘 중간 스토리지 계층의 연계가 구현되어야 한다. AWS에서는 SQS, Kinesis, Step Function 등을 통합함으로써 중간 스토리 계층을 구현할 수 있다.

ⓒ 모든 응답의 멱등성 유지

멱등성이라는 용어는 서비스에 대한 요청이 정확히 한 번만 처리될 수 있음을 의미한다. 서비스에 멱등성이 유지되면 다수의 동일한 요청에 대해서 단일 요청과 동일한 결과가 수행된다.

ⓔ 일정한 작업 처리

서비스에 대한 요청 트래픽이 증가하거나, 특정 서비스 요소에 장애가 발생하더라도 서비스가 처리하는 작업량이 일정하게 유지될 수 있도록 구성하는 것도 필요하다.

바. 분산 시스템의 장애 완화 또는 극복을 위한 상호 작용 설계

분산 시스템의 구성 요소는 다른 구성 요소나 워크로드에 부정적인 영향을 미치지 않는 방식으로 작동해야 한다. 클라우드에서 사용할 수 있는 상호 작용 설계는 다음과 같다.

㉠ 단계적 성능 저하를 구현하여 하드 종속성을 소프트 종속성으로 변환

구성 요소의 종속성에 문제가 발생한 경우에도 서비스 장애를 유발하는 것이 아니라 구성 요소 자체는 성능이 저하된 방식(graceful degrade)으로 계속해서 작동하도록 한다. 예를 들어 종속성 호출이 실패하는 경우 시스템 에러 페이지를 노출하는 것이 아니라 미리 작성된 정적 응답 페이지를 대신 회신한다.

또 다른 예로는 장애가 발생한 요소를 사전에 식별해서 클라이언트에서 해당 요소를 호출하는 경로를 차단하는 방법이다. 클라이언트가 해당 요소를 호출하면 장애 안내 페이지를 보여줌으로써 고객이 직접 장애 상황을 마주하는 것을 회피할 수 있다.

ⓛ 요청 조절

예기치 않은 수요 증가가 발생할 경우, 사전에 정의된 요청 제한을 초과하는 요청에 대해서 대기열을 생성한 후 안내 메시지를 전송하는 방법이다. 가령 고객이 특정 페이지에 접속하면 현재 대기 중인 고객이 몇 명인지를 보여주는 방식을 예로 들 수 있다.

ⓒ 재시도 호출 제어 및 제한

오류가 발생한 구성 요소를 계속해서 같은 방식으로 호출하면 장애가 확산될 가능성이 있다. 따라서 오류가 발생하면 바로 재시도를 하는 것이 아니라 일정 시간 동안 대기했다가 재시도 하도록 구성한다. 재시도를 했음에도 불구하고 오류가 해결되지 않는다면 재시도 횟수에 따라 대기해야 하는 시간 간격을 늘림으로써 재호출이 쇄도하는 것을 방지할 수 있다.

ⓡ 빠른 실패 및 대기열 제한

요청이 실패할 경우에는 최대한 빠르게 연결된 리소스를 해제하고 실패를 리턴한다. 요청은 바로 서비스로 전달되는 것이 아니고 대기열을 거쳐 전달된다. 대기열 자체가 장애 요소가 될 수 있으므로 대기열의 크기를 적당히 제한하고 제한을 초과한 요청에 대해서는 최대한 빠르게 실패를 리턴한다.

ⓜ 클라이언트 시간 제한 설정

구성 요소별 처리 시간을 고려해서 클라이언트의 요청 시간 제한을 설정한다. 구성 요소가 결과를 클라이언트에게 전달하기까지 클라이언트는 서비스 리소스를 계속해서 소비하고 있음을 유의해야 한다. 적절하게 Time Out을 설정함으로써 리소스가 과도하게 소비되는 것을 방지할 수 있다.

ⓗ 가능한 한 서비스를 상태 비저장으로 설계

상태 비저장이라는 얘기는 서비스를 제공하는 데 특정 구성 요소의 서버 이름이나 IP, 스토리지에 저장된 데이터 등이 종속적이지 않다는 것을 의미한다. 이런 구조에서는 장애가 발생한 구성요소를 손쉽게 대체할 수 있다.

상태 비저장 애플리케이션을 구성하기 위해서는 상태 비저장 세션 처리가 필요하다. 세션 데이터를 서버 내에 저장하는 것이 아니라 제3의 저장소에 저장함으로써 특정 서버에 장애가 발생하더라도 세션 정보가 유실되는 것을 방지할 수 있다.

⊗ 비상 레버 구현

비상 레버는 워크로드에 문제가 발생할 경우 서비스 트래픽을 차단하는 메커니즘을 의미한다. 비상 레버는 수동으로 작동할 수도 있지만 특정 임계치가 넘어설 경우 자동으로 작동하도록 구현할 수 있다.

(5) 변경 관리

워크로드의 안정적인 운영을 위해서는 워크로드 또는 환경에 대한 변경을 예상하고 수용해야 한다. 변경에는 수요 급증과 같이 워크로드에 적용되는 변경은 물론 기능 배포 및 보안 패치와 같은 워크로드 내부의 변경이 포함된다.

가. 워크로드 리소스 모니터링

로그 및 지표를 모니터링하여 임계값을 초과하거나 중요한 이벤트가 발생하면 알림을 보내도록 워크로드를 구성한다. 모니터링 알림을 통해서 장애 복구를 자동화할 수 있다.

㉠ 생성 : 워크로드에 대한 모든 구성 요소 모니터링

프런트앤드, 비즈니스 로직 및 스토리지 계층을 포함하여 워크로드의 모든 구성

요소를 모니터링한다. 모니터링의 대상이 되는 주요 지표를 확정하고 해당 경보 이벤트에 대한 임계값을 설정한다.

ⓛ 집계 : 지표 정의 및 계산

로그 데이터를 저장하고 필요한 경우 필터를 적용하여 특정 로그 이벤트의 수 또는 로그 이벤트 타임스탬프에서 계산된 지연 시간과 같은 지표를 계산한다.

ⓒ 실시간 처리 및 경보 : 알림 전송

중요한 이벤트가 발생하면 서비스 담당자 및 장애 처리 담당자에게 알림이 전송되도록 구성한다.

ⓔ 실시간 처리 및 경보 : 응답 자동화

이벤트가 발생하면 자동화된 방법으로 실패한 구성 요소를 대체하는 등의 조치를 취하도록 한다.

ⓜ 저장 및 분석

로그 파일 및 지표 기록을 수집하고 분석하여 서비스 추세 등의 인사이트를 확보한다.

ⓗ 정기적인 검토

워크로드 모니터링이 구현되는 방식을 정기적으로 검토하고 중요한 이벤트 및 변경 사항을 반영하여 업데이트한다.

ⓢ 시스템을 통한 엔드 투 엔드 요청 추적 모니터링

분산 시스템에 대해서 서비스 요청부터 결과 회신에 이르는 전 과정을 분석하고 디버깅하여 애플리케이션 전반의 오류 및 성능 문제를 확인한다.

나. 수요 변경에 따라 조정되는 워크로드 설계

특정 시점의 리소스 수요에 대응할 수 있도록 리소스를 자동으로 추가하거나 제거함으로써 확장 가능한 워크로드를 구성하여 탄력성을 확보한다.

㉠ 리소스 확보 및 조정 자동화

손상된 리소스를 교체하거나 워크로드 수요를 대응할 때 AutoScaling 등의 자동화된 방법을 활용한다.

㉡ 워크로드 장애 감지 시 리소스 확보

워크로드에 문제가 발생할 경우, 리소스를 확장하여 워크로드 가용성을 복원한다. 리소스 확장은 수동으로 진행될 수도 있으며 자동화된 방법으로 진행될 수도 있다.

㉢ 워크로드에 추가 리소스가 필요한 것으로 감지될 때 리소스 확보

워크로드에 추가 수요가 발생될 것으로 예측되는 경우, 사전에 리소스를 확장하여 가용성에 미치는 영향을 방지한다.

㉣ 워크로드에 대한 성능 테스트

리소스 확장 작업으로 워크로드 요구사항이 충족되는지 여부를 측정하기 위해서 성능 테스트를 실시한다.

다. 변경 구현

운영 중인 워크로드에 새로운 기능을 배포하거나 패치를 적용할 경우에는 적절한 변경 관리가 필요하다. 이러한 변경이 제대로 제어되지 않으면 변경으로 인해서 악영향이 초래될 수 있다.

ⓐ 배포와 같은 표준 활동에 런북(Runbook) 사용

런북은 특정 결과를 달성하기 위해 미리 정의된 프로세스 및 작업 단계를 의미한
다. 워크로드 배포 및 패치 등의 관리를 표준화하기 위해서는 표준화된 런북이
필요하다.

ⓑ 배포의 일부로 기능 테스트 통합

기능 테스트는 자동화된 배포의 일부로 실행되어야 한다. 기능 테스트를 통과하
지 못하면 배포가 중단되고 이전 환경으로 롤백 되어야 한다.

ⓒ 배포의 일부로 복원력 테스트 통합

복원력 테스트는 워크로드를 구성하는 특정 구성 요소에 문제를 발생시켜서 특정
구성 요소 장애가 워크로드 전체에 미치는 영향을 테스트 하는 것을 의미한다.
배포 과정에 특정 서버를 다운 시킴으로써 복원력 테스트를 수행할 수 있다.

ⓓ 변경 불가능한 인프라에 대한 서비스 배포

기존 인프라에 대해서 변경 작업을 진행할 수 없다면 기존 인프라를 대상으로 변
경 작업을 수행하는 것이 아니라 변경이 필요한 경우 새로운 인프라 환경을 구성
해서 변경 작업을 수행함으로써 만약 문제가 발생한 경우에도 기존 서비스 환경
에 영향을 주지 않도록 구성할 수 있다.
카나리(Canary) 배포나 블루/그린(Blue/Green) 배포 방식이 이러한 배포 방식이다.

ⓔ 자동화를 통한 변경 사항 배포

배포 및 패치 작업을 자동화함으로써 휴먼 에러를 방지한다.

(6) 장애 관리

거의 모든 것을 이중화 구성할 수 있는 클라우드 환경에서도 장애는 발생한다. 장애는 반드시 발생한다는 생각으로 장애에 대한 대비가 진행되어야 한다.

가. 데이터 백업

장애에 대한 첫번째 대비는 백업으로부터 출발한다.

ⓐ **백업 대상을 식별하고 백업 및 복제**

구성 요소별 RTO(Recovery Time of Object)와 RPO(Recovery Point of Object)를 식별함으로써 백업 대상 및 백업 수행 주기, 백업 보관 주기를 확정할 수 있다.

ⓑ **백업 보안 및 암호화**

백업된 데이터를 암호화함으로써 무결성 손상을 방지한다.

ⓒ **데이터 백업 자동 수행**

백업 대상별 백업 수행 주기에 따라서 백업이 자동으로 진행되도록 구성한다.

ⓓ **정기적인 데이터 복구 테스트**

정기적으로 복구 테스트를 수행하여 백업 프로세스 및 백업 방식이 RTO 및 RPO 목표를 충족하는지 확인한다.

나. 장애 격리를 사용하여 워크로드 보호

장애 격리란 특정 장애가 영향을 미치지 않도록 구성 요소 간에 경계를 구성하는 것을 의미한다. 장애 경계 내부의 문제는 장애 경계 외부로 전달되지 않는다. 마찬가지로 장애 경계 외부의 문제는 장애 경계 내부에 영향을 주지 않는다.

㉠ 워크로드를 여러 위치에 배포

워크로드 데이터와 리소스를 여러 가용 영역에 분산하거나 필요한 경우 글로벌 리전 전체에 분산 배치한다. 서비스 설계 관련 기본 원칙 중 하나는 기본 물리적 인프라에서 단일 장애 지점이 없어야 한다는 것이다.

㉡ 단일 위치로 제한된 구성 요소의 복구 자동화

기술적 제약으로 인해 워크로드를 여러 위치에 배포하는 것이 불가하다면 필요한 인프라를 다시 생성하고, 애플리케이션을 다시 배포하고, 필요한 데이터를 다시 생성하는 절차를 자동화해야 한다.

㉢ 칸막이 아키텍처(Bulkhead Architecture) 사용

칸막이 아키텍처는 장애를 클라이언트의 소수 하위 집합으로 제한하여 손상된 요청을 제한함으로써 대부분의 요청은 오류 없이 계속 처리될 수 있게 구성하는 형태의 아키텍처를 의미한다. 지역별로 접근할 수 있는 워크로드를 별도 구성하는 것이 정형적인 칸막이 아키텍처에 해당한다.

다. 구성요소의 장애를 견디도록 워크로드 설계

장애가 발생할 경우 빠르게 복구할 수 있도록 복원력을 고려해서 워크로드를 설계한다.

㉠ 워크로드의 모든 구성 요소에 대해 장애 모니터링

워크로드 상태를 지속적으로 모니터링하여 성능 저하나 장애가 발생하는 즉시 수동 및 자동화된 시스템으로 이를 인식할 수 있도록 한다.

㉡ 영향을 받지 않은 위치의 정상 리소스로 장애 조치

위치 장애가 발생하는 경우 정상 위치의 데이터 및 리소스로 계속해서 요청을 처

리할 수 있도록 구성한다. Multi AZ나 Multi Region으로 서비스를 배포하면 위치 장애에 대응할 수 있다

ⓒ 정적 안정성을 사용하여 바이모달(Bimodal) 동작 방지

바이모달 동작은 워크로드가 정상 모드와 장애 모드에서 다른 동작을 보이는 것을 말한다. 예를 들어 가용 영역에 장애가 발생할 경우 새 인스턴스를 시작하는 방법을 사용할 수 있다. 그러나 이는 정상 모드와 장애 모드가 다른 동작을 보이는 바이모달 방식의 접근 방법이다. 대신 Multi-AZ를 활용해서 인스턴스를 분산 배치했다면 특정 가용 영역에 문제가 발생해도 정상 모드와 장애 모드 간에 차이가 발생하지 않는다.

ⓔ 모든 계층에서 복구 자동화

장애가 감지되면 자동화된 기능을 사용하여 수정 작업을 수행한다.

ⓜ 이벤트가 가용성에 영향을 미치는 경우 알림 전송

중대한 이벤트가 감지되면 이벤트로 인해 야기된 문제가 자동으로 해결되었다고 하더라도 알림이 전송되어야 한다.

라. 안정성 테스트

워크로드가 복원력을 가질 수 있도록 설계했다면, 워크로드가 설계한 대로 동작하는지 정기적으로 테스트해야 한다.

ⓐ 플레이북(Playbook)을 사용하여 장애 조사

플레이북은 잘 알려지지 않은 장애 시나리오를 일관되고 신속하게 대응할 수 있도록 대응 프로세스를 문서화한 것이다. 런북이 일상적인 활동에서 특정 결과를 달성하기 위한 절차를 나열했다면, 플레이북은 일상적이지 않은 이벤트에 대응하

는 방법을 기술한다.

ⓛ 인시턴스 이후 분석 수행

고객에게 영향을 주는 이벤트를 검토하고 발생 요인과 예방 조치 항목을 식별한다. 이 정보를 사용하여 재발을 제한하거나 방지하는 완화 기능을 개발하고, 신속하고 효과적인 대응을 위한 절차를 개발한다.

ⓒ 기능적 요구사항 테스트

워크로드의 필수 기능을 검증하는 단위 테스트 및 통합 테스트를 실시한다.

ⓔ 조정 및 성능 요구사항 테스트

워크로드가 조정 및 성능 요구사항을 충족하는지 확인하는 성능 및 부하 테스트를 실시한다.

ⓜ 카오스 엔지니어링을 사용한 복원력 테스트

검증 환경 또는 운영 환경을 대상으로 강제로 장애를 발생시킴으로써 워크로드의 안정성과 장애 대응 프로세스를 점검할 수 있다. 넷플릭스의 Simian Army, The Chaos Toolkit 등을 이런 용도로 사용한다.

ⓗ 정기적인 장애 대비 훈련 시행

실제 장애 시나리오에 참여할 담당자들과 함께 실전 연습을 정기적으로 수행하여 운영 환경에 최대한 근접한 장애 절차를 연습한다.

마. 재해복구 계획

DR 전략의 시작은 백업 및 중복 워크로드 구성 요소를 갖추는 것이다. RTO 및 RPO는 가용성 복원에 대한 목표이다. 비즈니스 요구사항에 따라 이러한 목표를 설정할 필요가 있다.

ⓐ 가동 중지 및 데이터 손실 시의 복구 목표 정의

워크로드에는 RTO와 RPO 목표가 있다. RTO는 재해 발생 시 워크로드를 복구하는 데 사용할 수 있는 시간을 나타낸다. RPO는 워크로드 복원 시 복구 지점에 대한 목표를 설정한다. 가령 RPO가 1시간이라면 최소 1시간 이전 데이터를 활용해서 워크로드를 복구해야 한다.

ⓑ 복구 목표 달성을 위해 정의된 복구 전략 사용

RTO 및 RPO 목표를 달성할 수 있도록 DR 전략이 수립되어야 한다. 사용 가능한 DR 전략은 앞서 살펴본 것처럼 백업, Pilot Light, Warm Standby, Hot Site 등을 활용할 수 있다.

ⓒ 재해 복구 구현을 테스트하여 구현 확인

DR이 제대로 동작하는지 정기적으로 확인해서 RTO 및 RPO 현황을 확인할 필요가 있다.

ⓓ DR 사이트의 구성 드리프트 관리

DR 사이트의 인프라 구성이 현형화 되어 있는지 확인한다. 원본 사이트에 변경이 있었다면 DR 사이트의 리소스에도 변경 내용이 반영되어야 한다.

ⓔ 복구 자동화

재해 발생 시 시스템 복구를 자동화하고 트래픽이 DR 사이트로 자동으로 라우팅되도록 구성해야 한다.

성능 효율성

성능 효율성 부문은 컴퓨팅 리소스를 효율적으로 사용하여 요구사항을 충족하고 수요 및 기술 변화에 따라 이러한 효율성을 유지하는 방법을 가이드한다.

(1) 설계 원칙

성능 효율성 부문에서 AWS가 가이드하는 설계 원칙은 다음과 같다.

가. 고급 기술의 대중화

클라우드 공급업체가 복잡한 고급 기술을 서비스 형태로 제공하기 때문에 IT팀에 새로운 기술의 호스팅 및 실행에 대해 요청하지 않아도 새로운 기술을 사용할 수 있다.

나. 몇 분 안에 전 세계에 배포

클라우드 공급업체가 전 세계에 걸쳐 서비스를 제공하는 서비스 리전에 워크로드를 배포하면 최소한의 노력으로 지연 시간을 최소화하면서 고객 경험을 개선할 수 있다.

다. 서버리스 아키텍처 사용

서버리스 아키텍처는 물리적인 서버 없이도 컴퓨팅 서비스를 제공할 수 있는 강력한 메커니즘을 제공한다. 물리적인 서버에 대한 성능 효율성은 클라우드 공급업체의 책임 하에 제공되기 때문에 서버의 성능 효율성을 고민할 필요없이 비즈니스 로직 구현에만 집중할 수 있다.

라. 테스트 횟수 증가

클라우드에서는 리소스 생성을 자동화할 수 있기 때문에 다양한 환경을 자동화된 방식으로 구성해서 비교 테스트를 수행할 수 있다.

마. 기계적 조화(Mechanical Sympathy) 고려

목표에 가장 일치하는 기술 접근 방식을 사용할 수 있다. 예를 들어 데이터베이스 또는 스토리지 접근 방식을 선택할 때는 데이터 액세스 패턴을 고려한다.

(2) 선택

클라우드 리소스는 다양한 유형과 구성으로 제공되므로 요구사항에 가장 근접한 접근 방식을 쉽게 찾을 수 있다. 또한, 온프레미스 인프라에서는 쉽게 사용할 수 없는 옵션도 추가로 제공된다.

가. 성능 최적화 아키텍처 선택

데이터 기반 접근 방식을 사용하면 아키텍처에 최적화된 패턴 및 구현 방식을 선택할 수 있기 때문에 경제적인 솔루션을 구축할 수 있다. 데이터 기반 접근 방식을 사용하기 위해서는 벤치마킹 또는 부하 테스트를 통해 획득한 성능 데이터가 필요하다.

ⓐ 사용 가능한 서비스 및 리소스 파악

올바른 선택을 하기 위해서는 클라우드에서 사용 가능한 광범위한 서비스 및 리소스를 제대로 파악하고 이해할 필요가 있다.

ⓑ 아키텍처 선택 프로세스 정의

클라우드에 대한 내부 경험과 지식을 사용하거나 사용 사례 및 관련 설명서 또는 백서 등의 외부 리소스를 활용하여 리소스 및 서비스를 선택하는 프로세스를 정의한다.

ⓒ 비용 요구사항을 고려한 의사 결정

성능 효율성을 담보하기 위해 무리한 리소스를 선택하지 않으려면 비용에 대한 고민이 반영되어야 한다. 내부 비용 제어 기능을 사용하여 예상되는 리소스 요구사항에 적합한 유형 및 크기의 리소스를 선택한다.

ⓓ 정책 또는 참조 아키텍처 사용

클라우드 서비스 및 리소스를 선택할 때 내부 정책 및 기존 참조 아키텍처를 분석하여 적용하면 성능 및 효율성을 극대화할 수 있다.

ⓔ 클라우드 공급자 또는 적절한 파트너의 지침 사용

클라우드 제공자의 가이드와 클라우드 제공자의 공식 파트너들의 도움을 받으면 최적의 성능을 위해 아키텍처를 검토하고 개선하는 데 도움이 될 수 있다.

ⓕ 기존 워크로드 벤치마크

기존 워크로드의 성능을 벤치마크하여 클라우드에서의 성능을 파악한다. 벤치마크에서 수집된 데이터를 활용하면 아키텍처를 원활하게 결정할 수 있다.

ⓖ 워크로드에 대한 부하 테스트

워크로드에 대해서 다양한 리소스 유형 및 크기를 적용하여 부하 테스트를 진행함으로써 아키텍처를 설계하거나 리소스를 선택하는 데 도움을 받을 수 있다.

나. 컴퓨팅 아키텍처 선택

특정 워크로드에 대한 최적의 컴퓨팅 자원 선택은 애플리케이션 설계, 사용량 패턴 및 구성 설정에 따라 다를 수 있다. 아키텍처는 다양한 컴포넌트에 대해 서로 다른 컴퓨팅 옵션을 사용하고 다양한 기능을 활성화하여 성능을 개선할 수 있다. 아키텍처에 대해 잘못된 컴퓨팅 옵션을 선택하면 성능 효율성 저하로 이어질 수 있다.

AWS에서 컴퓨팅 아키텍처로 선택할 수 있는 옵션으로는 EC2 인스턴스, 컨테이너, Lambda 등 다양하다.

ㄱ 컴퓨팅 관련 지표 수집

컴퓨팅 아키텍처를 적정하게 선택하기 위해서는 리소스의 실제 사용률을 추적하고 기록하는 것이 필요하다.

ㄴ 적절한 크기 조정을 통해 필요한 구성 결정

워크로드의 다양한 성능 특성을 분석하고 이러한 특성과 메모리, 네트워크, CPU 사용량 간의 관계를 분석한다. 워크로드 특성에 가장 적합한 리소스를 선택할 때 이 데이터를 사용할 수 있다.

ㄷ 사용 가능한 리소스 탄력성 사용

클라우드는 수요 변화에 맞춰 다양한 메커니즘을 통해 리소스를 동적으로 확장 또는 축소할 수 있는 유연성을 제공한다. 컴퓨팅 관련 지표를 함께 활용하는 경우 워크로드가 수요 변화에 자동으로 대응하여 목표를 달성하는 데 가장 적합한 리소스 세트를 활용할 수 있다.

ㄹ 지표를 기준으로 컴퓨팅 요구 재평가

시스템 수준 지표를 사용하여 시간별 워크로드 동작 상태 및 요구사항을 파악한다. 사용 가능한 리소스를 이러한 요구사항과 비교해서 워크로드 요구를 평가한 다음 워크로드 특성에 가장 적합하도록 컴퓨팅 환경을 변경한다.

다. 스토리지 아키텍처 선택

특정 시스템에 대한 최적의 스토리지 솔루션은 액세스 방법 및 액세스 패턴, 필요한 처리량과 액세스 빈도, 가용성과 내구성 제약 사항에 따라 다르다. 액세스 방법은 블록, 파일, 객체 등으로 요구사항이 나눠지며, 액세스 패턴은 랜덤 또는 순차 등으로 요구사항이 나눠진다. 액세스 빈도에 따라 온라인, 오프라인, 보관용으로 스토리지를 분류하고 WORM 혹은 동적 업데이트로 업데이트 빈도에 따라 스토리지 요구사항이 달라진다. 시스템 성능은 여러 개의 스토리지 솔루션 및 다양한 특성을 사용하여 최적화 할 수 있다.

ㄱ 스토리지 특성 및 요구사항 파악

객체 스토리지, 블록 스토리지, 파일 스토리지 또는 인스턴스 스토리지 등 워크로드에 가장 적합한 서비스를 선택하는 데 필요한 다양한 특성, 예를 들어 공유 가능 여부, 파일 크기, 캐시 크기, 액세스 패턴, 지연 시간, 처리량, 데이터 지속성 등을 파악한다.

ㄴ 사용 가능한 구성 옵션 평가

다양한 특성 및 구성 옵션과 스토리지와의 관련성을 평가하다. 프로비저닝된 IOPS, SSD, 마그네틱 스토리지, 객체 스토리지, 아카이브 스토리지, 휘발성 스토리지 등을 사용하는 위치와 방법을 파악하여 워크로드의 성능과 스토리지 리소스를 최적화한다.

ㄷ 액세스 패턴과 지표를 기준으로 결정

워크로드의 액세스 패턴을 기준으로 스토리지 시스템을 선택하고, 워크로드에서 데이터에 액세스하는 방법을 결정하여 스토리지 시스템을 구성한다.

라. 데이터베이스 아키텍처 선택

시스템에 대한 최적의 데이터베이스 솔루션은 가용성, 일관성, 파티션 허용 오차, 지연 시간, 내구성, 확장성, 쿼리 기능에 대한 요구사항에 따라 다르다. 많은 시스템이 다양한 하위 시스템에 대해 서로 다른 데이터베이스 솔루션을 사용하고 서로 다른 기능을 활성화하여 성능을 개선한다.

ㄱ **데이터 특성 파악**

워크로드에 포함된 데이터의 다양한 특성을 파악한다. 예를 들어 워크로드에 트랜잭션이 필요한지 여부, 워크로드가 데이터와 상호 작용하는 방식, 성능 요구사항 등을 확인한다. 이 데이터를 사용하여 가장 우수한 성능을 제공하는 워크로드용 데이터베이스 방식, 예를 들어 관계형 데이터베이스, NoSQL 키-값, 문서, 와이드 열, 그래프, 시계열 또는 인메모리 스토리지 중에서 최적의 방식을 선택한다.

ㄴ **사용 가능한 옵션 평가**

워크로드 스토리지 메커니즘 선택 프로세스의 일환으로 클라우드에서 사용 가능한 서비스 및 스토리지 옵션을 평가한다. 데이터 저장용으로 지정된 서비스나 시스템을 사용하는 방법과 시기를 파악한다. 또한 프로비저닝된 IOPS, 메모리/컴퓨팅 리소스 및 캐싱 등 데이터베이스 성능이나 효율성을 최적화하는 데 사용할 수 있는 구성 옵션을 확인한다.

ㄷ **데이터베이스 성능 지표 수집 및 기록**

초당 트랜잭션 수, 속도가 느린 쿼리 또는 데이터베이스 액세스 시에 발생하는 시스템 지연 시간 등을 측정함으로써 데이터베이스 시스템의 성능을 파악할 수 있다.

ㄹ **액세스 패턴을 기준으로 데이터 스토리지 선택**

워크로드의 액세스 패턴을 기준으로 사용할 서비스와 기술을 결정한다. 예를 들어 트랜잭션에 필요한 워크로드에는 관계형 데이터베이스를 활용하고, 트랜잭션은 필요 없지만 높은 처리량이 필요한 워크로드에는 키-값 저장소를 사용할 수 있다.

ㅁ **액세스 패턴 및 지표를 기준으로 데이터 스토리지 최적화**

데이터의 저장 또는 쿼리 방법을 최적화하는 성능 특성 및 액세스 패턴을 사용하여 최적의 성능을 달성한다. 인덱싱, 키 분산, 데이터 웨어하우스 설계, 캐싱 전략

등의 최적화가 시스템 성능이나 전반적인 효율성에 미치는 영향을 측정한다.

마. 네트워크 아키텍처 선택

워크로드에 대한 최적의 네트워크 솔루션은 지연 시간, 처리량 요구사항, 지역 및 대역폭에 따라 다르다. 위치 옵션은 사용자 또는 온프레미스 리소스와 같은 물리적 제약에 따라 결정된다. 엣지 로케이션 또는 지리적 리소스 배치를 통해 이러한 제약을 상쇄할 수 있다. AWS에서 네트워킹은 가상화 되어 다양한 유형 및 구성으로 제공된다. 따라서 요구사항에 일치하는 네트워킹 방법을 보다 쉽게 찾을 수 있다.

ㄱ 네트워킹이 성능에 미치는 영향 파악

네트워크 관련 기능이 워크로드 성능에 미치는 영향을 분석하고 파악한다. 네트워크 지연 시간은 사용자 경험에 영향을 미치며 네트워크 용량을 충분히 제공하지 못하면 워크로드 성능에 병목 현상이 발생할 수 있다.

ㄴ 사용 가능한 네트워크 기능 평가

클라우드에서 성능을 높일 수 있는 네트워크 기능을 평가한다. 테스트, 지표 및 분석을 통해 이러한 기능의 영향을 측정할 수 있다.

ㄷ 하이브리드 워크로드에 적절한 규모의 전용선 또는 VPN 선택

온프레미스 통신에 대한 요구사항이 있는 경우 대역폭이 워크로드 성능을 제공하기에 충분한지 확인한다. 대역폭 요구사항에 따라 단일 회선의 전용선 연결 또는 단일 VPN으로는 충분하지 않을 수 있으며, 여러 연결 간에 트래픽 로드 밸런싱을 활성화할 필요가 있다.

ㄹ 로드 밸런싱 및 암호화 오프로드 활용

클라우드의 탄력성을 워크로드에 활용할 수 있도록 여러 리소스 또는 서비스에 트래픽을 로드 밸런싱 한다. 로드 밸런싱을 사용하는 동시에 SSL 인증과 관련된 절차를 로드 밸런서가 처리하게 하는 방식으로 암호화 종료(termination)를 오프

로드하면 성능을 개선하고 트래픽을 효율적으로 관리할 수 있다.

ⓜ 네트워크 트래픽을 최적화하는 네트워크 프로토콜 선택

원하는 처리량을 달성하려면 지연 시간과 대역폭 간의 관계를 고려해야 한다. 파일 전송에서 TCP를 사용하는 경우 지연 시간이 길수록 전체 처리량이 줄어든다. 이 문제는 TCP 튜닝 및 최적화된 전송 프로토콜을 사용하여 해결할 수 있는데 경우에 따라 UDP를 대안으로 사용하기도 한다.

ⓗ 네트워크 요구사항에 따라 위치 선택

제공되는 클라우드 위치 옵션을 사용하여 네트워크 지연 시간을 줄이고 처리량을 개선한다.

ⓢ 지표를 기준으로 네트워크 구성 최적화

수집 및 분석된 데이터가 제공하는 정보를 사용하여 네트워크 구성 최적화를 결정한다. 변경의 영향을 측정한 다음 측정값을 활용해 향후 변경 여부에 대해 최종적으로 적용 여부를 결정한다.

(3) 검토

클라우드에서는 시간이 지남에 따라 워크로드의 성능을 개선할 수 있는 새로운 기술과 접근 방식이 지속적으로 소개된다. 따라서 현재는 가능하지 않은 것들이 차후에는 가능해 질 수 있기 때문에 지속적으로 클라우드 서비스 제공업체가 새롭게 출시하거나 업데이트 하는 서비스들을 눈여겨볼 필요가 있다.

가. 새로운 리소스 및 서비스에 대한 최신 정보 숙지

클라우드 서비스 제공업체에서는 새로운 서비스 및 기존 서비스의 개선, 설계 패턴 및 제품 오퍼링 등을 정기적으로 출시한다. 이러한 서비스 출시 정보를 놓치지 않고 숙지할 수 있는 방법을 찾아낼 필요가 있다.

나. 워크로드 성능 개선을 위한 프로세스 정의

새로운 서비스 및 개선판이 제공되면 이를 사용하여 성능을 개선할 방법을 평가한다. 최신 서비스 정보에 대한 평가 및 내부 논의, 외부 분석 등을 통해 워크로드의 효율성이나 성능을 개선할 수 있는 프로세스 및 방법을 정의해야 한다.

다. 장기적인 워크로드 성능 개선

새로운 서비스를 적용하기 위해서는 개념 증명을 통해 타당성을 검토하고 성능 테스트를 거쳐 워크로드의 성능 개선에 도움이 되는지 확인하는 과정이 필요하다. IaC(Infrastructure as Code)를 활용하면 새로운 아이디어를 더 쉽게 자주 테스트해 볼 수 있다.

(4) 모니터링

시스템의 성능은 시간이 지남에 따라 저하될 수 있기 때문에 성능 효율성을 지속적으로 유지하기 위해서는 리소스들에 대한 성능 지표를 모니터링하는 것이 중요하다. 모니터링 지표를 설정하고 수집, 저장해서 성능 변화 추이를 분석해야 하며, 성능에 문제가 생겼을 때는 알림이 생성될 수 있도록 구성해야 한다.

가. 성능 관련 지표 기록

모니터링 솔루션 및 서비스를 활용해서 데이터베이스 트랜잭션, 속도가 느린 쿼리, I/O 지연 시간, HTTP 요청 처리량, 서비스 지연 시간 등과 같은 주요 성능 데이터를 기록한다.

나. 이벤트 또는 인시던트 발생 시의 지표 분석

이벤트나 인시던트에 대응하기 위해 모니터링 대시보드나 보고서를 사용해서 이벤트 및 인시던트의 영향을 파악하고 진단한다. 성능 문제가 발생한 리소스가 워크로드의 어느 부분인지 확인한다.

다. 워크로드 성능을 측정하는 KPI(Key Performance Index) 설정

워크로드 성능이 목표한 성능을 충족하는지 여부를 나타내는 KPI를 정의한다. 예를 들어 API 기반 워크로드는 전반적인 성능의 지표로 전체 응답 지연 시간을 사용할 수 있으며, 전자상거래 사이트는 구매 건수를 KPI로 선택할 수 있다.

라. 모니터링을 사용하여 경보 기반 알림 생성

정의한 KPI에 대해서 모니터링한 측정치가 예상 범위를 벗어날 경우 자동으로 알림이 발생하도록 모니터링 시스템을 구성한다.

마. 선제적 모니터링 및 알림 생성

문제가 실제로 발생되기 전에 대응이 가능하도록 KPI 측정치를 예측해서 해당 값이 특정 임계값을 초과하는 경우 알림을 보낼 수 있도록 설정하고, 가능한 경우 문제 해결 작업이 자동으로 트리거 될 수 있도록 구성한다.

바. 정기적으로 모니터링 지표 검토

정기적으로 또는 이벤트나 인시던트 대응 이후 모니터링 지표를 검토한다. 모니터링 지표 검토를 통해서 모니터링 지표의 적정성을 확인할 수 있고 문제를 해결하는 데 도움이 되었던 지표를 추가로 파악할 수 있다.

(5) 절충(trade-off)

절충이란 일관성이나 내구성, 공간 및 시간 등에서 일부 단점을 가질 수 있지만, 전반적으로 성능을 높일 수 있는 설계 방식을 의미한다. 가령 읽기 영역에 캐싱을 배치하면 일관성에서는 일부 단점이 있을 수 있지만 읽기 성능이 좋아진다.

가. 성능이 가장 중요한 영역 파악

성능을 개선함으로써 효율성을 높이고 고객 환경을 개선할 수 있는 영역을 파악한다. 글로벌 서비스로 제공되는 웹 사이트에서는 CDN 등을 활용하면 성능을 향상시킬 수 있다.

나. 설계 패턴 및 서비스 파악

성능 개선에 도움이 되는 다양한 설계 패턴과 서비스를 조사하고 파악한다. 분석을 수행하는 동안 성능 개선을 위해 절충할 수 있는 요소를 파악한다. 예를 들어 캐시 서비스를 사용하면 데이터베이스 시스템의 로드를 줄일 수 있다.

다. 절충이 고객과 효율성에 미치는 영향 식별

사용 가능한 성능 구성 옵션과 해당 옵션이 워크로드에 영향을 미치는 방식을 확인한다. 옵션이 아키텍처와 상호 작용하는 방식, 그리고 측정된 성능과 사용자의 체감 성능에 끼치는 영향을 파악해야 워크로드 성능을 최적화할 수 있다.

라. 성능 개선의 영향 측정

성능 개선을 위해 변경을 수행하는 동안 수집된 지표와 데이터를 평가한다. 이 정보를 사용하여 성능 개선이 워크로드에 미치는 영향과 고객에게 미치는 영향을 확인한다.

마. 다양한 성능 관련 전략 사용

데이터 캐싱 등의 전략을 사용해서 과도한 네트워크 또는 데이터베이스 호출을 방지하고, 데이터베이스 엔진용 읽기 전용 복제본을 사용해서 읽기 속도를 높이며, 가능한 경우 데이터 샤딩 및 압축을 수행하여 데이터 볼륨을 줄이고, 제공되는 결과를 버퍼링하고 스트리밍하여 접속 차단을 방지하는 등의 전략을 복합적으로 사용할 수 있다.

비용 최적화

비용 최적화 부문은 클라우드 비용을 최소화하고 조직의 투자 수익률을 극대화하는 동시에 비즈니스 성과를 달성할 수 있도록 하는 비용 인식 워크로드를 구축 및 운영하는 데 도움이 된다.

(1) 설계 원칙

비용 최적화 부문에서 AWS가 가이드하는 설계 원칙은 다음과 같다.

가. 클라우드 재무 관리 구현

조직에서는 클라우드 재무 관리가 가능하도록 클라우드 재무 관리 기술 및 클라우드 사용량 관리를 위한 기능을 구축하는 데 필요한 시간과 리소스를 할당해야 한다.

나. 소비 모델 도입

사용하는 컴퓨팅 리소스에만 비용을 지불하면 되기 때문에 비즈니스 요구사항에 따라 사용량을 늘리거나 줄임으로써 비용을 절감할 수 있다.

다. 전반적인 효율성 측정

워크로드의 비즈니스 결과와 워크로드 제공에 소요된 비용을 측정한다. 이 데이터를 활용하면 비즈니스 성장세와 비용 증감 현황이 일치하는지 여부를 확인할 수 있고 비용 절감에 따른 개선 결과 및 향상된 기능의 동작 여부를 파악할 수 있다.

라. 획일적인 업무 부담에 대한 비용 지출 중단

클라우드를 사용하면 랙(Rack) 및 스택(Stack) 설치와 서버 전원 공급 등 데이터 센터 운영에 필요한 작업을 클라우드 서비스 제공업체가 처리한다. 또한, 관리형 서비스를 통해 운영 체제 및 애플리케이션을 관리하는 운영 부담을 줄일 수 있다.

마. 지출 분석 및 귀속

클라우드에서는 워크로드의 비용 및 사용량을 정확하게 식별할 수 있으므로 IT 비용의 원인이 되는 수익 흐름 및 개별 워크로드 소유자를 투명하게 파악할 수 있다.

(2) 클라우드 재무 관리 시행

클라우드 재무 관리를 통해서 비용 및 사용량을 최적화함으로써 비즈니스 가치와 금전적 성공을 실현할 수 있다.

가. 비용 최적화 담당자

비용 최적화 담당자에게는 클라우드 비용 관리와 비용 최적화 활동을 수행하는 역할이 주어진다. 비용 최적화를 위해서 강력한 중앙집중식 접근 방식을 사용하거나, 사용자들에게 자율성을 부여하지만 비용 최적화에 대한 영향력을 행사할 수 있는 분산 접근 방식을 사용할 수 있다. 물론 중앙집중식 접근 방식과 분산 접근 방식을 혼합한 하이브리드 접근 방식도 가능하다. 비용최적화의 성과가 보장되기 위해서는 강력한 경영진의 후원이 확보되어야 한다. 후원자는 비용 효율적인 클라우드 사용의 옹호자로 간주되며 이 역할에 대한 에스컬레이션 지원을 제공하여 비용 최적화 활동이 조직이 정의한 우선순위 수준에 따라 처리될 수 있도록 한다.

나. 재무 담당자와 기술 담당자의 협의

비용 관리 및 최적화는 재무 담당자와 기술 담당자 공동의 책임이다. 재무 담당자와 기술 담당자는 클라우드의 비용 측면에서 서로의 역할을 이해할 필요가 있다. 클라우드와 온프레미스 운영 사이에는 근본적인 차이가 있으므로 재무 조직은 클라우드 사용이 구매 프로세스, 비용 할당 및 재무제표 등의 비즈니스 측면에 미치는 영향을 이해해야 한다. 기술 담당자는 재무 요구사항과 비즈니스 요구사항을 알고 있어야 한다. 그러면 적절한 조직 목표를 달성하기 위한 워크로드를 구현할 수 있다.

다. 클라우드 예산 및 예측

클라우드의 비용 및 사용량은 매우 가변적이다. 워크로드 효율성이 증가하거나 새 워크로드 및 기능이 배포되는 경우 비용이 증가할 수 있고 더 많은 고객을 지원하기 위해 워크로드를 확장할 경우에도 사용량 및 비용이 증가할 수 있다. 따라서 이러한 가변성을 포함하도록 기존 조직의 예산 편성 프로세스를 수정해야 한다. 더불어 현재 사용량을 기반으로 향후 발생할 수 있는 비용을 예측해서 관리해야 예산을 초과하는 비용이 발생하는 것을 방지할 수 있다.

라. 비용 인식 프로세스

기존 운영 프로세스 내에 비용 인식 프로세스가 포함되도록 구성한다. 가령 급격한 비용 증가가 인시던트로 감지될 수 있도록 장애 관리를 구성하고, 변경 관리의 일환으로 기존 비용과 변경되는 비용 간의 차이를 분석하는 절차를 추가한다. 자동화된 방법을 활용해서 정기적으로 비용 및 사용량 최적화에 대한 보고서를 작성하고, 조직 내에서 선제적으로 비용 및 사용량을 모니터링하여 알림이 전송될 수 있도록 구성한다.

마. 비용 인식 문화

조직 전체에 비용 인식 문화를 조성하는 변화를 주도하고 이러한 프로그램을 구현한다. 비용 인식 문화가 조성되면 분산된 방식으로 조직 전체로 비용 최적화 및 클라우드 비용 관리를 확장할 수 있다. 이렇게 하면 엄격한 하향식의 중앙 집중식 접근 방식에 비해 최소한의 노력으로 조직 전체의 비용 최적화 역량이 강화된다.

바. 비용 최적화를 통해 제공되는 비즈니스 가치의 정량화

비용 최적화를 통해서 얻을 수 있는 이익이 IT 비용 절감뿐만이 아니라 비즈니스 가치 증진에도 있음을 나타낼 수 있도록 비즈니스 가치를 정량화한다. 비용 최적화는 투자를 필요로 하므로 비즈니스 가치를 수량화하면 이해 관계자들에게 투자 수익률을 설명할 수 있다.

(3) 지출 및 사용량 인식

조직에서는 일반적으로 여러 팀이 여러 워크로드를 동시에 운영한다. 팀별 워크로드의 비용 및 사용량을 정확하게 모니터링하면 각 조직 단위와 제품의 수익률을 이해할 수 있으며, 관련 정보를 근거로 하여 조직 내에서 리소스를 할당할 위치를 적절하게 결정할 수 있다.

가. 거버넌스

클라우드에서 비용을 관리하려면 거버넌스를 통해 사용량을 관리해야 한다.

㉠ 클라우드 사용 정책 개발

클라우드 사용 정책은 조직에서 클라우드를 사용하는 방법과 리소스를 관리하는 방법을 정의한다. 리소스의 생성, 수정, 폐기 절차 및 사용할 수 있는 서비스 및 기능, 리소스의 크기 등 워크로드 생성 및 관리에 필요한 내용들이 기술된다.

㉡ 비용 및 사용량에 대한 목표 개발

워크로드의 효율성을 높임으로써 시간이 지남에 따라 워크로드의 비즈니스 결과에 소요되는 비용이 줄어들 수 있도록 구체적인 비용 및 사용량 목표를 설정한다. 가령 비용 증가를 5% 이내로 유지하면서 워크로드 사용량을 20% 수준으로 늘리는 것이 목표가 될 수 있다.

㉢ 계정 구조

AWS에서는 하나의 상위 계정에 다수의 하위 계정을 멤버로 연결함으로써 조직 전체의 빌링을 통합하는 기능을 제공한다. 이런 식의 구성은 규모의 경제에 따른 할인 혜택을 유지하면서 계정별 발생 비용을 식별할 수 있기 때문에 비용을 효율적으로 관리하는 데 유용하다.

㉣ 사용자 및 그룹을 정의하고 역할 할당

클라우드 사용 정책에 따라 클라우드를 이용하거나 관리할 수 있는 사용자와 사용할 수 있는 역할을 구성한다. 동일한 접근 권한을 가지고 동일한 작업을 수행하는 사용자들은 그룹을 생성해서 그룹에 역할을 할당해서 관리하는 것이 효율적이다.

ⓜ 제어-알림

비용이 효과적으로 관리되기 위해서는 비용이나 사용량이 정책 범위를 벗어날 경우 알림이 발생되도록 구성하는 것이 필요하다. 알림이 발생되면 원인을 분석해서 추가적인 조치가 필요한지 확인한다. AWS에서는 예산 범위가 초과되면 알림이 발생되도록 구성하는 것이 가능하다.

ⓗ 제어-적용

AWS에서는 계정별, 이용자별 생성할 수 있는 리소스와 리소스별 관리 범위를 제한할 수 있다. 더불어 특정 리소스 생성 시 지켜야 하는 규칙을 강제화 할 수 있다. 이러한 규칙을 활용하면 실수로 혹은 예상을 뛰어 넘는 사용량 증가로 발생할 수 있는 비용을 사전에 차단할 수 있다.

ⓢ 제어-서비스 할당량(Limit)

리소스별로 생성할 수 있는 서비스 할당량을 활용해서 비용 발생을 방지하는 것도 비용 관리를 위한 옵션으로 고려해 볼 수 있다. 가령 비용이 많이 발생하는 인스턴스는 서비스 할당량을 최소화함으로써 생성 자체가 가능하지 않도록 구성할 수 있다.

◎ 워크로드 수명 주기 추적

워크로드의 전체 수명 주기를 추적 관리하면 워크로드가 더 이상 사용되지 않게 될 때 해당 워크로드가 사용하던 리소스들을 중지함으로써 비용을 절감할 수 있다.

나. 비용 및 사용량 모니터링

비용 최적화는 비용 및 사용량 내역을 세부적으로 이해하고, 향후 지출, 사용량 및 기능을 모델링하고 예측하며, 비용 및 사용량을 조직의 목표에 맞게 조정할 수 있는 방법을 구현하는 것에서 시작된다.

비용 모니터링을 통해서 실제 비용 주체와 해당 주체의 비용 및 사용량이 식별되도록 진행해야 한다. 비용 주체별 실제 사용 비용 현황만 파악되더라도 비용 절감의 효과를 기대할 수 있다.

비용 모니터링 시에는 비즈니스 결과에 대한 모니터링이 함께 진행되어야 한다. 비용 대비 비즈니스 성공률을 측정하는 것이 효율적으로 비용을 관리하는 방법이다. 비즈니스가 성공적으로 성장하고 있을 경우에는 어느 정도의 비용 증가는 당연한 사실로 인식될 수 있다.

다. 리소스 폐기

클라우드에서는 리소스 사용량에 따라 비용이 과금되기 때문에 리소스가 더 이상 사용되지 않게 되면 그 순간 폐기해야 추가적인 비용 낭비를 줄일 수 있다. 사용하지 않는 리소스를 식별해서 삭제하기 위한 프로세스를 정의하고 프로세스에 입각해서 리소스를 폐기한다. 가능하다면 자동화된 방법을 사용하면 리소스 삭제에 투입되는 시간과 노력을 최소화할 수 있다.

(4) 비용 효율적인 리소스

비용 절감을 위해서는 비용 효율적인 리소스로 워크로드를 구성해야 한다.

가. 서비스 선택 시 비용 평가

비용은 성능 및 안정성 등과 대척 관계에 있다. 비용 절감만 추구한다면 성능 및 안정성에 악영향을 끼칠 수 있다. 조직의 요구사항을 반영하면서도 비용을 최소화할 수 있는 리소스를 선택하는 것이 중요하다.

워크로드를 구성하는 모든 구성 요소에 대해서 가격대성능비를 평가함으로써 비용 최적화된 리소스를 선택할 수 있다.

나. 올바른 리소스 유형 및 크기, 개수 선택

비용 평가를 통해서 비용 최적화된 리소스를 선택하고 최적의 리소스 유형 및 크기, 그리고 구성 수량을 결정한다. 요구되는 성능 및 안정성을 충족하면서 비용을 최소화할 수 있는 구성이 고려되어야 한다.

사용 가능한 옵션들이 어떤 것이 있는지, 그리고 각 옵션의 성능과 비용이 어떠한지에 대한 이해가 필요하다. 더불어 리소스 사용료뿐만 아니라 전반적인 TCO를 고려하는 것이 중요하다. 완전 관리형 리소스를 사용하는 것이 TCO 측면에서 유리할 수 있다.

리소스 크기를 결정할 때는 AutoScale이 고려되어야 한다. 클라우드에서는 리소스를 최소 수량으로 유지하다가 필요한 순간에 적정한 수준으로 수량을 늘릴 수 있게 구성하는 것이 가능하다. AutoScale은 비용 최적화의 핵심 기술 중 하나이다.

다. 올바른 요금 모델 적용

AWS는 다양한 요금 모델을 지원한다. 그중에서 비용 절감에 활용할 수 있는 모델은 Spot과 Reserved 요금 모델이다. Spot은 예비 컴퓨팅 용량을 최대 90% 할인된 금액으로 사용하는 가격 모델이다. 가격이 저렴한 대신 언제든지 구성한 리소스가 중단될 수 있는 위험이 있다. Reserved 모델은 장기 계약을 진행함으로써 70%까지 할인된 금액으로 리소스를 사용할 수 있는 방법이다. 할인율이 높은 대신 별도의 환불 규정이 없기 때문에 더 이상 Reserved 모델이 필요 없게 된 경우에도 비용 지출을 막을 수 있는 방법이 많지 않다. Spot이나 Reserved 모델의 특성을 이해하고, 그 특성에 맞게 워크로드를 구성한다면 비용을 대폭 절감할 수 있다. Spot 모델은 상태 비저장 워크로드를 구성하는 데 적합하며, Reserved 모델은 장기적으로 변동이 크지 않거나 사용량이 지속 증가할 것으로 예상되는 워크로드에 적합하다.

(5) 수요 관리 및 리소스 공급

클라우드에서는 필요할 때 워크로드 수요에 맞춰 리소스를 제공할 수 있으므로 비용이 많이 들고 낭비되는 오버 프로비저닝이 필요하지 않다. 또한 AutoScale을 통해서 수요에 따라 공급이 자동으로 조절될 수 있게 구성하는 것이 가능하다. 따라서 평상시에는 리소스를 최소로 유지하다가 필요한 순간 리소스를 확장함으로써 비용을 절감할 수 있다.

(6) 시간 경과에 따른 최적화

AWS는 주기적으로 새로운 인스턴스 타입 및 서비스를 선보인다. 아이러니하게도 새로운 인스턴스 타입이나 서비스는 향상된 기능과 성능을 제공함에도 불구하고 종종 기존 인스턴스나 서비스에 비해서 낮은 가격으로 제공된다. 따라서 AWS에서 새로운 인스턴스 타입이나 서비스를 발표할 때마다 기존 리소스들과 가격을 비교하는 것이 필요하다.

Cost Saving은 성능 최적화와 마찬가지로 일회성으로 끝나는 업무가 아니라 지속적으로 살펴보고 조정해야 하는 영역이다. 정기적으로 새로운 서비스를 검토하고 가격 및 성능을 분석해서 기존 구성요소들을 업데이트해야 한다.

운영 우수성

운영 우수성 영역에서는 시스템을 실행하고 모니터링하여 비즈니스 가치가 지속적으로 창출되도록 지원하는 프로세스와 운영 절차를 지속적으로 개선하는 방법을 가이드한다.

(1) 설계 원칙

운영 우수성 부문에서 AWS가 가이드하는 설계 원칙은 다음과 같다.

가. 코드를 통한 운영

운영 워크로드 전체를 코드로 정의하고 관리하면 인적 오류를 방지할 수 있고 운영 절차를 스크립트화해서 이벤트 발생 시 스크립트가 수행되도록 구성함으로써 운영 절차를 자동화할 수 있다.

나. 롤백이 용이한 작은 단위의 업데이트를 자주 수행

워크로드 업데이트에 소요되는 수작업을 최소화해서 업데이트 절차를 자동화하고, 문제가 발생해도 고객에게 미치는 영향이 크지 않도록 작은 단위의 업데이트를 자주 수행함으로써 비즈니스 민첩성을 높인다.

다. 수시로 운영 절차 개선

운영 절차를 수시로 점검해서 개선이 필요한 부분에 대해서 적절한 개선을 수행한다.

라. 실패 예측

장애 대비 훈련을 실시해서 잠재적인 실패의 원인을 찾아낸다. 실패 시나리오에 따라 훈련을 실시하고 준비된 대응 방안이 정상적으로 작동하는지 확인한다.

마. 모든 운영 실패로부터의 학습

실패한 운영 사례를 구성원들이 공유하고 실패를 통해 개선할 부분을 찾아낸 후 학습한다.

(2) 운영 조직

운영 조직을 효율적으로 구성하기 위해서는 외부 고객 및 내부 고객의 요구사항 평가가 우선되어야 한다. 요구사항 평가를 통해서 우선적으로 집중해야 하는 영역이 식별된다. 더불어 조직이 내부적으로 지켜야 하는 거버넌스가 어떤 것들이 있는 지와 조직이 지켜야 하는 외부 보안 규정이 어떤 것들이 있는지도 함께 평가되어야 한다. 비즈니스 경쟁 상황이나 비즈니스상의 위험 및 법적 책임, 운영상의 위험, 정보 보안 위협 등의 위험 요인들을 평가함으로써 운영 노력이 집중되어야 하는 영역을 찾을 수 있다.

위험을 최소화하면서 이점을 극대화할 수 있는 방향으로 조직을 구성하는 것이 필요하다. 이점을 극대화하기 위해서 외부 전문가 집단에게 운영 업무를 이관하는 것도 방법이 될 수 있다.

가. 운영 모델

운영 팀에 대한 요구사항은 종사하는 업계, 소속된 조직, 팀 구성, 그리고 워크로드의 특성에 따라 조금씩 다르다. 따라서 단일 운영 모델로는 모든 팀과 해당 워크로드를 지원할 수 없다. 활용할 수 있는 운영 모델로 아래 네 가지 모델을 제시한다.

㉠ 완전 분리형 운영 모델

레거시 환경에서 흔히 발견되는 모델이다. 이 모델에서는 개발 조직과 엔지니어링 조직, 운영 조직이 모두 분리되어 별도 팀으로 존재한다. 개발팀은 애플리케이션 개발에 집중하고 엔지니어팀은 인프라 구축에 집중한다. 운영팀은 애플리케이션 및 인프라의 배포, 모니터링 및 장애 지원 등의 업무를 수행한다.

각 팀별로 수행하는 업무가 다르기 때문에 팀의 전문 분야가 협소하고 커뮤니케이션 및 협업이 수월하지 않다.

㉡ 중앙 집중식 거버넌스와 분리된 AEO 및 IEO

AEO는 Application Engineering and Operations를 의미하고, IEO는 Infrastructure Engineering and Operations를 의미한다. 이 모델에서는 애플리케이션 개발 및 운영 조직이 하나의 팀으로 존재하고, 인프라 엔지니어 및 운영 조직이 하나의 팀으로 존재한다. 즉, "자체적으로 구축하고 실행" 하는 조직 구조인데, 중앙 집중식 거버넌스에 의해 각 팀이 지켜야 하는 규칙들이 정의되어 있는 구조이다.

IEO 팀이 표준화된 서비스 세트를 AEO 팀에 제공하면 AEO 팀은 제공된 서비스 세트 내에서 자율적으로 애플리케이션을 개발 및 운영한다.

각 팀 사이에는 강력한 피드백 루틴이 있기 때문에 추가적인 지원이 필요한 영역에 대해서는 피드백을 통해 서로 간에 요청될 수 있다.

ⓒ 중앙 집중식 거버넌스 및 서비스 공급자와 분리된 AEO 및 IEO

이 모델은 위에 설명된 모델에서 인프라 영역에 대해 Managed Service 공급자의 서비스를 제공받는 형태의 모델이다. 인프라 영역에 대해서 외부 전문가에게 엔지니어링 및 운영을 맡김으로써 조직에서는 핵심 가치에 집중할 수 있게 된다. Managed Service 공급자는 조직에서 제시하는 중앙 집중식 거버넌스를 준수하며 조직의 AEO 조직을 지원함으로써 조직의 운영 규칙은 계속해서 지켜진다.

ⓓ 분산형 거버넌스와 분리된 AEO 및 IEO

이 모델은 조직의 엔지니어 및 개발자가 워크로드의 개발 운영을 모두 수행하는 형태이다. 전사적인 표준은 여전히 존재하지만 애플리케이션 팀은 새로운 기능을 자유롭게 사용해 볼 수 있다. 대신 애플리케이션 팀의 책임은 더 늘어난다. 새로운 기능이 적절하지 않고 결함이 조기에 발견되지 않으면 워크로드에 위험이 초래될 수 있기 때문이다.그러나 팀 내에서 개발 및 운영이 동시에 진행되고, 새로운 기술을 비교적 자유롭게 사용할 수 있게 되면서 기술 혁신이 일어날 확률은 높아진다.

나. 조직 문화

팀 구성원이 비즈니스 성과를 창출할 수 있도록 업무를 진행하려면 조직적인 지원이 필요하다. 새로운 기술에 대한 실험을 권장하고 업무에 필요한 기술 세트를 개발하고 관리할 수 있도록 팀 구성원들을 독려할 필요가 있다.

장애 상황 발생 시 적절한 조치를 취할 수 있도록 구성원들에게 권한을 부여하고 장애 조치가 원활하지 않을 경우에는 에스컬레이션 절차를 통해서 의사결정권자 및 이해 관계자들에게 상황을 전파할 수 있도록 해야 한다.

동일한 업무가 두 번 이상 수동으로 진행된다면 자동화가 고려되어야 한다. 수동으로 진행되는 작업은 인적 오류가 발생될 가능성이 증가한다. 이런 활동들은 혁신을 추구하고 실패를 장려하는 조직 문화에서 탄생할 수 있는 것들이다. 팀원들이 혁신에 동참해서 역량을 발휘하도록 해야 비즈니스 성공을 이끌 수 있다.

(3) 운영 준비

운영 준비에서 필요한 것들은 워크로드에 대한 모니터링 방법과 애플리케이션의 배포 방법, 운영 프로세스 등이다.

가. 모니터링 설계

문제를 관찰하고 조사할 수 있도록 외부 구성 요소를 포함해서 모든 구성 요소에 대해 지표, 로그, 이벤트, 추적 등 내부 상태를 파악하는 데 필요한 정보를 제공할 수 있도록 워크로드를 설계해야 한다. 모니터링 설계는 개별 애플리케이션뿐만 아니라 전체 워크로드의 상태가 측정 가능하도록 구성하는 것이 필요하다. 애플리케이션 모니터링에서는 대기 큐의 길이, 오류 메시지, 응답 시간 등이 측정되어야 하고, 워크로드 전체에 대해서는 API 호출 횟수, HTTP 상태 코드, 리소스의 확장이나 축소 이벤트에 대한 정보 등이 포함될 수 있다. 더불어 워크로드 사용자가 서비스를 시작하고 종료하기까지의 정보들, 클릭 스트림의 시작, 중단되거나 완료된 트랜잭션 등을 모니터링한다면 사용자들의 서비스 이용 패턴을 이해하고 대응하는 데 도움을 받을 수 있다.

나. 운영 환경을 고려한 설계

운영 환경, 즉 프로덕션 환경으로 변경 사항을 효율적으로 배포할 수 있는 설계 방식이 도입되어야 한다. 이 방식은 리팩터링, 품질과 관련된 빠른 피드백 및 버그 수정을 지원할 수 있어야 한다. 효율적인 배포를 위해서 고려할 사항은 다음과 같다.

ⓐ 구성 관리 시스템 사용

인프라 구성을 변경하고 변경 사항을 추적할 수 있다.

ⓑ 버전 관리 사용

서비스 코드의 변경 사항과 릴리스를 추적할 수 있다.

ⓒ 빌드 및 배포 관리 시스템 사용

수작업으로 진행되는 빌드 및 배포를 자동화함으로써 휴먼 오류를 방지할 수 있고, 작업 소요 시간을 단축할 수 있다

ⓓ 변경 사항 테스트 및 확인

운영 환경에 배포하기 전에 변경 사항을 테스트하면 오류를 감지하고 장애를 제한할 수 있다.

ⓔ 패치 관리 수행

OS 레벨의 패치를 통해서 새로운 기능을 확인하고, 문제를 해결하며, 거버넌스 규정 준수 상태를 유지할 수 있다.

이 밖에도 개발자 간에 설계 표준을 공유하고, 코드 품질을 개선하는 프로세스를 구현하는 등의 노력이 필요하다. 워크로드 전체에 대해서 batch성으로 서비스를 배포하는 대신, 되돌리기 쉬운 작은 단위의 변경을 자주 실행하는 것도 프로덕션 환경을 운영하는 데 도움이 된다.

다. 운영 역량 확보

운영 프로세스 및 규칙, 운영 담당자들의 역량, 워크로드에 대한 운영 준비 상태 평가 등을 통해서 운영 역량을 평가할 수 있다.

적절한 수의 숙련된 인력이 운영 인력으로 확보되어 있는지, 장애가 발생했을 때 장애를 처리하기 위한 절차가 마련되어 있는지, 장애를 처리하기 위한 런북이나 플레이북 등의 매뉴얼이 준비되어 있는지, 워크로드에 대한 모니터링이 설정되어 있고, 이벤트 발생 시 적절한 알림이 발생하도록 구성되어 있는지 등을 평가함으

로써 운영 역량의 확보 상태를 확인할 수 있다.

런북(Runbook)은 특정 결과를 달성하기 위한 문서화된 절차이다. 절차를 런북으로 문서화하면 적절하게 파악한 이벤트에 일관된 방식으로 신속하게 대응할 수 있다. 런북을 코드로 구현하면 이벤트 응답 과정에서 런북 실행을 트리거하여 일관성을 유지하고, 응답 속도를 높이고, 수동 프로세스에서 발생할 수 있는 오류를 줄일 수 있다.

플레이북(Playbook)은 문제 조사를 위한 문서화된 프로세스이다. 플레이북에 조사 프로세스를 문서화하면 장애 발생 시나리오에 일관적이고 빠르게 대응할 수 있다. 플레이북 역시 코드로 구현할 경우 문제 조사에 소요되는 시간 및 오류를 줄일 수 있다.

(4) 운영

운영은 워크로드의 상태를 건강하게 유지하는 것이다. 워크로드를 건강하게 유지하기 위해서는 현 상태에 대한 진단과 장애에 대한 대응이 필요하다.

가. 워크로드 상태 진단

워크로드의 건강 상태를 나타낼 수 있는 핵심 성과 지표를 파악해서 모니터링 데이터를 수집하고 분석한다. 인터페이스 응답 시간, 오류 발생률, 제출된 요청 대비 완료된 요청 비율 등이 성과 지표로 사용될 수 있다. 건강 상태가 정의된 기준선에 미달하면 알림을 생성한다. 알림은 이상이 발생한 시점에는 반드시 생성되어야 하고, 가능하다면 이상이 예측되는 경우에도 생성되도록 구성한다.

나. 장애 대응

장애는 이벤트와 인시던트, 문제(Problem) 등으로 분류할 수 있다. 이벤트는 워크로드의 건강 상태에 영향을 주는 모든 사건을 의미한다. 이벤트가 모두 장애로 분류되지는 않는다. 이벤트 중에서 실제로 서비스를 제공하는 데 영향을 주는 것들은 인시던트로 분류한다. 인시던트에 대해서는 빠르게 정상화될 수 있도록 런북 및 플레이북에 입각해서 대응하는 것이 필요하다. 인시턴스 중에서 근본 원인이 확인되지 않은 것들은 문제로 분류한다. 문제에 대해서는 근본 원인 분석(RCA)을 통해서 장애가 재발하지 않도록 대책을 강구해야 한다.

장애 대응을 위해서는 각 단계별 프로세스 및 에스컬레이션 절차, 통보 메커니즘이 정의되어야 하며, 가능하다면 대시보드를 통해서 장애 상황이 관련자들에게 공유될 수 있도록 구성해야 한다. 더불어 런북이나 플레이북을 코드로 구현해서 장애 알림이 코드를 트리거할 수 있도록 자동화하는 것도 고려사항이다.

(5) 개선

운영 업무는 일회성으로 끝나는 업무가 아니기 때문에 지속적으로 업무에 대한 개선점을 찾아내서 효율화할 필요가 있다. 운영 활동 분석, 장애 분석, 실험 및 운영 방식 개선을 정기적으로 수행해야 한다. 장애 발생 시 조직 내 기술 담당자들이 해당 장애로부터 유용한 내용을 파악할 수 있어야 한다. 장애를 분석해서 파악한 내용을 확인하고 운영 방식을 개선한다. 모니터링 지표 및 알람 기준점이 적절한지, 장애를 해결하기까지 투입된 리소스 및 대응 절차가 계획대로 수행되었는지, 장애 처리에 필요한 도구들은 적시에 확보되었는지 등이 파악되고 개선점으로 식별될 필요가 있다. 운영 활동 실행 과정에서 파악한 내용을 문서화하고 내부적으로 조직 전체에 공유해서 활용함으로써, 피할 수 있는 오류를 방지하고 개발 작업을 안정화한다.

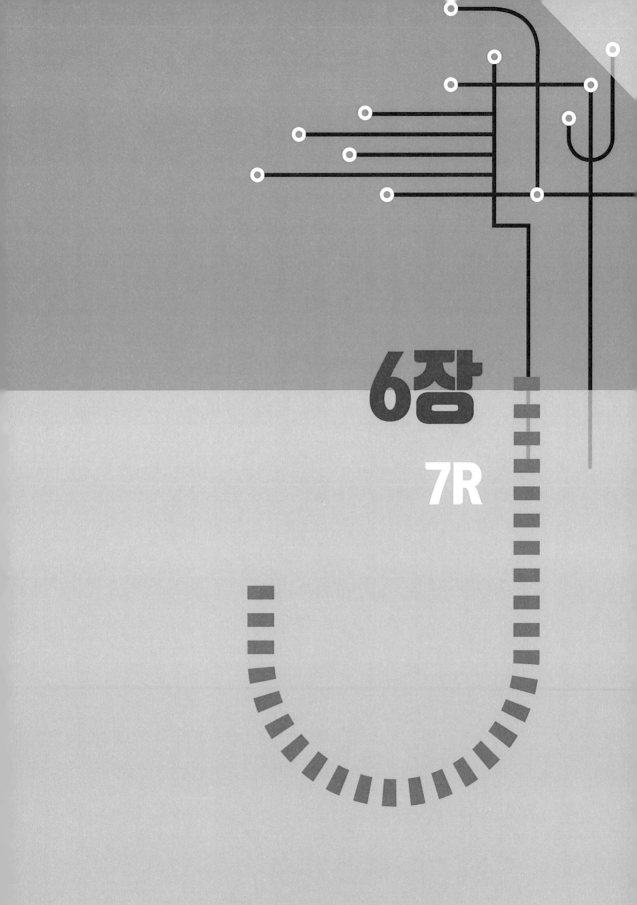

6장

7R

마이그레이션 대상이 선정되었다면 대상 워크로드를 마이그레이션 하기 위한 마이그레이션 패턴을 정의해야 한다. 이때 사용되는 것이 7R이다. 공교롭게도 모든 마이그레이션 패턴이 영문자 R로 시작되고, 대략 7가지의 패턴이 있기에 7R로 표현한다.

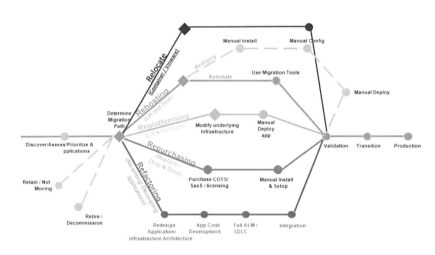

[그림 6-1] 7R 마이그레이션 패턴 및 절차

7R 중 Retain 및 Retire는 애플리케이션을 클라우드로 마이그레이션하지 않기로 결정한 것을 의미한다.

Retain 이유	● Cloud 이전 후 기존 자산에 대한 매몰 비용 과다 ● Legacy OS 및 응용 프로그램이 cloud에서 지원되지 않음 ● 마이그레이션에 대한 비즈니스 정당성이 충분하지 않음
Retire 이유	● 대상 응용 프로그램이 더 이상 필요하지 않은 경우 ● 대상 응용 프로그램이 다른 프로그램으로 대체된 경우 ● 대상 응용 프로그램에 대해 고도화 작업이 진행 중인 경우

Retain과 Retire을 제외한 7R의 나머지 다섯 가지 옵션은 조직에서 진행중인 다양한 작업 요인에 따라 결정된다. 일반적으로 피할 수 없는 이벤트 및 AS-IS pain point, 애플리케이션 가용성, 마이그레이션을 수행하는 데 사용할 수 있는 기술 및 마이그레이션 이후 애플리케이션의 To-Be 상태 등이 고려될 수 있다.

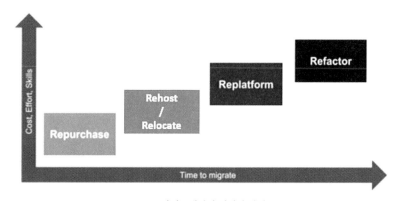

[그림 6-2] 마이그레이션 패턴별 난이도

[그림 6-2]는 각 패턴별 수행 비용 및 노력, 복잡성과 함께 마이그레이션 수행에 소요되는 시간을 나타낸다. 수행 비용 및 노력, 복잡성은 아래에서 위로 갈수록 커지며, 마이그레이션 시간은 왼쪽에서 오른쪽으로 갈수록 커진다. 더불어 [그림 6-2]는 왼쪽에서 오른쪽으로 갈수록 응용 프로그램의 복잡성 및 독창성이 많이 요구된다는 것을 나타낸다.

Repurchase(Drop and Shop)

Repurchasing은 클라우드에서 응용 프로그램을 실행하는 가장 간단하고 빠르며 위험이 적은 방법이다. 조직은 SaaS, 즉 서비스로 제공되는 애플리케이션을 직접 구매해서 사용함으로써 마이그레이션 작업과 클라우드 인프라 구성 작업없이 응용 프로그램을 사용할 수 있다.

AWS Marketplace 등을 통해 소프트웨어를 시험적으로 사용하고 적합하지 않은 경우 사용을 중지하면 되기 때문에 소프트웨어 구매 방법이 훨씬 효율적으로 진행된다. 애플리케이션 마이그레이션과 관련하여 조직에서는 자체적으로 애플리케이션을 설계, 구축 및 운영하는 대신, 비용을 절감하고 수익을 증대하기 위해 Repurchasing 옵션을 선택한다.

조직이 특정 소프트웨어를 Repurchasing의 방법으로 마이그레이션하는 경우에는 다음과 같은 이점을 얻을 수 있다.

① 신기술 채택
구식 시스템을 최신 Appliance 및 SaaS로 교체할 수 있다.

② 구매 절차 간소화
하나의 구매 메커니즘을 통해 Appliance, BYOL, SaaS 및 Private Offering까지 수행할 수 있다.

③ In-house 기술 요구사항 감소

SaaS를 구매해서 사용하면 애플리케이션 구축 전문가를 고용할 필요가 없다. SaaS는 구축 및 운영을 포함해서 소프트웨어 전반에 대한 관리 부담 없이 애플리케이션의 핵심 기능을 사용할 수 있음을 의미한다.

④ 마이그레이션 속도 향상

마이그레이션이 줄어들수록 더 빠르고 저렴하며 위험 부담이 적다.

Repurchasing이 장점만 있는 것은 아니다. Repurchasing 역시 단점이 존재하며 이러한 위험이 관리되지 않으면 새로 구매한 시스템이 원하는 결과를 보여주지 못할 수 있다. Repurchasing의 위험 요소는 다음과 같다.

① 통합 및 종속성

조직이 만약 온프레미스 Active Directory 시스템을 Repurchasing 형태의 SaaS 버전으로 마이그레이션 했다면 새 클라우드 서비스를 사용하기 위해 어떤 클라이언트와 응용 프로그램을 재구성 해야 할까?

② 기존 구매 절차와의 충돌

구매팀 및 구매 절차가 응용 프로그램을 구매하는 새로운 방식과 호환되지 않을 수 있다. 담당자는 Appliance(임대 라이센스), Bring Your Own License, SaaS 및 Private Offer 등의 네 가지 구매 방법을 새로 익힐 필요가 있다.

③ 비용 처리 방식

재무팀은 pay-as-you-go 방식의 예측 불가능한 비용을 처리하는 방법을 알고 있어야 한다.

④ 애플리케이션 운영

마이그레이션은 응용 프로그램 및 데이터와 마찬가지로 사람 및 프로세스와 관련이 있다. SaaS 형태로 구입한 시스템은 하위 구성 요소들에 대해서 제어권을 행사하는 것이 불가하기 때문에 애플리케이션 운영에 혼란이 있을 수 있다.

이렇듯 Repurchasing 방식의 마이그레이션은 장점과 함께 고려해야 할 많은 위험 요소를 가지고 있다. 그러나 앞서 언급했듯이 가장 빠른 방법으로 위험을 최소화하면서 애플리케이션을 마이그레이션할 수 있는 방법이 Repurchasing이기 때문에 7R의 다른 모든 패턴에 앞서서 고려할 필요가 있다. 일반적인 Repurchasing의 도입 과정은 다음과 같다.

① 마이그레이션 대상 응용 프로그램 목록을 AWS Marketplace 등에서 사용할 수 있는 SaaS형 응용 프로그램 목록과 비교한다.
② 현재 및 미래의 적용 가능한 라이센스 및 구매 옵션을 이해한다.
③ Repurchasing한 애플리케이션에 대한 지불 방법, 운영 방법, 사용 방법 등에 대해 계획을 수립한다.
④ Repurchasing한 애플리케이션에 대해 구성 및 데이터 마이그레이션을 계획하고, 위험 요인을 식별한다.
⑤ 클라우드에 AWS Marketplace 등의 메커니즘을 사용해서 구매한 애플리케이션을 배치한다.
⑥ 응용 프로그램을 구성하고 데이터를 마이그레이션한다.
⑦ 테스트 및 전환을 수행한다.

Repurchasing은 현재 시스템을 Drop하고 새로운 시스템을 구입하는 것이기 때문에 Rehosting 패턴 및 Replatforming 패턴과 매우 다르다. Repurchasing을 적용하면 실제로 애플리케이션 환경을 구성하고 데이터를 이전하는 마이그레이션 작업이 대폭 줄어든다.

Rehosting(Lift & Shift)

Rehosting은 온프레미스에서 클라우드로 애플리케이션 및 데이터를 이전하는 비교적 간단한 방법이다. Rehosting은 온프레미스의 AS-IS 시스템을 그 형상 그대로 클라우드의 To-Be 시스템으로 이관하는 것을 의미한다. AS-IS 시스템의 OS와 동일한 OS를 클라우드 상에 구성하고 온프레미스의 데이터 및 애플리케이션을 복사하는 방식이다.

Rehosting은 Replatforming 및 Refactoring과 비교하여 상대적으로 단순하며 빠른 시간 안에 마이그레이션을 진행할 수 있기 때문에 가장 일반적인 마이그레이션 방법이다. 이 방법은 데이터 센터 또는 호스팅 제공 업체로부터 단기간 내에 AS-IS 환경을 철수해야 하거나 온프레미스의 장비가 노후화되어 빈번하게 장애를 유발하는 경우처럼 신속한 마이그레이션이 필요한 경우에 우선적으로 고려해볼 수 있는 마이그레이션 패턴이다.

온프레미스의 레거시 시스템을 형상 변화없이 클라우드로 마이그레이션 하기 때문에 수작업으로 진행할 수도 있지만, 대부분의 Rehosting은 CloudEndure와 같은 도구를 사용하여 자동화할 수 있다.

Rehosting은 일반적으로 마이그레이션의 First Step으로 진행된다. 일단 클라우드에 마이그레이션된 응용 프로그램은 클라우드를 더 잘 활용하기 위해 더 많은 추가 후속 작업이 필요하다.

Rehosting 방식의 마이그레이션 패턴은 다양한 경우에 첫 번째 대안으로 선택될 수 있는데 구체적인 사례는 다음과 같다.

(1) 시간은 없는데 마이그레이션 대상은 많은 경우

제한된 시간 안에 많은 수의 애플리케이션을 마이그레이션하기 위해서는 간단하고 효율적인 고도화된 병렬 메커니즘이 필요하다. 이 경우 Rehosting은 가장 효율적인 방법이다.

(2) 피할 수 없는 이벤트

정해진 시간 안에 데이터센터 또는 호스팅 제공 업체로부터 철수해야 되는 피할 수 없는 이벤트가 있는 경우에도 Rehosting이 첫 번째 대안이 될 수 있다.

(3) 애플리케이션 변경 최소화

특정 애플리케이션에 대해서 세부 아키텍처 및 구성 내역 등이 관리되고 있지 않다면 값 비싼 분석을 수행하는 대신 Lift & Shift로 마이그레이션하는 것이 비용 효율적이다.

(4) 짧은 시스템 다운 시간

비즈니스 측면에서 중요한 애플리케이션을 마이그레이션 해야 할 경우에는 시스템 다운 시간을 최소화하면서 마이그레이션 하는 것이 필요하다. 자동화된 도구를 활용해서 Rehosting할 경우 시스템 다운 시간을 최소화하면서 마이그레이션을 진행할 수 있다.

Rehosting의 단순성은 높은 수준의 마이그레이션 속도는 제공하지만 클라우드 서비스가 제공하는 각종 혜택을 온전히 누리지 못할 수도 있음을 의미한다. 클라우드 내에서 더 나은 보안과 탄력성, 민첩성 및 비용 절감 등의 이점을 얻기 위해서는 마이그레이션 이후 추가적인 수정 작업이 필요할 수 있다.

그러나 클라우드로 마이그레이션된 애플리케이션을 클라우드에 적합하게 다시 설계하고 수정하는 것은 온프레미스에 있는 애플리케이션을 수정해서 마이그레이션하는 것보다 훨씬 쉽다. 애플리케이션을 구성하는 응용 프로그램 및 데이터 마이그레이션이 이미 완료 되었기 때문이다.

Rehosting의 비즈니스 이점은 Replatforming 및 Refactoring에 비해 투입되는 비용과 노력이 적고 덜 복잡하다는 것이다.

이 부분은 중요한 비즈니스 의사 결정 포인트다. 비용과 시간을 절약할 수 있는 방법으로 일단 마이그레이션을 진행하고 나중에 클라우드에 특화된 기능을 활용하여 더 많은 클라우드 통합을 처리 할 수 있다.

Rehosting은 비교적 단순한 마이그레이션 수단이기에 많이 선호되지만, 위험요인이 완전히 없는 것은 아니다. Rehosting은 다음과 같은 단점 및 위험 요인을 가지고 있다.

가. 클라우드스럽지 못한 마이그레이션

Rehosting은 AS-IS 상태 그대로의 운영체제 및 구성 데이터가 마이그레이션 되는 것을 의미하며, AS-IS 상태에 대한 개선을 기대하기가 곤란하다. AS-IS 상태의 애플리케이션은 대부분 클라우드스럽지 않다. 클라우드스럽지 않은 프로그램을 클라우드에 올린다고 클라우드스럽게 되지는 않는다.

나. 과잉 프로비저닝

온프레미스의 기존 애플리케이션은 종종 최대 부하를 대비하기 위해 과잉 프로비저닝된다. 단순하게 Rehosting을 수행할 경우 온프레미스의 비효율적인 비용 지출을 그대로 답습할 수 있다. 클라우드는 탄력성 및 확장성이 뛰어나기 때문에 탄력성을 반영한 Right Sizing으로 비용 지출을 최소화할 필요가 있다.

다. AS-IS의 문제점

애플리케이션과 데이터를 이해하지 않고 마이그레이션 하면 AS-IS에서 문제가 있었던 부분을 포함해서 모든 것을 클라우드로 끌어들이게 된다.

만약 AS-IS 상태의 응용 프로그램이 문제를 가지고 있었다면 클라우드로 Lift & Shift 한 경우에도 동일하게 문제가 발생할 가능성이 크다. AS-IS의 문제를 해결하면서 마이그레이션하기 위해서는 Replatforming 및 Refactoring 등의 고급 마이그레이션 기법을 사용해야 한다.

라. Post Rehosting 작업

Rehosting은 때때로 클라우드 적용을 위한 사후 활동이 필요하며, 이로 인해 추가적인 비용 및 시간, 노력이 들게 된다. 사후 활동을 무시한 경우에는 원하는 결과를 얻지 못해 훨씬 더 큰 비용을 치룰 수 있다.

Replatforming(Lift & Shape)

Replatforming은 Rehosting과 Refactoring의 중간 형태의 마이그레이션 패턴이다. Refactoring에 비해서 많은 위험 부담 없이 비교적 즉각적으로 클라우드로 마이그레이션할 수 있다.

Replatforming은 마이그레이션을 진행하는 도중에 대상 애플리케이션에 대해서 몇 가지 클라우드 최적화 작업을 수행한다. 예를 들어, 마이그레이션하는 동안 애플리케이션을 크게 변경하지 않는 범위 내에서 서비스 형태의 Load Balancer를 배치하여 가상 컴퓨터로 들어가는 부하를 분산할 수 있으며, 서비스로 제공되는 데이터베이스로 온프레미스의 데이터베이스를 대체할 수 있다.

Replatform 패턴으로 애플리케이션을 클라우드로 마이그레이션하면 Rehosting에 비해 조금 더 클라우드와 호환되는 형태로 애플리케이션을 변경할 수 있다. 그러나 Refactor에 비해서는 완전히 클라우드 네이티브한 형태의 애플리케이션은 아니다.

Replatforming의 장점은 마이그레이션 하는 동안 애플리케이션의 일부 구성 요소를 교체함으로써 클라우드의 장점을 얻을 수 있다는 것이다. 그럼으로써 애플리케이션 전체를 Refactoring하는 경우에 발생할 수 있는 위험 및 복잡성, 비용 및 시간 낭비를 피할 수 있다.

Replatforming은 리스크를 최소화하면서 마이그레이션 프로젝트의 비용과 애플리케이션 실행 비용을 줄여 줄 수 있다.

예를 들어, 전형적인 3 티어 구조 애플리케이션의 경우, VM에서 동작하는 로드밸런스 대신 AWS의 Elastic Load Balancer를 활용할 수 있고, VM에 설치형으로 운영 중인 데이터베이스를 AWS의 RDS로 대체함으로써 조금 더 클라우드 호환성을 높일 수 있는 것이다.

마이그레이션 중에 애플리케이션을 클라우드 친화적으로 수정하면 취약한 스크립트 및 구성을 클라우드로 마이그레이션하지 않아도 되므로 마이그레이션 위험을 줄일 수 있다. 이는 또한 애플리케이션이 마이그레이션 된 후 바로 클라우드의 장점을 활용할 수 있다는 것을 의미한다.

Replatforming으로 애플리케이션을 마이그레이션 할 경우 고려할 위험 요인은 다음과 같다.

(1) 클라우드 기술 부족

클라우드 기술이 충분히 내재화되어 있지 않을 경우, MySQL을 대체하기 위해 NoSQL DB인 DynamoDB를 선택하는 것처럼 구성 요소를 대체하기 위해 부적절한 클라우드 서비스를 선택하거나, 클라우드 서비스를 용도에 맞게 구성하는 것이 아니라 잘못된 방식으로 구성할 수 있다.

(2) 공격적인 구조 변경

Replatforming 동안 독창적인 형태로 적용한 구성요소들은 문제를 야기할 위험을 증가시킨다. 일반적으로 잘 알려진 형상을 선택하여 신중하게 적용해야 한다. 어쩔 수 없는 경우가 아니라면 남들이 사용하지 않는 방식을 마이그레이션에 사용해서는 안 된다. 마이그레이션의 목표는 성공한 Replatform이지 독창적인 산출물이 아니다.

Replatforming의 위험을 최소화하면서 마이그레이션을 진행하기 위해서는 다음 절차를 준수할 필요가 있다.

① 애플리케이션을 분석하고 해당 구성 요소, 종속성, 운영 요구사항 및 알려진 문제점 등을 파악한다.(AS-IS 분석)

② 각 구성 요소 및 연계 현황을 반영하여 애플리케이션을 모델링한다.(AS-IS 아키텍처)

③ 마이그레이션 과정의 일부로 AWS Well Architected Framework를 고려한다. 이는 보안, 비용 및 운영과 같은 모범 사례와 응용 프로그램 구성이 일치하는지 확인하는 데 큰 도움이 된다.

④ AWS Elastic Load Balancer 및 RDS와 같은 클라우드 서비스를 활용하여 AS-IS 아키텍처 상의 구성요소를 대체 구성하고, 자동화 또는 관리 서비스를 적용한다.(To-Be 아키텍처)

⑤ 데이터 마이그레이션을 포함하여 To-Be 아키텍처 형태로 애플리케이션을 AWS 계정으로 배포한다.

⑥ 배포된 애플리케이션의 테스트 및 튜닝을 진행한다.

⑦ AS-IS 서비스의 엔드포인트를 To-Be 서비스의 엔드포인트로 변환한다.(Cut-Over)

Refactoring(Cloud Native)

Refactoring은 Non-Cloud 애플리케이션을 클라우드 네이티브 애플리케이션으로 변환하는 방법이다. 이를 위해서 대상 애플리케이션의 구성요소, 코드, 데이터 등 애플리케이션에 대한 모든 것을 변환한다.

- 가능한 한 모든 구성요소를 AWS의 고수준 서비스로 대체한다.
- 서비스 코드에 AWS Lambda와 같은 SaaS 서비스를 적극 반영한다.
- 다양한 유형의 데이터에 맞게 데이터 저장소를 선택한다. 모든 애플리케이션 기능에 대해 획일적으로 RDBMS를 배치하는 것이 아니라, AWS DynamoDB(NoSQL), AWS Aurora(Managed RDBMS) 및 AWS Redshift(Data Warehousing)를 비롯한 여러 데이터베이스 소스를 사용할 수 있다.

Refactoring은 일반적으로 기존 애플리케이션 환경에서 달성하기 어려운 기능 및 규모, 성능을 충족해야 하는 강력한 비즈니스 요구가 발생할 경우 수행될 수 있다. 마이크로 서비스 아키텍처(MSA)로 전환하여 민첩성을 향상시키거나 비즈니스 지속성을 향상시키려는 경우 이 전략은 종종 가장 비싼 솔루션 임에도 불구하고 추구할 가치가 있다.

Refactoring은 가장 비용이 많이 드는 마이그레이션 패턴이지만 Refactoring만이 제공할 수 있는 다양한 장점을 제공한다.

애플리케이션을 클라우드 네이티브 애플리케이션으로 변환하면 다른 마이그레이션 방법보다 클라우드의 모든 이점을 더 많이 활용할 수 있다

(1) 장기적인 비용 절감

요구수준에 최적화된 시스템을 구축함으로써 장기적으로는 비용 낭비를 예방할 수 있다.

(2) 탄력성 증대

애플리케이션 구성 요소를 가용성을 고려한 형태로 변경할 수 있으며, 고수준의 AWS 서비스를 적용함으로써 확장성 및 효율성을 높일 수 있다

(3) 비즈니스 대응력 향상

수요에 따라 확장 및 축소할 수 있는 AWS 서비스의 auto-scaling 기능을 적극 활용할 수 있다

(4) AWS innovation 활용

AWS가 혁신적으로 새롭게 선보이는 서비스들을 바로 사용할 수 있는 여건이 조성된다.

클라우드 네이티브는 애플리케이션과 AWS 간의 결합을 증가시킨다. AWS의 이점을 최대한 활용할 수 있도록 하려면 애플리케이션을 IaaS 수준이 아니라 PaaS나 SaaS 같은 더 높은 수준의 서비스에 연결해야 한다. 이는 애플리케이션 환경이 특정 클라우드 벤더에 조금 더 깊게 Lock-In된다는 것을 의미한다. Lock-In을 포함해서 Refactoring의 위험 요소는 다음과 같다.

(1) 특정 벤더 Lock-in

애플리케이션이 클라우드 네이티브 구조로 더 많이 바뀔수록, 사용자는 해당 클라우드 벤더에 더 깊게 종속된다.

(2) 기술 난이도

Refactoring에는 최고 수준의 애플리케이션 개발 기술과 자동화, 그리고 AWS 기술과 경험이 필요하다. Refactoring은 초보자를 위한 것이 아니다.

(3) 소요 시간

Refactoring은 Non-Cloud 애플리케이션을 클라우드 네이티브 애플리케이션으로 변경해야 하기 때문에 다른 마이그레이션 방법보다 더 복잡하며 시간이 많이 소요된다.

(4) 변경 위험

Refactoring은 애플리케이션에 대한 모든 것을 변경해야 하기 때문에 변경이 잘못될 위험이 가장 크다. 변경이 잘못될 경우 마이그레이션 지연 및 비용 증가, 잠재적인 서비스 문제를 야기할 수 있다.

Refactoring은 AS-IS 애플리케이션의 복잡도에 따라 매우 가변적인 작업이다. Assessment 과정에서 시간이 얼마나 걸릴 지 예측할 수 있지만, 단기적으로 수행할 수 있는 마이그레이션은 아니다. 일반적으로 Refactoring은 애플리케이션 개발 방법론에 입각해서 진행된다.

지금까지 Repurchasing, Rehosting, Replatforming, Refactoring 등의 마이그레이션 패턴에 대해 알아 보았다. VMware나 Docker Container 등을 마이그레이션하는 Relocate 패턴은 Rehosting과 과정이 많이 다르지 않아서 따로 언급하지 않았다.

Rehosting은 AS-IS 형상을 그대로 To-Be 형상으로 이전하기 때문에 Linux나 Windows Sever처럼 x86 장비들을 대상으로 한다. AIX나 HPUX 등의 Unix 장비들은 그 형상 그대로 클라우드로 마이그레이션하는 것이 불가하기 때문에 일반적으로 Replatform의 대상으로 분류한다.

Refactroing은 클라우드 네이티브 형태로 애플리케이션을 재개발하는 패턴으로 정의하지만 실제 마이그레이션 현장에서는 AS-IS 애플리케이션을 어떤 형태로든 재개발하면서 마이그레이션하게 되면 Refactoring 패턴으로 분류한다.

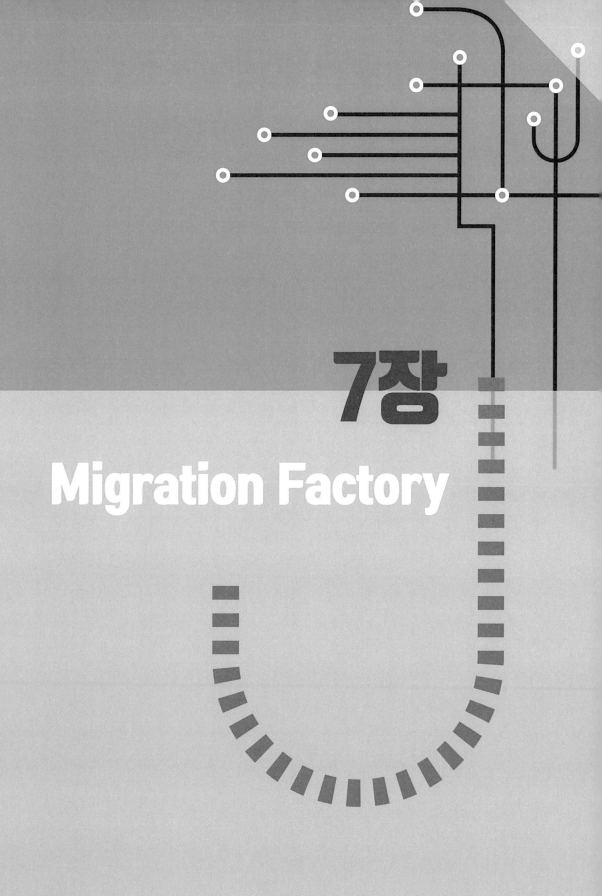

7장

Migration Factory

MRP에 따른 준비 과정이 마무리되면 이제 본격적으로 마이그레이션이 진행되는데 문제가 없다. MRP를 통해서 구성된 마이그레이션 전담 조직이 MRP에서 선별된 마이그레이션 대상 애플리케이션에 대해서 구체적인 일정을 확인하면서 온프레미스 환경에서 클라우드 환경으로 관련된 자산 및 리소스를 이전한 후 Cut-Over를 진행한다. 하나의 애플리케이션을 이전하는 마이그레이션 절차는 [그림 7-1]과 같다.

[그림 7-1] 애플리케이션 마이그레이션 절차

[그림 7-1]에서 Optional로 표현된 부분은 MRP 과정에서 확정되는 경우가 많지만, 마이그레이션 대상이 되는 애플리케이션이나 시스템의 수량이 많아서 장기간 마이그레이션 프로젝트를 진행해야 하는 경우에는 시간이 경과함에 따라 MRP에서 확정한 내용이 변경될 가능성이 있기 때문에 실제 마이그레이션을 진행하기 전에 다시 한번 확인 과정을 거치게 된다.

전체 마이그레이션 프로젝트가 비교적 짧은 시간 내에 완료될 수 있을 경우에는 Optional로 표현된 부분은 MRP에서 확정된 내용을 그대로 사용해도 크게 무리가 없다.

다수의 애플리케이션으로 구성된 워크로드에 대해서는 각 애플리케이션에 대해서 이 절차를 사용한다는 점이 다를 뿐 마이그레이션 절차 자체는 동일하다. 동일한 절차가 반복되기 때문에 우리는 이러한 마이그레이션 절차를 Migration Factory라고 부른다. 공장에서 제품을 찍어내듯이 동일한 공정이 반복되기 때문이다. 이제 단계별로 진행되는 업무들을 구체적으로 살펴보자.

정책 수립

'정책 수립' 단계에서 확인할 내용은 MRP 단계의 운영 모델을 확정하면서 결정되는 경우가 많다. 일종의 클라우드 거버넌스를 정의하는 것들이 정책 수립 과정이다. 마이그레이션에 돌입하면 실제로 클라우드에 리소스를 생성해야 하기 때문에 리소스 생성에 필요한 규칙들과 정책들을 확인하고 정의한다. 클라우드 상에 애플리케이션을 구성하기 위한 To-Be 설계는 이 단계에서 확정된 정책에 기반해서 진행되는 것이 원칙이다.

(1) Landing Zone

가장 먼저 확인할 부분은 Landing Zone이다. AS-IS 애플리케이션을 어떤 계정 어떤 네트워크에 옮길 것이냐가 가장 중요한 사항이기 때문에 Landing Zone에 대한 정책을 확인하고 미흡할 경우 Landing Zone 설계 및 구축이 선행되어야 한다.

(2) 리소스 명명 규칙

클라우드에 생성한 리소스는 물리적인 형태가 아니라 논리적인 가상의 형태이다. 관리자는 가상의 리소스를 관리해야 하기 때문에 리소스를 식별할 수 있는 메커니즘이 필요하다. 클라우드에 생성한 리소스는 대부분 리소스 ID를 갖는다. 클라우드 시스템 자체는 리소스를 리소스 ID로 인식한다. 그런데 클라우드가 생성한 리소스 ID는 사용자 친화적이기보다는 시스템에 친화적인 형태라 관리자 입장에서는 리소스 ID로 리소스를 구별하는 것이 효과적이지 않다. 따라서 생성된 리소스에 가독성있는 이름을 부여하는 것이 필요하다. 리소스 명명 규칙은 관리자가 효과적으로 리소스를 확인하고 식별할 수 있는 방법으로 구성되어야 한다. [그림 7-2]는 AWS EC2에 설정할 수 있는 리소스 명명 규칙의 사례를 나타낸다.

구분	구성요소	적용 예제

EC2	지역-[계정]-용도-AZ-시스템이름-일련번호
	
	계정 : 고객의 multi 계정을 사용할 경우 지정
	AZ : a, c
	용도 : prd, dev, stg
	  - prd : 운영계
	  - dev : 개발계
	  - stg : 검증계
	일련번호 : AutoScale 설정 시에는 생략한다.
		apne2-prd-a-hosting-01

[그림 7-2] AWS EC2 리소스 명명 규칙 사례

리소스 명명 규칙에서 함께 고민할 부분은 태그 규칙이다. 태그는 클라우드에 구성한 리소스들을 구분하는 데 필요한 메타 데이터를 제공한다. Key-Value 형태로 지정하는 태그를 활용하면 클라우드가 기본적으로 제공하는 리소스 정보 외에 사용자 지정 정보를 리소스에 추가로 할당함으로써 관리 효율성을 높일 수 있다. 일반적으로 태그에 할당할 수 있는 값들은 [그림 7-3]과 같다.

태그명	목적	예시
Name/Host Name	Support, Infrastructure Operations, Development	DNS name/identifier: testweb1.aws.CUSTOMER.com
Group Owner	Support, Infrastructure Operations, Billing	Linux Team
Environment	Support, Development, Deployment, Infrastructure Operations, Billing, Patching	Dev/Test/QA/Prod
Function/Role	Infrastructure Operations, Development, Patching	web/app/mgmt.
OS	Infrastructure Operations, Patching, Security, Development, ISS, Support, Asset Management	Linux/Windows 2008/2012
Application	Support, Infrastructure Operations, Asset Management, Deployment, Development	Payment Processing, Primary web site
LOB	Billing, Escalations, Resource Planning	ABC
Project	ISS, Support, Infrastructure Operations, Asset Management, Billing, Planning, Deployment	ABC Version 2.0
Business Hours	Billing, Infrastructure Operations	9-5,EST 24x7, 9-5,CET
CreatedBy, Version	Deployment, Asset Management, Support, Deployment	Cloud Formation v2, 07-30-2015

[그림 7-3] AWS Tagging 전략

리소스 명명 규칙 및 태그 생성 규칙에는 맞고 틀림이 없다. 그렇기 때문에 사용하고자 하는 규칙이 효과적인지 여부와 효율적인지 여부만 고려하면 된다. 리소스 명명 규칙과 태그 생성 규칙 모두 리소스를 식별하기 위한 용도로 사용되는 것들이기 때문에 조직에서 리소스를 관리하는 데 필요한 식별 정보가 태그에 포함되어 있는지, 그리고 리소스 이름을 보고 어떤 애플리케이션의 어떤 시스템인지를 확인할 수 있는 수준으로 구성하면 된다.

(3) 리소스 종류 및 리소스 타입

애플리케이션에 사용할 리소스의 종류와 리소스의 타입에 대한 표준 정책을 수립한다. 리소스 종류 및 타입은 애플리케이션의 성능 및 운영 효율성, 비용 효율성에 직접적인 영향을 미치는 요소들이다. 클라우드에서는 비슷한 용도로 사용할 수 있는 서비스들이 대체재의 형태로 제공되기 때문에 애플리케이션을 클라우드에 구성하는 데 사용할 수 있는 서비스들을 제한하고, 사용할 수 있는 리소스의 크기도 사전에 정해 놓을 필요가 있다. 가령 관계형 DB가 필요하다면 DB를 설치해서 사용할 수도 있지만 클라우드의 관리형 DB 서비스를 활용해서 구성할 수도 있다. 관리형 DB를 사용하는 것이 표준인지, 설치형 DB를 사용하는 것이 표준인지를 정해놓지 않는다면 To-Be 설계 시에 혼선을 야기할 수 있다. 클라우드가 제공하는 리소스들은 사용자가 요구하는 정확한 CPU 수량과 정확한 메모리 수량을 지원하는 것이 아니라 사전에 구성된 옵션 중에서 선택해서 사용하는 구조를 갖는다. 가령 EC2 인스턴스의 경우에는 m5.large 타입을 사용할 경우 2 vCPU와 8 GiB 메모리를 사용할 수 있다. AS-IS에서 사용하던 시스템이 2 Core에 8 GB 메모리를 사용하고 있었다면 m5.large 타입을 사용하면 무리없이 To-Be 시스템을 구성할 수 있다. 그런데 만약 AS-IS 시스템이 1 Core에 8 GB 메모리를 사용하고 있고, To-Be 시스템에서도 그 정도의 용량이 필요하다면 어떻게 구성해야 할까? 표준 정책에서 이 부분에 대한 답을 줄 수 있어야 한다. 가격, 성능, 안정성 등을 고려해서 To-Be 모델에서 사용할 수 있는 리소스 유형을 결정해 줄 필요가 있다.

(4) Key Pair

AWS 클라우드에 구성한 linux EC2 인스턴스는 Key Pair를 이용해서 OS의 관리계정으로 접속하게 된다. 동일한 Key Pair로 생성한 인스턴스는 동일한 Key Pair를 가지고 접속할 수 있다. 이 부분에서 Key Pair에 대한 관리 정책이 필요하다. 보안을 위해서라면 각 인스턴스에 별도의 Key Pair를 생성하는 것이 좋겠지만 Key Pair가 늘어나면 관리 부담이 증가하고, Key Pair를 분실할 경우 인스턴스로 접근하는 것이 불가할 수 있다. 따라서 보안과 운영 효율성의 절충점을 찾는 것이 좋은데 이 방법으로 인스턴스를 그룹핑한 후 동일한 그룹에는 동일한 Key Pair를 할당하는 방식을 사용할 수 있다. 가령 Web Server 그룹에는 Web Server 그룹의 Key Pair를 사용하고, WAS Server 그룹에는 WAS Server 그룹의 Key Pair를 별도로 생성해서 사용하는 방식이다.

(5) NACL 및 Security Group

AWS 클라우드에서 무상으로 사용할 수 있는 가장 필수적인 보안 요소가 NACL과 Security Group이다. NACL은 서브넷 간의 통신을 제어하는 stateless 논리 방화벽이고 Security Group은 인스턴스 레벨의 통신을 제어하는 stateful 논리 방화벽이다. NACL과 Security Group 모두 ruleset을 등록함으로써 ingress 및 egress 네트워크 트래픽을 제어한다. 표준 정책에서 정의할 부분은 NACL과 Security Group의 ruleset 설정 부분이다. Ruleset의 수량이 늘어나면 성능에 영향을 주기 때문에 ruleset은 최대한 그룹핑해서 설정할 필요가 있다. 가령 172.21.11.2/32와 172.21.11.3/32에서 들어오는 IP를 허용할 필요가 있다면 172.21.11.0/24로 IP를 그룹핑한다. 8001,8002,8005 port로 들어오는 트래픽이 있다면 '8001-8005'로 port를 지정해서 Ruleset의 수량을 줄일 수 있다. 이 경우 172.21.11.4/32 IP와 8003 port 는 허용된 트래픽이 아닐 수 있기 때문에 보안 담당자 입장에서는 썩 바람직한 결정은 아닐 수 있다. 그래서 표준 정책이 필요하다. 보안 담당자와 운영 담당자 모두가 동의할 수 있는 정책이 제시되어야 한다.

(6) DNS 서버 구성

다음으로 확인할 부분은 애플리케이션의 DNS 서버를 어디에 어떻게 구성할 것인가에 대한 결정이다. AWS 클라우드에서는 완전 관리형 DNS 서비스로 Route 53 서비스를 사용할 수 있다. Route 53은 100%의 SLA를 제공하는 가용성이 뛰어난 네임 서비스이기 때문에 AWS 클라우드로 마이그레이션을 진행하는 조직들은 대부분 Route 53을 활용한다. 그런데 온프레미스에서 기동되던 AS-IS 애플리케이션은 이미 온프레미스에 설치형 DNS 서버를 활용하고 있을 가능성이 있기에 TO-BE 애플리케이션의 도메인을 어디에 구성해야 하는가가 정의되어 있지 않으면 서비스 Cut-Over 시에 혼선을 야기할 수 있다. AS-IS DNS 서버의 클라우드 마이그레이션 여부, 그리고 마이그레이션 시점에 따라 TO-BE 애플리케이션의 도메인 등록 및 변경 대상이 바뀌게 된다.

(7) 모니터링

TO-BE 애플리케이션에 대한 모니터링 정책을 확인한다. 모니터링 정책은 MRP 단계의 TO-BE 운영 모델 설정 부분에서 정의될 가능성이 높다. 모니터링 도구 및 모니터링 대상, 대상별 메트릭, 그리고 알람 임계 값 등이 정의되어야 하고, 이벤트 발생 시 알림을 수신할 대상자가 정의되어 있어야 한다. AS-IS 애플리케이션이 클라우드로 마이그레이션된 이후 Cut-Over가 진행되었다면 그 순간부터 해당 애플리케이션은 클라우드 환경에서 서비스를 제공해야 한다. Cut-Over 첫날에 혼란을 겪지 않으려면 Cut-Over 이전에 AS-IS 환경 수준 이상의 모니터링 설정이 완료되어야 한다.

(8) 보안

NACL과 Security Group에 대한 정의가 완료되었다고 해서 보안 정책이 완료된 것은 아니다. MRP 과정의 한 축이 TO-BE 보안 모델 설정이기 때문에 마이그레이션을 앞두고 있는 시점에는 워크로드별, 애플리케이션별로 설정해야 하는 보안 정책들이 정의되어 있는 것이 일반적이다. 접근 제어, 암호화, 탐지 제어 등에 대해서 3rd party를 포함한 메커니즘과 Ruleset이 TO-BE 애플리케이션의 Cut-Over 이전에 TO-BE 환경에 설정되어 있어야 한다.

(9) 백업데이터

백업 정책은 MRP 단계 운영 모델 설정 Task에서 정의되어야 한다. 이 부분에서 확인할 사항은 애플리케이션에 특화된 백업 정책이다. 백업 대상과 백업 방법, 백업 수행 주기 및 보관 주기 등을 확인해서 TO-BE 환경에 실제로 적용할 필요가 있다.

(10) 배포 방법

마지막으로 표준 정책 수립 시 확인할 내용은 애플리케이션에 대한 배포 방법이다. AS-IS의 배포 방법을 TO-BE 환경에도 그대로 적용할 것인지, 아니면 클라우드에 최적화된 방법으로 TO-BE 배포 모델을 새롭게 설계할 것인지가 주요 결정 포인트다. 배포 방법에 따라서 TO-BE 애플리케이션의 AutoScale 설정이나 Self-Healing 설정 방법 등이 조금 달라질 수 있다. AWS 클라우드 상에서 가장 일반적인 배포 메커니즘은 CodeDeploy를 활용하는 것이다. CodeDeploy를 활용할 경우, 클라우드에 구성한 EC2 인스턴스를 수평 확장하면서 현행화된 서비스 코드를 자동으로 배포하는 것이 다른 방법을 사용하는 것보다 간편하다. 사실 배포 방법은 TO-BE 애플리케이션을 구성하면서 이미 정의돼서 사용하고 있을 가능성이 높다. 가장 단순한 형태의 마이그레이션인 Rehosting 조차도 TO-BE 애플리케이션의 구성 변경을 요구하기 때문이다.

대상 확정

'대상 확정'은 AS-IS 환경에서 TO-BE 환경으로 마이그레이션되어야 하는 대상을 확인하고 확정하는 단계이다. MRP 단계의 Discovery & Plan Task에서 마이그레이션 대상 및 마이그레이션 방법이 특정되기 때문에 MRP 프로젝트 진행 이후 경과된 시간이 많지 않다면 마이그레이션 대상이나 방법에 변경이 발생될 경우는 많지 않다. 그러나 'Discovery & Plan' Task가 불완전하게 진행되었거나 애플리케이션 담당자나 비즈니스 담당자와의 협의가 제대로 진행되지 않은 경우도 있을 수 있기 때문에 실제 마이그레이션을 진행하기 전에 간단하게라도 대상을 확인하는 것이 좋다. 더불어서 가능하다면 대상의 마이그레이션 가능 여부 및 마이그레이션 유용성 등도 다시 한번 확인하는 것이 바람직하다. [그림 7-4]는 간단하게 마이그레이션 가능 여부 및 유용성을 확인할 수 있는 도구를 나타낸다.

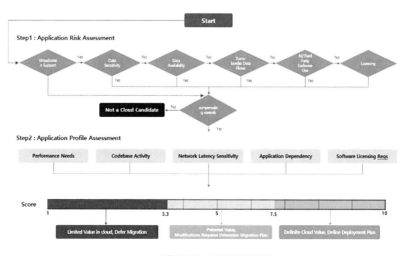

[그림 7-4] 클라우드 도입 적정성 평가

그림이 다소 복잡한 측면이 있는데, 그림에서 나타내고자 하는 것은 클라우드 이전 가능 여부에 대한 기준과 클라우드 이전 난이도에 대한 기준이다.

클라우드 이전 가능 여부는 아래 기준을 가지고 평가할 수 있다.

① AS-IS 서버의 가상화 가능 여부

② AS-IS 애플리케이션 데이터의 클라우드 이전 가능 여부(법률적, 기술적 제약)

③ 클라우드 환경에서 AS-IS 라이선스 사용 가능 여부

④ AS-IS 유지보수 정책을 클라우드 환경에서 사용 가능 여부

만약 애플리케이션이 상기 기준에 대해서 가능하지 않은 것으로 판단되면 클라우드 마이그레이션 대상에서 제외하고 심층 분석을 진행하는 것이 바람직하다.

아래 기준은 클라우드 이전 난이도를 분석하는 데 사용할 수 있다.

① AS-IS 애플리케이션에 성능 이슈가 있는 경우(많으면 5, 적으면 1)

② AS-IS 애플리케이션이 네트워크 레이턴시에 민감한 경우

　(덜 민감하면 5, 많이 민감하면 1)

③ AS-IS 애플리케이션 서비스 복잡도(연계된 시스템이 많은 경우)

　(복잡하지 않으면 5, 많이 복잡하면 1)

④ AS-IS 애플리케이션의 코드 수정에 투입되는 노력의 정도

　(쉬울 경우 5, 많이 어려울 경우 1)

이 기준은 가부로 판단되는 것들이 아니라 1부터 5까지의 정도로 분석된다. 높은 점수는 애플리케이션을 마이그레이션하는 것이 쉽다는 얘기고 낮은 점수는 마이그레이션을 진행하는 데 난이도가 높다는 얘기다. 난이도에 따라서 마이그레이션 패턴이 달라질 수 있다. 난이도가 너무 높다면 단순한 rehosting보다는 refactoring 등의 구성 변경이 더 좋은 대안이 될 수 있다.

Scheduling

'Scheduling'은 실제로 마이그레이션을 시작하는 시점과 Cut-Over, 즉 마이그레이션을 완료하는 시점을 확정하는 것을 의미한다. 마이그레이션이 시작되면 클라우드 상에 To-Be 리소스를 생성해야 하기 때문에 클라우드 사용료에 영향을 준다. 더불어 효율적인 마이그레이션이 진행되기 위해서는 애플리케이션 프리징(freezing), 즉 애플리케이션의 변경을 차단하는 기간이 필요하다. Cut-Over는 데이터 최종 동기화 문제 때문에 애플리케이션의 서비스 단절을 요구한다. 서비스 단절 시간은 애플리케이션의 데이터 종류와 마이그레이션에 사용한 동기화 기술에 따라서 조금씩 다르다. 일반적으로 데이터베이스 서비스에 대해서 서비스 단절 시간을 줄이기 위해서는 마이그레이션 비용 상승에 대한 용인이 필요하다. 마이그레이션 시작 시점과 완료 시점을 지정하는 것은 이렇듯 애플리케이션의 특성과 밀접한 연관이 있다. 더불어 AS-IS 상에서 서비스 환경을 책임지고 있는 담당자와의 조율도 필요하다. AS-IS 환경에서도 마이그레이션 이후 대응할 업무가 남아 있기 때문이다.

일반적으로 마이그레이션 스케줄은 아래 사항을 고려해서 확정한다.

① Infra 담당자의 가용 시간
② 애플리케이션 담당자의 가용 시간
③ 애플리케이션의 Down 가능 일시
④ 애플리케이션에 허용되는 최대 Down Time

⑤ 애플리케이션의 성격(내부 고객용인지 / 외부 고객용인지)

⑥ 애플리케이션의 서비스 커버리지(국내용 서비스인지 / 글로벌 서비스인지)

⑦ Infra 담당자 또는 애플리케이션 담당자의 Cut-Over 희망 일시

대규모로 진행되는 마이그레이션에서 중요한 것은 마이그레이션 일정을 확정하는 데 있어서 마이그레이션 작업자들의 리소스를 최우선으로 고려해야 한다는 것이다. 모든 애플리케이션 담당자들이 자신의 애플리케이션을 특정일에 Cut-Over 하기를 희망하는 경우, 해당 일에 Cut-Over 해야 하는 애플리케이션이 집중될 수도 있다. 이 경우 마이그레이션 작업자들의 리소스는 한정적이기 때문에 마이그레이션이 정상적으로 진행될 수 없게 된다. 따라서 애플리케이션의 성격 상 특정일, 특정 시간을 고집해야 하는 경우가 아니라면 최대한 마이그레이션 작업자들의 일정을 참작할 필요가 있다.

중요한 것은 애플리케이션 사용자들이 최대한 불편을 느끼지 않는 혹은 불편을 최소화할 수 있는 일시를 선정하는 것이다.

AS-IS Architecture 분석

　'AS-IS Architecture 분석' 단계부터는 선택적으로 진행되는 내용이 아니라 마이그레이션을 진행하기 위한 필수 영역이다. MRP 단계에서도 각 애플리케이션에 대한 AS-IS Architecture 분석이 진행되는데, MRP 단계에서 진행하는 AS-IS 분석과 마이그레이션 단계에서 진행하는 AS-IS 분석은 디테일 측면에서 차이가 있다. 마이그레이션 단계에서는 연계 시스템의 IP 및 Port, 애플리케이션을 구성하는 시스템들의 구체적인 스펙 등을 분석해 내야 한다. 마이그레이션 단계의 AS-IS 분석은 TO-BE의 모습을 그리기 위한 분석이라 AS-IS 단계에서 누락된 것들은 TO-BE에 반영될 수 없기 때문에 최악의 경우 서비스 장애로 이어진다. 따라서 AS-IS Architecture 분석은 사람의 손을 빌리기보다는 도구를 활용한 진단이 효과적이다.

　AS-IS Architecture 분석 단계에서 들여다봐야 하는 영역은 다음과 같다.

(1) 애플리케이션 아키텍처

　애플리케이션을 구성하고 있는 구성 요소와 애플리케이션 간의 연계 현황은 애플리케이션 아키텍처를 통해서 분석한다. 애플리케이션 아키텍처를 보면 서비스 이용자가 애플리케이션을 사용함에 있어서의 전반적인 서비스 흐름을 이해할 수 있고, 애플리케이션의 개별 요소들간의 연결 구도와 애플리케이션 간의 네트워크 흐름 등을 이해할 수 있다.

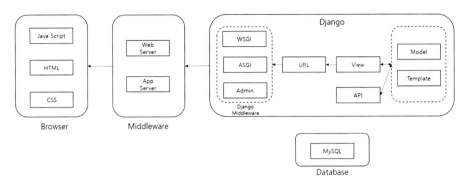

[그림 7-5] 애플리케이션 아키텍처 예시

(2) 네트워크 아키텍처

네트워크 아키텍처는 애플리케이션이 네트워크상에 어떤 형태로 위치하는지를 나타내는 아키텍처이다. 네트워크의 물리적인 요소들과 구성, 동작 방식 등을 나타낸다.

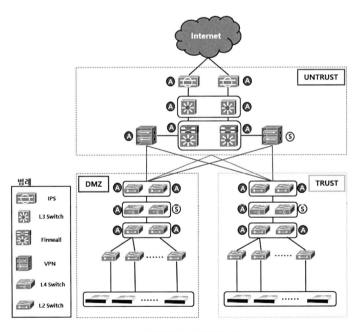

[그림 7-6] 네트워크 아키텍처 예시

네트워크 아키텍처를 확인하면 애플리케이션을 구성하고 있는 구성 요소들이 어느 네트워크 세그먼트에 위치해 있는지를 확인할 수 있다.

(3) 인프라 아키텍처

인프라 아키텍처는 애플리케이션을 구성하는 물리 서버의 배치 현황을 나타낸다.

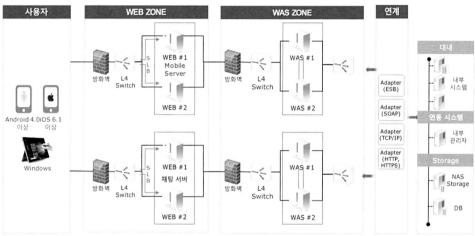

[그림 7-7] 인프라 아키텍처 예시

Web 서버나 WAS 서버, DB 서버 등의 구성 상태를 나타내는데, TO-BE 아키텍처를 구성하기 위해서 가장 필수적인 아키텍처에 해당한다. 실무에서는 애플리케이션 아키텍처 및 네트워크 아키텍처를 인프라 아키텍처에 모두 수용해서 구성하는 사례도 많다. 최악의 경우에는 인프라 아키텍처를 보관하고 있지 않은 경우도 있는데, 이 경우에는 서비스 담당자 혹은 애플리케이션 담당자에게 화이트보드에 손으로 그려달라고 해서 AS-IS 아키텍처를 확보하는 경우도 있다. 어떤 형태로든 인프라 아키텍처가 확보되어야 To-Be 아키텍처를 구성할 수 있음을 명심해야 한다.

(4) 보안 아키텍처

보안 아키텍처에는 방화벽, 접근제어 시스템, IPS/IDS, 암호화 시스템 등의 적용 현황 등이 표현된다. 보안 아키텍처를 별도로 작성해서 보관하는 경우도 있지만 대부분의 경우 네트워크 아키텍처에 보안 요소를 함께 표현하는 것이 일반적이다. 다만 아키텍처상에 잘 표현되지 않는 접근제어 및 암호화, DLP(Data Loss Prevention) 등의 솔루션이 AS-IS 상태에서 사용되고 있는지는 확인할 필요가 있다.

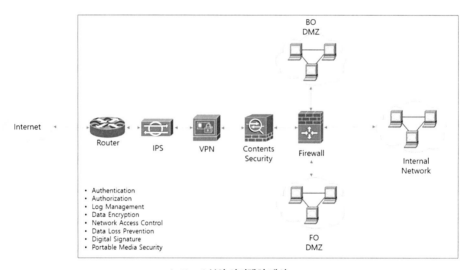

[그림 7-8] 보안 아키텍처 예시

(5) 운영 아키텍처

운영 아키텍처는 AS-IS 상태에서 서비스 운영에 활용하고 있는 모니터링 도구 및 서비스 배포 방법, 데이터 백업 방법 등이 기술된 아키텍처를 의미한다. 시스템 모니터링과 애플리케이션 모니터링, 로그 모니터링에 사용되고 있는 도구를 확인할 수 있어야 하며, 애플리케이션의 코드를 통합 관리하는 리포지토리와 애플리케이션 배포 파이프라인을 구성하는 빌드 및 배포 메커니즘을 확인할 수 있어야 한다. 마지막으로 데이터의 백업 및 복구 도구와 백업 정책 등의 확인이 필요하다.

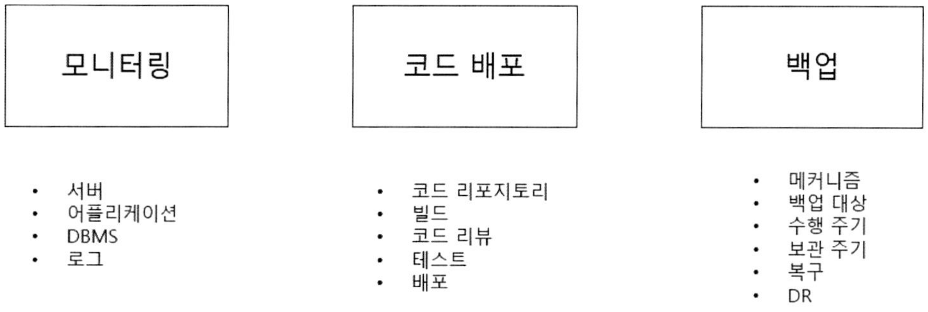

모니터링	코드 배포	백업
• 서버 • 어플리케이션 • DBMS • 로그	• 코드 리포지토리 • 빌드 • 코드 리뷰 • 테스트 • 배포	• 메커니즘 • 백업 대상 • 수행 주기 • 보관 주기 • 복구 • DR

[그림 7-9] 운영 아키텍처의 구성 항목

(6) 고객 요구사항

고객 요구사항에 대한 분석은 Well Architected Framework의 관점으로 접근한다. 워크로드에 대한 안정성 요구사항, 성능 요구사항, 보안 요구사항, 운영 요구사항, 비용 요구사항을 고객으로부터 직접 확인한다. 가령 애플리케이션의 필요 가동 시간, 즉 24 X 365 가동이 필요한지, 애플리케이션의 SLA(Service Level Agreement), 목표 성능, 보안 아키텍처상에 표시되지 않았지만 To-Be에 반영되어야 하는 보안 요구, To-Be 서비스에 수용되어야 하는 운영 요구, 그리고 비용 요구를 충족하기 위한 가격 모델 등이 고객 요구사항으로 수집 되어야 하는 정보들이다.

(7) AS-IS의 문제점(Pain Point)

마지막으로 확인할 부분은 AS-IS 애플리케이션의 문제점이다.

최근에 경험한 장애의 유형과 장애의 원인, 처리 방법 등을 질의를 통해 확인하면 애플리케이션에 어떤 문제가 있는지 점검할 수 있다. 더불어 애플리케이션 구성에 소요되는 시간과 어떤 단계에서 시간이 많이 소요되고 있는지를 확인하면 애플리케이션 배포 과정의 문제를 점검할 수 있다.

구분	번호	내용
프로젝트	1	프로젝트를 시작하게 된 동기(배경, 주요 문제)는 무엇인가요?
	2	·프로젝트가 달성해야 할 목적 및 목표는 무엇이라고 생각하시나요? ·KPI나 수치와 같은 구체적인 목표가 있으신지요?
	3	예상하는 프로젝트의 기한과 주요 마일스톤은 무엇입니까?
애플리케이션	4	·프로젝트의 대상이 되는 애플리케이션의 처리 업무는 무엇입니까? ·업무(비즈니스) 목적, 흐름에 대해 자세한 설명과 관련 문서가 있으시면 제공해 주시기 바랍니다.
	5	대상 애플리케이션의 주요 사용자는 누구입니까?
	6	·대상 애플리케이션의 예상 사용량(접속, 처리건 등)에 대해 알려 주십시오 ·기간(월, 주, 요일)과 시간대를 기준으로 한 데이터가 있으시면 알려 주십시오
	7	·대상 애플리케이션의 트래픽 특성은 무엇입니까? 주기적입니까? ·주/월 단위 유사 패턴, 특정 요일, 아침, 점심 저녁, Peak: Average 비율을 얘기해 주실 수 있습니까?
	8	대상 애플리케이션의 소프트웨어 구성에 대해 알려 주십시오 - OS - Web Server: 종류, version, 설치방법 - WAS Server: 종류, version, 설치방법 - JDK Version: 종류, version, 설치방법 - 기타 패키지(업체, 버전, 라이선스) : 통신 구조, 웹/모바일 등 타입
	9	·HA 구성 계획이 있습니까? 어떻게 구성하실 계획입니까?
	10	·대상 애플리케이션이 처리 및 관리하는 데이터는 무엇입니까? ·데이터 관련 명세서(논리, 물리)를 관리하고 계시면 제공해 주시기 바랍니다
	11	·대상 시스템의 데이터 규모는 어느 정도입니까? ·기간(시간, 일, 월별)과 타입(문자, 이미지, 동영상 등)을 기준으로 구분이 가능하면 제공해 주기 바랍니다
	12	대상 애플리케이션과 연동되는 내/외부 서비스는 무엇이 있습니까?
	13	내/외부 서비스와의 연동 방법 및 Protocol은 무엇입니까?
	14	·batch job이 필요합니까? ·Batch job을 위한 서버는 별도로 분리됩니까?
DBMS	1	표준 DBMS에 대해 알려 주십시오 (제품명, version, 라이선스 타입, 용도)
	2	DBMS별 예상 스토리지 용량을 알려 주십시오
	3	DB 이중화 여부에 대해 알려 주십시오 (방식, 구성: A-S/A-A)
	4	replica를 통한 read 부하 분산이 필요합니까?
	5	cache를 통한 부하 분산이 필요합니까?

기타	1	소스 관리 방식 및 배포 방식에 대해서 알려주십시오
	2	데이터 백업에 대해서 특별 요건이 있다면 알려주십시오
	3	준수해야 하는 보안 요건이 있다면 알려주십시오. - 계정관리 - 시스템접근제어 - DB 접근제어 - DB 암호화 - IPS/IDS 및 WAF
	4	CDN 서비스 필요 여부에 대해서 알려주십시오
	5	Local IDC와의 연계가 필요한 경우, 연계 방안에 대해서 알려주십시오
	6	· 개발, Staging, 운영 환경 간 구성요소가 다른 점이 있습니까? (ex〉개발은 Tomcat, 운영은 WebLogic)
	7	· DR 구성이 필요합니까? · 계획하고 계신 DR 구성 방법이 있다면 공유해 주십시오.
	8	RPO/RTO를 관리하십니까? 서비스에 설정된 RPO/RTO는 무엇입니까?
	9	현재 사용하고 있는 모니터링 Tool은 어떤 것이 있습니까?
	10	운영 및 개발팀에서 관리하고 있는 지표가 있습니까? (req /sec, Max CPU, Max Mem, …)
	11	애플리케이션의 기능 점검 리스트는 준비하고 있습니까?
	12	애플리케이션의 성능 점검 주체 및 방법은 준비되어 있습니까?

[표 7-1] AS-IS 분석을 위한 인터뷰 템플릿 예시

OS 레벨 AS-IS 분석

'OS 레벨 AS-IS 분석'은 TO-BE OS를 구성하는 데 필수적인 정보들을 확인하는 단계이다. AS-IS 분석을 통해서 TO-BE 시스템의 스펙을 결정할 수 있고, TO-BE 시스템에서 구동될 애플리케이션 정보를 확인할 수 있다. 도구를 활용한 rehosting의 경우에도 OS 레벨 AS-IS 분석이 진행되어야 하는데, 그 이유는 TO-BE OS에서 정상적으로 작동하지 않는 소프트웨어 패키지를 식별하기 위함이다. 가령 VMware Tool이나 온프레미스 백업 에이전트 등은 TO-BE OS에서는 필요하지 않은 소프트웨어들이다.

일반적으로 OS 레벨 AS-IS 분석에서 확인해야 하는 것들은 다음과 같다.

- Hardware Spec & 사용률(CPU, Memory, Disk, NIC)
- Account Information(user, group)
- Installed Package
- Running Process
- Open Port
- Network Connection Status
- Scheduled Job
- OS Level Firewall
- DNS 도메인 등록 정보
- Backup

- Application Code Deploy

- Security

- 서비스 구성도

- 시스템 연계 현황

이런 정보들은 대부분 OS 명령어를 통해서 확인할 수 있지만 대상 수량이 많기 때문에 OS 명령어를 통해 개별적으로 확인하는 것은 바람직하지 않다.

Unix 및 Linux 장비에 대해서는 cfg2html 패키지를 활용하면 비교적 쉽게 AS-IS 분석이 가능하다. cfg2html은 AS-IS OS의 시스템 구성 파일과 시스템 설정 상태를 ASCII 파일 및 HTML 파일로 수집하는 유틸리티이다. https://www.cfg2html.com/에서 무료로 다운로드해서 활용할 수 있다.

Windows Server의 AS-IS 분석에는 Powershell WMI Inventory를 활용할 수 있다. Powershell WMI Inventory는 https://gist.github.com/BDollar/5455098 에서 무료로 다운로드 받을 수 있는데 Powershell 스크립트를 활용해서 WMI 정보를 추출할 수 있는 유틸리티이다.

무료로 활용할 수 있는 도구 외에도 AWS의 Application Discovery Service를 활용하면 linux 장비와 windows 장비에 대해서 AS-IS 분석이 가능하다. 다만 AWS의 Application Discovery Service는 UNIX OS를 지원하지 않기 때문에 쓰임새에 일부 제한이 있다.

시스템 연계 현황은 3rd party 도구를 활용해서 확인하는 것이 일반적이다. 자주 사용하는 도구는 RISC Networks의 Cloudscape라는 도구와 딜로이트의 ATAVision이라는 도구가 있다. 이 중에서 RISC Networks의 Cloudscape는 별도 지면을 통해서 자세히 살펴볼 것이다.

TO-BE 설계

AS-IS 분석이 완료되면 TO-BE 설계가 가능하다. AS-IS의 애플리케이션 및 인프라 아키텍처에 대해서 MRP 단계에서 생성한 참조 아키텍처를 반영하여 TO-BE 인프라 아키텍처 및 애플리케이션 아키텍처를 수립한다. TO-BE 설계는 구체적으로 인스턴스 등의 리소스를 생성하기 위한 작업지시서로 활용될 수 있기 때문에 리소스 생성에 필요한 정보들이 설계서에 반영되어야 한다.

(1) Landing Zone

리소스를 배치할 계정과 VPC, Subnet 등의 정보가 확정되어야 한다. 더불어 고정된 IP가 필요한 경우에는 IP 정보도 TO-BE 설계에 포함되어야 한다.

(2) 리소스 종류 및 스펙(Type)

배치할 리소스의 종류, 가령 EC2 인스턴스를 활용할 것인지 RDS 등의 관리형 서비스를 활용할 것인지 등이 TO-BE 설계에 반영되어야 하고, 해당 리소스에 할당할 CPU 및 Memory, 디스크 등의 정보가 설계되어야 한다.

(3) ID/PW 등의 접속 정보

생성된 리소스에 접속하기 위한 접속 정보, EC2 인스턴스의 경우에는 Key Pair, RDS의 경우에는 ID 및 비밀번호 등의 정보가 반영된다.

(4) 방화벽 정보

Network ACL 및 Security Group 등의 서비스형 방화벽과 함께 OS 레벨의 방화벽 정보, 3rd party 방화벽의 접속 제어 규칙 등이 확정되어야 한다.

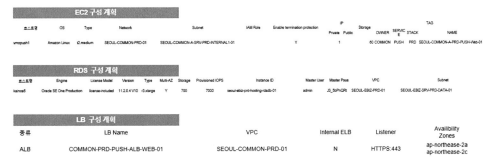

[그림 7-10] AWS 리소스 생성 계획 예시

이행

TO-BE 설계가 완료되었기 때문에 이제 실제로 마이그레이션 이행이 가능하다. 사전에 식별된 마이그레이션 패턴에 따라 애플리케이션 및 데이터의 이행이 진행된다. Rehosting의 경우에는 AS-IS 형상을 TO-BE 환경에서도 유지하는 조건이기 때문에 자동화된 도구를 활용해서 마이그레이션을 진행한다. AWS는 CloudEndure라는 자동화 도구를 마이그레이션 도구로 무상 제공하기 때문에 Rehosting 방식의 마이그레이션에서는 가장 먼저 시도되는 도구이다. Replatforming이나 Refactoring 방식의 마이그레이션은 Clean Install, 즉 OS부터 새로 설치하는 방식으로 진행된다. DBMS의 경우에는 설치형 DB로 TO-BE 서버를 구성하는 경우보다는 관리형 DB를 활용하는 것으로 TO-BE를 설계하는 경우가 많기 때문에 CloudEndure보다는 AWS의 Data Migration Service를 많이 활용한다. Data Migration Service는 동종 데이터베이스에 대한 마이그레이션뿐만 아니라 이기종 DB에 대한 마이그레이션도 지원하기 때문에 활용 범위가 넓다. 다만 DMS가 마이그레이션에 대한 모든 부분을 자동화해서 제공하는 것이 아니기 때문에 어느 정도의 수작업이 필요할 수 있다는 것은 인식할 필요가 있다. 이기종 DB에 대해서는 DMS를 활용하더라도 대략 40% 이상의 수작업이 필요할 수 있다.

실제 이행 작업을 위해서는 사전에 아래 정보에 대한 확정이 필요하다.

(1) R&R 정의

가. 애플리케이션 수정 주체

나. 웹 서버 및 미들웨어 설정 주체

다. 애플리케이션 및 인프라 기능 점검 주체

라. 애플리케이션 성능 점검 주체

마. RACI에 입각한 장애 처리 담당자

(2) 작업 절차 정의

가. Task별 시작 시간

나. 예상 소요 시간

다. Task 수행 방법

라. Task 완료 확인 방법

순서	대상 시스템	내용	작업자	확인자	소요 시간	완료 여부	수행 작업상세(수행) Command
1. 사전 작업							
1	TO-BE 시스템	시스템 사전 점검			10분		시스템 상태 체크 - 포트 점검 - Interface 점검 - Service 점검 - …
2. 이행 작업							
1	서비스 중지	AS-IS 서비스 중지			30분		AS-IS Apache에 시스템 점검 중 화면으로 전환 1) 시스템 점검중 html 확인 2) Apache에 "시스템 점검중 html"로 설정

No.	작업명	작업내용			시간		비고
2	DB Data 이관	1차 Data Migration 후 Data Sync			30분		DB Data Sync
3	WEB/WAS Data 점검	WEB/WAS Data Sync			15분		WEB/WAS Data Sync
4	기능 점검	서비스 기능 점검			30분		서비스 주요 기능 점검 Interface 점검 Data 점검
5	성능 점검	서비스 성능 점검					서비스 응답속도 점검
6	Go Live 의사결정	서비스 전환 여부 결정					
7	서비스 전환	DNS 전환					
8	집중 모니터링	서비스 모니터링					APM, DB 모니터링 WEB/WAS Log 모니터링
9	서비스 전환 완료						

[표 7-2] Cut-Over 작업 계획서 예시

(2) 점검 포인트 정의

애플리케이션 및 인프라 checklist를 정의한다.

No.	점검항목	점검기준	일자	담당자	확인	비고
1	시스템 접속 테스트					
2	CPU Core 수					
3	CPU 사용률					
4	Memory 총량					
5	Memory 사용량					
6	Storage 총량					
7	Storage 사용량					
8	default route delete					
9	ping 테스트					
10	ipv6 제외					
11	불필요 프로그램 삭제					
12	이벤트 로그 확인					
13	NAS 이용 여부 확인					
14	DB 점검					

[표 7-3] 인프라 checklist 예시

테스트 항목		테스트 결과		점검 방법	검수자/ 피검수자
대분류	중분류	AS-IS	TO-BE		
Application 프로세스 기동 및 중지	XXXXXX 프로세스 기동 및 중지	OK	OK	프로세스 기동 => cd /home/dms/bin [dms@DMWEB01 bin]$ [프로세스 기동 실행 파일 경로] process start!!! 프로세스 정지 => [dms@DMWEB01 bin]$ [프로세스 중지 실행 파일 경로] stop process dms_pvs ! pid=[14366] 프로세스 실행 로그 확인 [dms@DMWEB01 bin]$ tail -f [로그 파일 경로] 프로세스 실행 시 저장되는 로그 파일 내용의 일부 첨부(정상 기동 여부 확인 용도)	
DB 프로세스 기동 및 중지	XXXXXX 프로세스 기동 및 중지	OK	OK		
	DB 기동 되면서 배치잡 정상 동작 확인	OK	OK		
DB 점검	데이터 검증(DBA 관점)				
Port Listen 및 Establish 확인	기동 후 Listen 여부(서버)	OK	OK	[dms@DMWEB02 conf]$ netstat -na	grep 'Listen'	grep "8233" tcp 0 8233 Listen	
	기동 후 DB Connect 여부	OK	OK		
	기동 후 Connect 여부(클라이언트)	OK	OK	http:// test.doosan.com	
License 확인	OS License 정상 유무 확인	OK	OK		
	DB License 정상 유무 확인(option)	OK	OK		
	솔루션 License 정상 유무 확인(option)	OK	OK		
서비스 접속	사용자 로그인	OK	OK	로그인 화면 캡쳐 이미지 첨부	
	외부 시스템 연동 기능 테스트	OK	OK	IP 변경에 따른 점검 필요 기능 화면 캡쳐 이미지 첨부	
서비스 기능 확인	XXXX 서비스 기능 확인	OK	OK		
	XXXX 서비스 기능 확인	OK	OK		

연계서버 정보 확인	서버 확인	OK	OK		
	클라이언트 확인	OK	OK		

[표 7-4] 애플리케이션 레벨 checklist 예시

(3) Rollback 계획

Cut-Over 진행 시 문제가 발생할 경우 Cut-Over를 Rollback할 수 있는 절차를 정의한다.

순서	대상 시스템	내용	작업자	확인자	소요시간(분)	수행 작업 상세(수행) Command
1. 서비스 이상 발생 시						
1	AS-IS WEB	작업공지 화면 제거			20	
2	DNS	AS-IS로 DNS 원복				
3	테스트	AS-IS로 서비스 정상 여부 확인				

[표 7-5] Rollback 계획서 예시

안정화

애플리케이션이 마이그레이션된 이후 성공적으로 Cut-over가 진행되었다면 이제 안정화가 진행된다. 안정화는 마이그레이션된 애플리케이션이 정상적으로 동작하는지 확인하기 위해서 특정 기간 동안 집중적으로 모니터링을 진행하고 문제가 발생할 경우 문제를 해결하는 단계를 의미한다. 최악의 경우에는 안정화 단계에서 온프레미스 환경으로 롤백이 결정되는 경우도 있기 때문에 안정화 단계는 대단히 중요하다.

안정화 단계에서 필요한 것들은 인프라 및 애플리케이션 모니터링 도구이다. 모니터링 도구를 통해서 애플리케이션의 문제점을 진단하고 인프라 성능을 확인한다. 안정화 단계에서는 모니터링 알람이 발생하지 않더라도 주기적으로 애플리케이션의 상태를 모니터링 도구를 통해서 확인할 필요가 있다.

더불어 안정화 단계 동안에 구축 팀과 운영 팀 간의 인수인계가 진행된다. 안정화 단계가 성공적으로 마무리되면 마이그레이션이 완료된 애플리케이션에 대한 운영 책임은 구축 팀에서 운영 팀으로 이관된다. [표 7-6]은 운영 이관에 필요한 정보들을 나타낸다.

No	항목		완료 여부
1	연락망	고객측 조직도	
2		고객 연락망	
3		업체 연락망	
4	접속 정보	접속 URL	
5		계정 접속 정보	
6		OS 접속 정보	
7	운영 KPI	서비스별 중요도	
8		가용성 SLA	
9		성능 SLA	
10		RTO/RPO	
11	구성현황	AS-IS Architecture	
12		애플리케이션 구성 현황	
13		서비스 중지 및 가동 절차	
14		백업 현황	
15		batch 및 schedule job	
16		naming 규칙	
17	모니터링	대상 선정	
18		Agent 설정	
19		metric 및 alert 설정	
20		로그 모니터링	
21	장애	장애 등급	
22		장애 보고 체계	
23		장애 처리 매뉴얼	
24	백업	대상	
25		방법	
26		수행주기 및 시간	
27		보관주기	
28	기타	중점관리항목	
29		추가 전달 사항	

[표 7-6] 운영 인수인계 checklist 예시

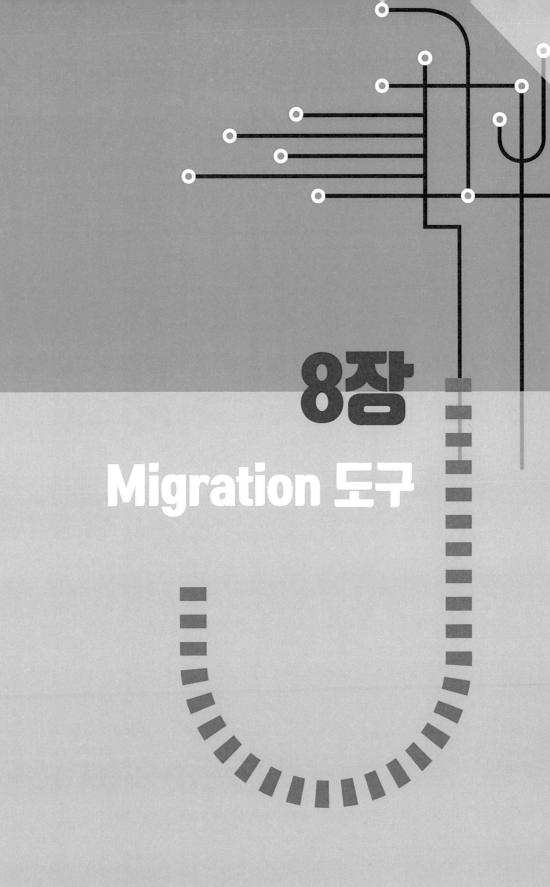

8장

Migration 도구

이 장에서는 클라우드 마이그레이션에 사용되는 도구 중 몇 가지를 살펴볼 예정이다. 마이그레이션 과정에 도구를 사용할 수 있는 단계는 발견 단계 및 계획 단계, 마이그레이션 단계 등이다. [그림 8-1]은 각 단계에서 사용할 수 있는 도구를 나열하고 있다.

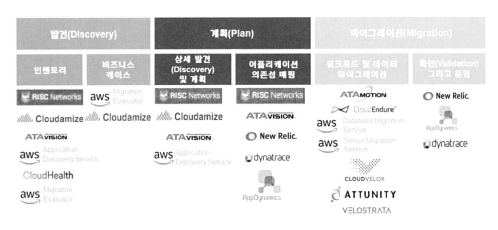

[그림 8-1] 마이그레이션 단계별 자동화 도구

발견 단계와 계획 단계, 마이그레이션 단계에서 AWS가 제공하는 도구 외에도 다양한 3rd party 도구를 활용할 수 있다. 발견 단계에서는 AS-IS 인벤토리를 확인하는 업무와 인벤토리를 대상으로 실제 마이그레이션을 수행했을 때 얻을 수 있는 TCO 등의 기대효과를 계산하는 업무에서 도구를 사용한다. AWS가 제공하는 Application Discovery Service 및 Migration Evaluator 등을 이런 용도로 사용할 수 있다. 다만 AWS가 제공하는 도구들이 Unix OS를 지원하지 않기 때문에 RISC Networks의 Cloudscape라는 도구를 많이 활용하고 있다.

계획 단계에서는 마이그레이션 대상 장비의 AS-IS 분석과 애플리케이션 간의 의존성을 분석하는 업무가 진행되며, 이 부분에서도 다양한 도구가 활용된다. 이 부분에서도 RISC Networks의 Cloudscape가 사용될 수 있다.

[표 8-1]은 발견 및 계획 단계에서 사용되는 도구들을 비교 분석한 것이다.

Product Name	Dependency Discovery?	Profile Discovery?	Tagging & Grouping	Recommen EC2 Instance	OS Process Discovery	Dependency Visualization	API Access	Performs TCO Analysis?	Agentless?	SaaS/ On-Prem
AWS Discovery Tools										
AWS Application Discovery Service	Only with agent deployed	O	O	O	O	O*(With Amazon Athena/ Amazon QuickSight)	O	O**(ADS output can be exported into MPA tool for TCO)	VMWare VMs only	SaaS only
TSO Logic (acquired by AWS)	X	X	O	O	X	X	O	O	O	O
Migration Competency Discovery Tools										
ATAData ATAvision	O	O	O	X	O	O	X	X	O	Both options available
Cloudamize	O	O	O	O	O	O	X	O	Both(agent-based and agentless)	SaaS only
CloudHealth TechXlogies	X	O	--O	O	X	X	O	O	O	SaaS only
RISC Networks CloudScape	O	O	O	O	O	O	X	O	O	Both options available
TurboXmic	X	O	X	O	X	X	X	O	O	On-prem

[표 8-1] Assessment 도구 기능 비교

지면상의 문제로 모든 솔루션이 공통적으로 제공하는 기능은 표현하지 않았다. 요구되는 기능을 거의 모두 제공하는 솔루션이 RISC Networks의 Cloudscpae 솔루션으로 확인된다. 이 책에서는 Cloudscape를 중점적으로 다룰 예정이다.

마이그레이션 단계에서는 Rehosting 방식의 마이그레이션을 지원하는 CloudEndure와 CDC(Changed Data Capture) 방식의 데이터베이스 마이그레이션을 지원하는 AWS DMS(Data Migration Service) 등을 활용한다. 기타 많은 종류의 3rd party 솔루션들이 Rehosting 방식의 AWS 클라우드 마이그레이션과 데이터베이스 마이그레이션을 자동화된 방식으로 지원하지만 CloudEndure와 DMS를 가장 많이 사용하는 이유는 두 솔루션의 라이선스 정책 때문이다. CloudEndure와 DMS 모두 온프레미스의 AS-IS 서비스를 AWS로 마이그레이션 하는 경우 무료로 사용할 수 있다.

Risc Networks Cloudscape

2019년에 RiscNetworks가 flexera에 인수되었기 때문에 Cloudscape는 엄밀하게 따지만 RiscNetworks가 아니라 flexera Cloudscape로 표현하는 것이 맞다. 그러나 여전히 Cloudscape의 포탈 주소가 riscnetworks.com으로 되어 있어서 RiscNetworks Cloudscape로 표현했다.

Cloudscape는 온프레미스 환경에 배포되는 RN150이라는 수집 서버를 통해서 온프레미스에 기동 중인 서버 및 네트워크 장비에 대한 정보를 수집해서 인벤토리 목록과 서버별 detail 정보, 애플리케이션 및 서버별 연계 현황 등의 정보를 제공한다.

(1) Cloudscape 아키텍처

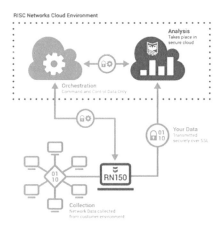

[그림 8-2] Cloudscape 동작 방식

[그림 8-2]는 Cloudscape의 기본 아키텍처를 나타낸다. 온프레미스의 자산 정보가 RN150 어플라이언스를 통해서 주기적으로 수집되어 데이터 저장소인 SCE(Secure Cloud Environment)로 전송된다. 이용자들은 https://portal.riscnetwork.com에 접속해서 자산 정보와 연계 현황을 검색할 수 있다.

(2) RN150

RN150은 가상 어플라이언스 장비로 Debian / GNU Linux 10 운영 체제를 기반으로 한다. 그러나 RISC 네트워크 관리 세션 및 어플라이언스 자체에서 시작된 연결을 제외하고는 RN150으로 직접 접속하는 것은 허용되지 않는다. RN150은 VMware ESX 또는 ESXi Server(하드웨어 버전 8), VMware Play 또는 VMware Workstation에 배포된다.

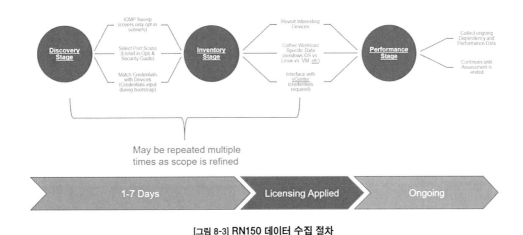

[그림 8-3] RN150 데이터 수집 절차

온프레미스에 RN150이 설치되면 Discovery, Inventory, Performance의 세 단계로 데이터를 수집한다.

가. Discovery 단계

RN150은 표준 네트워크 매핑 소프트웨어를 사용하여 네트워크 검색을 수행한다. 네트워크 검색은 RN150에 설정을 통해 제공된 서브넷에 대해서만 진행된다. 이 단계는 네트워크에 최소한의 트래픽 만을 유발하도록 설계되었기 때문에 속도가 제한된다. B 클래스 서브넷 기준으로 스캔을 완료하는 데 대략 2.5시간이 소요된다.

이 단계에서 RN150은 입력 서브넷에서 ICMP 스윕(sweep)을 수행한 다음, ping에 응답하는 해당 IP에서 선택 포트 검색을 수행한다. 대상 IP에 사전에 정의된 자격 증명 유형 중 하나에 해당하는 열린 포트가 있는 것으로 확인되면 제공된 자격 증명을 사용하여 장치에 액세스하려고 시도한다.

RN150은 성공적으로 일치하거나 완전히 실패할 때까지 관련 자격 증명을 순환하면서 재시도한다. ping에 응답하고 자격 증명을 통해 성공적으로 액세스되는 모든 장치는 "Interesting Devices"로 분류된다.

나. Inventory 단계

이 단계에서 RN150은 일치하는 자격 증명을 사용하여 Discovery 단계에서 분류된 "Interesting Devices"를 다시 방문하여 워크로드 별 데이터를 수집한다. 수집된 데이터는 압축, 암호화 및 보안 SSL 연결을 통해 RISC Networks의 SCE에 업로드 된다. Inventory 단계가 완료되면 완성된 자산 보고서 및 라이선스 페이지가 RISC Networks 포털에서 제공된다. 사용자는 포탈 내 라이선스 페이지에서 Performance 단계로 이동할 장치를 선택할 수 있다.

다. Performance 단계

특정 장비가 Performance 단계로 넘어가기 위해서는 riscnetworks 포털에서 해당 장치에 라이선스가 부여되어야 한다. 장치에 라이선스가 부여되면 장치에 맞는 자격 증명을 통해 대략 5분 간격으로 성능 데이터 수집이 진행된다. 수집된 데이터는 포털 내에서 처리 및 액세스할 수 있도록 RISC Networks의 SCE에 정기적으로 업로드 된다. 업로드 빈도와 업로드 데이터 크기는 호스트 네트워크에 미치는 영향을 최소화할 수 있도록 알고리즘에 의해 결정된다. 특정 장비의 성능 데이터를 지속적으로 업로드하기 위해서는 해당 장비에 대한 활성 라이선스가 Performance 단계 동안 계속 제공되어야 한다.

(3) 수집되는 데이터

Cloudscape가 수집하는 데이터는 크게 Windows Server 관련 데이터와 Linux 및 Unix 관련 데이터, 데이터베이스 관련 데이터, 네트워크 장비 관련 데이터로 구분할 수 있다. Windows Server에 대해서는 WMI(Windows Management Instrumentation)와 함께 원격 명령이 사용된다. [표 8-2]는 Cloudscape가 Windows Server에 대해서 수집하는 데이터 종류를 나타내고 있다.

유형	범주	수집되는 정보
Inventory	하드웨어	일련 번호(Dell 서비스 태그 등)
		물리 메모리
		물리 CPU
		물리 하드 드라이브
		HBA 정보
		네트워크 카드 정보
	소프트웨어	OS 버전
		프로세스 ID 정보가있는 설치된 애플리케이션 및 버전
		Windows 서비스 및 상태
		논리 디스크
		Windows Shares
		HTTP 포트
	운영	Windows 이벤트 로그 정보(3 일간의 오류 및 경고)
		Citrix Metaframe 서버 인벤토리

		CPU 성능
Performance	통계	프로세스별 성능 메트릭(CPU, Swap 등)
		메모리 성능(사용된 바이트 / 사용된 %)
		디스크(논리적 및 물리적) 성능(초당 I/O, I/O 바이트, 지연 시간 등)
		Windows 네트워크 인터페이스 사용률(I/O 바이트 등)
		Windows 프로세스 정보
		Windows Netstat 연결 정보(opt-in only)
		해당되는 경우 DNS A 레코드 및 C 이름

[표 8-2] Cloudscape Windows Server 수집 항목

Linux 및 Unix 서버에 대해서는 SNMP와 SSH를 통한 원격 명령이 함께 사용된다. 2021년 6월 현재 Cloudscape가 원격 명령을 지원하는 Unix OS는 IBM AIX 뿐이다. 그 외 Unix OS에 대해서는 SNMP 정보만 확인이 가능하다. Linux 및 Unix 서버에 대해서 수집되는 데이터는 [표 8-3]과 같다.

유형	범주	수집되는 정보
SNMP 및 SSH를 통한 Inventory	하드웨어	물리 메모리
		물리 CPU
		물리 하드 드라이브
		네트워크 인터페이스
	소프트웨어	OS 설명
		프로세스 ID 정보가 있는 설치된 애플리케이션 및 버전
		논리 디스크
		파일 시스템
		HTTP 포트
SSH를 통한 Inventory	소프트웨어	운영 체제
		OS 버전
		OS 배포
		OS 배포 버전
		CPU 아키텍처
Performance	통계	CPU 성능
		메모리 성능(사용된 바이트 / 사용된 %)
		물리적 디스크 I/O
		실행중인 프로세스
		소켓 연결 정보(SNMP를 통해 TCP-MIB 사용 / RFC 4022 버전 선호)
		네트워크 인터페이스 활용

[표 8-3] Linux 및 Unix 장비에 대한 Cloudscape 수집 항목

데이터베이스에 대해서는 제공된 접속 정보를 활용해서 [표 8-4]의 데이터를 수집할 수 있다.

유형	범주	수집되는 정보
Inventory	데이터 베이스	호스트 이름
		버전
		스키마 이름
		Connectivity
		테이블 메타 데이터
		테이블 이름
Performance	통계	Connectivity
		테이블 이름

[표 8-4] Cloudscape 데이터베이스 수집 항목

이외에도 SNMP를 통해서 네트워크 장비에 대한 정보가 수집된다.

유형	범주	수집되는 정보
Inventory	하드웨어	일련 번호
		라인 카드
		플래시 크기
		메모리 크기
		인터페이스 정보
		ENTITY-MIB 정보
	소프트웨어	소프트웨어 버전
		플래시 파일 목록
	운영	라우팅 테이블
		ARP 테이블
		L2 포워딩 테이블
		Neighbor 정보(CDP, FDP, LLDP 등)
		스패닝 트리 토폴로지
		SAN Switch Forwarding 정보(WWN 이름 등)
		SCSI Lun 정보(FC 스위치 만 해당)
		Quality of Service 구성 정보
		Cisco IP SLA 구성 정보
		Cisco Netflow 구성 정보

		인터페이스 활용 및 오류 통계
Performance	통계	CPU 및 메모리 사용 통계
		Cisco MQC 통계
		IP SLA 통계(TrafficSim)
		Netflow flow 정보(TrafficWatch)

[표 8-5] SNMP를 활용한 Cloudscape 수집 항목

(4) RN150 설정 절차

Cloudscape의 RN150을 설치하는 절차를 알아보자.

가장 먼저 할 일은 subscription code 및 노드 라이선스를 구매하는 것이지만 여기서는 이미 적합한 subscription code가 있다고 가정하고 진행하도록 하겠다. Subscription code 및 노드 라이선스 구입과 관련된 문의는 sales@riscnetworks.com 메일 주소로 메일을 보내거나 https://www.flexera.com/about-us/contact-us.html 페이지를 통해서 진행이 가능하다.

https://portal.riscnetworks.com/ 포털로 이동해서 계정을 생성하고 로그인하면 '+Add an Assessment' 메뉴를 통해서 assessment를 생성할 수 있다. Assessment를 생성하기 위해서는 적합한 subscription code가 필요하다.

RN150 어플라이언스는 포털을 통해서 다운 받을 수 있다. 포털의 'Collect Data > Application Status' 메뉴를 클릭하면 [그림 8-4]처럼 RN150 다운로드 버튼이 보인다. 아래 화면에서 'Bootstrap RN150 Appliance With This Code' 부분에 표시된 부트스트랩 코드는 온프레미스에서 RN150 어플라이언스를 기동할 때 필요하기 때문에 나중에 확인할 수 있도록 저장해 두어야 한다.

[그림 8-4] RN150 어플라이언스 포탈

RN150은 OVF 파일로 VMWare에 배포해서 구성한다.

RN150을 배포하기 위해서는 아래 요구사항이 충족되어야 한다.

- 8GB RAM(최소 4GB)

- 2개의 vCPU(최소 1개의 vCPU)

- 50GB 하드 드라이브(Thin Provisioned)

- 아래 IP에 대한 443 TCP 포트 아웃 바운드 허용

  - orchestration.riscnetworks.com(34.192.184.110, 34.192.195.90)

  - initial.riscnetworks.com(34.192.43.78, 34.192.198.28)

  - dataup.riscnetworks.com(34.192.12.37, 34.192.197.132)

  - app1.riscnetworks.com(34.192.198.73)

  - Backup & Growth(34.192.99.153, 34.192.185.36)

VMWare를 통해서 RN150이 성공적으로 설치되고 기동되면 RN150 초기 화면이 나타난다. 어플라이언스 인터페이스를 통해서 접속하는 것도 가능하지만 어플라이언스 화면에서는 복사 및 붙여넣기가 용이하지 않기 때문에 웹 브라우저를 통해서 접속하

는 것이 좋다. 접속 가능한 주소는 어플라이언스 화면 우측 상단에서 확인할 수 있다.

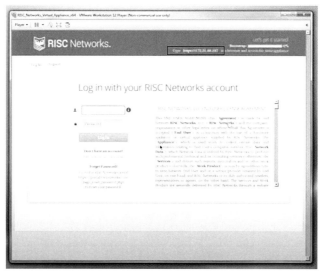

[그림 8-5] RN150 로그인 화면

웹 브라우저로 접속하면 어플라이언스 화면과 동일한 화면이 제공된다. 이 화면에서 portal 로그인에 사용하는 계정과 동일한 계정으로 RN150에 로그인할 수 있으며, RN150 다운로드시 확인했던 부트스트랩 코드를 입력해서 최종적으로 RN150을 활성화한다. RN150이 활성화되면 [그림 8-6]의 대시보드 화면을 볼 수 있다.

[그림 8-6] RN150 대시보드

RN150이 활성화되었으면 이제 RN150을 통해서 ping sweep을 진행할 서브넷 정보를 입력할 차례다. 대시보드 화면에서 'Subnets' 메뉴를 선택한다.

서브넷 정보는 개별 IP 대역을 직접 입력할 수도 있고, 라우팅 테이블을 통해서 입력할 수도 있으며, csv 파일을 통해 등록할 수도 있다. [그림 8-7]은 서브넷 정보를 직접 입력해서 등록하는 화면을 나타낸다.

[그림 8-7] RN150 서브넷 정보 입력 화면

다음으로 SNMP Credential에 사용되는 SNMP String을 입력한다. SNMP String을 입력하면 해당 String이 정상적으로 작동하는지 확인하기 위해서 SNMP를 테스트해볼 수 있는 대상 IP를 입력하는 대화상자가 추가로 나타난다. [그림 8-8]는 SNMP String을 입력하는 화면을 나타내고 있다.

[그림 8-8] SNMP String 입력 화면

다음으로 설정할 항목은 SSH 로그인에 사용할 로그인 정보와 Windows 서버 접속에 사용할 인증 정보를 등록하는 것이다. 대시보드 화면에서 'SSH' 및 'Windows' 메뉴를 클릭해서 설정할 수 있다. 'Windows' 메뉴에서는 주의할 사항이 있다. Windows Server에서 Application Socket Collection을 사용하기 위해서는 Admin$ 공유 폴더가 대상 장비에서 활성화되어 있어야 한다. 네트워크 socket 정보는 대상 장비에서 netstat 등의 명령어를 수행한 결과를 Admin$ 공유 폴더에 생성해 놓고 SMB 프로토콜을 통해서 RN150으로 수집하게 되기 때문이다. 따라서 정책상으로 Admin$ 공유 폴더가 허용되지 않는 경우에는 Application Socket Collection을 사용할 수 없다. 권장사항은 Admin$ 공유 폴더를 활성화하고 Application Socket Collection을 사용하는 것이다. [그림 8-10]은 'Application Socket Collection'이 활성화된 Windows 메뉴 화면을 나타낸다.

[그림 8-9] Application Socket Collection이 활성화된 Windows 메뉴 화면

대시보드에서 VMware 접속 정보 및 Cisco 네트워크 장비 등에 대한 접속 정보와 데이터베이스 접속 정보 등도 설정할 수 있지만 이 정도만 설정해도 우리가 필요로 하는 데이터 수집이 어느 정도 가능하기 때문에 나머지 영역에 대해서는 설명을 생략한다. [그림 8-10]은 'Additional Credentials' 메뉴를 통해서 데이터베이스 설정 정보를 등록하는 화면인데, GUI가 대단히 직관적이기 때문에 무리없이 설정이 가능할 것으로 생각된다.

Additional Credentials

Bootstrap: 90%
Welcome mjamison@riscnetworks.com   Sign out

◀◀ Dashboard

You may opt out if you do not wish to include CLI in the engagement   Opt In

Select A Credential Type to Get Started   The Database credential type requires credentials for every network address

Credential Type: Database

Connection   MYSQL

Database IP Address

Username   risc

Password   ••••••

[그림 8-10] 데이터베이스 정보 입력 화면

　설정이 완료되면 'Start Assessment' 버튼을 클릭해서 데이터 수집을 시작할 수 있다. RN150이 1차 데이터 수집을 완료하면 로그인에 사용된 이메일 계정으로 완료 안내 메일이 발송된다. 대상 장비 수량에 따라서 최대 1주일까지 시간이 소요될 수 있다. 데이터 수집이 완료되면 https://portal.riscnetworks.com 포탈에 로그인해서 'Assessment' 메뉴를 클릭하고 'Consume Intelligence' 드롭다운 메뉴에서 'Asset' 메뉴를 선택하면 수집된 데이터를 조회할 수 있다.

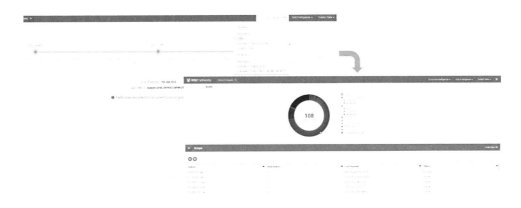

[그림 8-11] Asset 메뉴를 통한 수집 데이터 조회

만약 누락된 장비가 있다면 RN150에 해당 장비에 대한 자격 증명을 추가 설정한 후 Rescan을 수행한다. 검색에 실패한 장비가 너무 많다면 RN150에 접속이 허용된 네트워크 포트를 확인할 필요가 있다. [표 8-6]은 RN150이 데이터 수집에 사용하는 네트워크 포트를 나타낸다.

Protocol	Port	Source	Destination	Usage
TCP	443	RN150	인터넷	RN150에서 RISC Networks Cloud Orchestration 계층으로의 통신용
ICMP	—	RN150	로컬 네트워크	사용 가능한 장치에 대한 기본 검색을 위해 사용됨
TCP	135	RN150	로컬 네트워크	RN150에 의해 발견 된 Windows 호스트에서 WMI 정보 획득
TCP	1024-65535	RN150	로컬 네트워크	WMI 통신에 사용되는 RPC 동적 포트 할당.
TCP	80	RN150	로컬 네트워크	HTTP 정보
UDP	161	RN150	로컬 네트워크	네트워크 장치에서 SNMP 정보 수집
TCP	443	RN150	로컬 네트워크	vCenter에서 직접 VMware 게스트 정보 수집
TCP	22	RN150	로컬 네트워크	SSH 프로토콜로 Linux / UNIX 서버 정보 수집
TCP	*	RN150	로컬 네트워크	SSH 사용자가 제공한 비표준 TCP 포트를 통해 Linux / UNIX 서버에서 정보 수집
TCP	445	RN150	로컬 네트워크	애플리케이션 소켓 정보 수집용 TCP SMB 포트
TCP	139	RN150	로컬 네트워크	응용 프로그램 소켓 정보 수집용 NetBIOS SMB 포트
TCP	8443	RN150	로컬 네트워크	Tomcat 및 Cisco UC 서버 검색
TCP	22	RN150	로컬 네트워크	Cisco 스위치 및 라우터의 command line 검색용
TCP	1433	RN150	로컬 네트워크	MSSQL 데이터베이스 컬렉션 전용
TCP	1521	RN150	로컬 네트워크	Oracle 데이터베이스 수집 전용
TCP	3306	RN150	로컬 네트워크	MySQL 데이터베이스 컬렉션 전용

[표 8-6] RN150이 사용하는 네트워크 포트

RN150이 정상적으로 데이터를 수집했다면 이제 본격적으로 성능 데이터를 수집할 때다. 성능 데이터를 수집하기 위해서는 대상 장비에 라이선스를 등록해야 한다.

포털 사이트에서 'Assessment' 메뉴를 선택하고, 우측 상단의 'Collect Data' 드롭다운 메뉴에서 'Licensing'을 선택한다.

[그림 8-12] 라이선스 적용 화면

　화면에서 라이선스를 적용할 장비를 선택할 수 있는데, Core License와 Flow License에 대한 이해가 필요하다. RN150이 수집한 데이터를 SCE(Secure Cloud Environment)로 전송하는 경우에는 Core License만 있으면 된다. 만약 수집된 데이터를 SCE가 아니라 온프레미스에 보관하기 위해서는 별도의 어플라이언스가 필요한데 이 경우에는 추가로 Flow License가 필요하다. Cloudscape의 라이선스는 subscription 기간 동안 지속적으로 사용할 수 있는 CCL(Continuous Collection License)과 활성화 이후 30일 간만 사용할 수 있는 Burst License 두 종류로 제공된다. 비용 이슈 때문에 CCL을 사용할 수 없는 경우에는 특정 그룹별로 Burst License를 적용해서 데이터를 분석하는 것도 방법이 될 수 있다.

[그림 8-13] Core 라이선스 적용

라이선스가 등록된 장비에 대해서는 이제 성능 데이터 및 네트워크 연결 데이터 수집이 시작된다.

가. 포털 사용법

포털에서 가장 먼저 확인할 사항은 RN150이 정상적으로 대상 장비들의 정보를 수집하고 있는지 확인하는 것이다. 포털에 로그인해서 "Consume Intelligence 〉 Asset Errors" 메뉴를 선택하면 에러가 발생한 장비들을 확인할 수 있다.

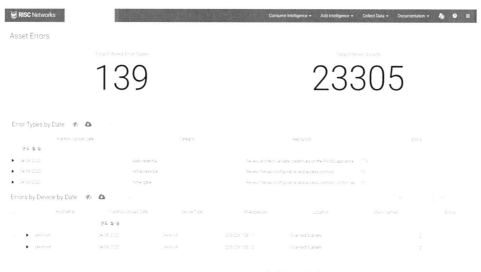

[그림 8-14] Cloudscape 대시보드 화면

대부분의 에러는 RN150에 대해서 필요한 port가 방화벽에서 허용되지 않았거나 대상 장비에 대한 자격 증명이 올바르지 않을 경우 발생한다. Windows Server에 대해서는 Admin$ 공유 폴더가 대상 서버에서 공유되지 않을 경우에도 에러가 발생할 수 있다. 사실 RN150을 통해서 최초 데이터 수집을 진행하면 엄청나게 많은 Asset Error를 만나게 된다. 인내심을 가지고 각 에러에 대한 대응이 필요하다. 유형별 대응 방법은 https://docs.flexera.com/foundationcloudscape/help/FC_Discovery_Trouble-shooting_1.htm 페이지에서 확인이 가능하다.

수집 에러가 모두 조치되었다면 이제 대상 장비들에 대한 상세 정보를 포털에서 조회할 수 있다. [그림 8-15]은 포털의 "Consume Intelligence > Assets" 메뉴를 통해서 특정 장비의 세부 정보를 조회한 화면이다.

[그림 8-15] 특정 장비의 세부 정보 조회 화면

기본적인 OS 및 하드웨어 정보와 함께 설치된 패키지와 실행 중인 프로세스 등의 정보를 확인할 수 있다. 여기서 조회한 정보들은 CSV 등의 파일로 다운로드 하는 것이 가능하다.

다음으로 확인할 정보는 서버별 연관 관계를 확인하는 것이다. 서버별 연관 관계를 파악하면 어떤 장비들을 한번에 함께 마이그레이션 하는 것이 유리한지 확인할 수 있고, 방화벽 규칙에 등록해야 하는 포트들이 어떤 것이 있는지 사전에 식별할 수 있다. 서버별 연관 관계를 확인하기 위해서는 Application Stack을 생성해야 한다. Application Stack은 특정 애플리케이션을 구성하는 서버들의 모임이라고 이해하면 되는데 Cloudscape는 분석 데이터를 통해서 자동으로 Application Stack을 생성해준다. 포털에서 "Consume Intelligence > Application Stacks Summary" 메뉴를 차례로 선택하고 [그림 8-17] 화면에서 좌측 상단의 'Build App Stacks' 버튼을 클릭하면 자동으로 Application Stack이 생성된다. 이 때 'Run with 95th' 버튼과 'Run without 95th' 버튼을 볼 수가 있는데 'Run without 95th' 버튼을 선택해서 Stack을 만들어 보고, 해당 Stack에 너무 많은 장비가 연결된 것으로 나타나면 'Run with 95th' 옵션으로 스택을 다시 만들 것을 권장한다.

[그림 8-16] Application Stack Summary 화면

이제 포털에서 "Consume Intelligence 〉 Application Stacks Summary 〉 Stack Name" 메뉴를 선택하거나 "Add Intelligence 〉 View Individual Application Stack" 메뉴를 선택함으로써 특정 애플리케이션에 속한 서버의 연결 현황을 확인할 수 있다.

[그림 8-17]은 특정 애플리케이션의 서버 연계 현황을 나타낸다.

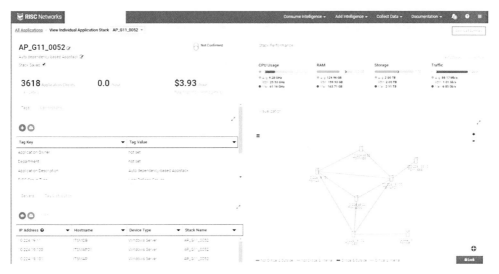

[그림 8-17] 애플리케이션의 서버 연계 현황

이 그림을 통해서 함께 마이그레이션 하는 것이 필요한 장비들을 확인할 수 있고 연계에 필요한 포트들에 대한 정보도 식별이 가능하다. 그림에 표시된 장비를 클릭하면 해당 장비에 대한 상세 정보를 조회할 수 있다.

Cloudscape는 애플리케이션 내에서의 장비 간 연계 현황뿐만 아니라 애플리케이션 간의 연계 현황 정보도 제공한다. [그림 8-18]은 포털 화면에서 "Application Stack > All" 메뉴를 선택하면 볼 수 있는 화면이다. 애플리케이션 간의 연계 현황이 그림으로 표시된다.

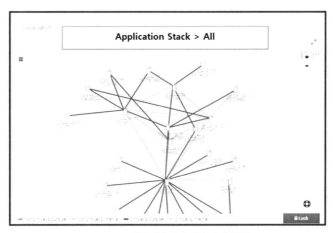

[그림 8-18] 애플리케이션 간의 연계 현황

애플리케이션의 연계 현황은 특정 애플리케이션에 대해서만 조회하는 것도 가능하다. [그림 8-19]은 "Application Stack" 화면에서 특정 애플리케이션을 클릭하여 해당 애플리케이션과 연계된 애플리케이션을 조회한 화면이다.

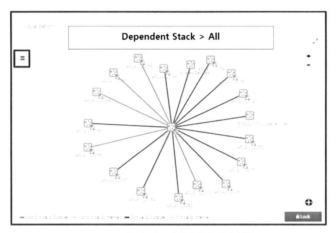

[그림 8-19] 특정 애플리케이션의 연계 현황

이 화면을 통해서 특정 애플리케이션을 마이그레이션할 경우 영향을 받게 되는 애플리케이션들이 어떤 것들이 있는지 확인할 수 있다. 영향을 받는 애플리케이션에 대해서는 마이그레이션 대상 애플리케이션을 URL로 참조하는지 IP로 참조하는지 추가로 확인해서 만약 IP를 조회하는 경우에는 애플리케이션을 수정하는 등의 추가 작업을 진행한다.

만약 Cloudscape가 자동으로 생성한 애플리케이션 스택 정보에 대해서 수정이 필요한 경우에는 포털에서 Asset 정보를 파일로 내려 받은 후 스택 정보를 수정한 다음 업로드 함으로써 스택 정보를 수정할 수 있다. [그림 8-20]은 포털 화면에서 "Add Intelligence > Stack Membership" 메뉴를 선택하면 볼 수 있는 화면이다.

[그림 8-20] 애플리케이션 스택 정보 수정

　'Assestes' 버튼을 클릭하면 모든 asset 정보를 CSV를 다운 받을 수 있다. CSV 파일의 'new stack' 필드를 수정한 후 ②번 '파일 선택' 버튼을 클릭해서 수정한 CSV 파일을 업로드하면 특정 장비의 애플리케이션 스택 정보를 수정할 수 있다.

　Cloudscape는 이 책에서 다루지 못한 대단히 많은 메뉴를 제공한다. 나머지 메뉴들의 사용법은 포털 화면에서 제공하는 'Documentation' 메뉴를 통해서 확인하는 것이 좋겠다.

CloudEndure

다음으로 살펴볼 도구는 AWS를 대상으로 하는 Lift & Shift 방식의 Rehosting 마이그레이션에서 가장 많이 사용되는 도구인 CloudEndure다. CloudEndure는 원래 이스라엘 업체에서 만든 Disaster Recovery 도구로 AWS뿐만 아니라 Azure 등의 CSP에서도 사용할 수 있는 범용 도구였다. 그런데 2019년에 AWS가 공식적으로 CloudEndure를 인수하면서 이제는 AWS에 특화된 마이그레이션 도구로 사용되고 있다. AWS를 대상으로 하는 마이그레이션이라면 CloudEndure를 무상으로 사용하는 것이 가능하다.

2021년 상반기에 CloudEndure는 AWS 관리 Console에 통합되면서 AWS Application Migration Service(AWS MGN) 라는 이름으로 서비스되고 있다. 그러나 이 책을 기술하고 있는 2021년 6월 현재 AWS MGN 서비스는 AWS 서울 리전에 오픈되어 있지 않기 때문에 이 책에서는 AWS MGN 대신 CloudEndure를 살펴볼 것이다.

더불어 AWS가 제공하는 CloudEndure Migration Factory를 이해하기 위해서는 CloudEndure를 이해하는 것이 필요하다.

CloudEndure는 재해 복구 솔루션 답게 AS-IS 장비가 기동 중인 상태에서 AWS로 AS-IS의 데이터를 실시간 복제하는 기능을 제공한다. 데이터가 복제되는 동안 AS-IS 장비는 애플리케이션 중단이나 성능 지연 등의 영향을 받지 않는다. AWS로 데이터 복제가 완료되면 AS-IS 장비가 기동 중인 상태에서 TO-BE 장비를 기동시킬 수 있다. 실제로 컷 오버를 진행하기 전까지 데이터 복제가 계속해서 수행된다. 따라서 TO-BE 장비를 테스트로 기동 시킨 후 문제가 있는지를 확인한 다음, 문제가 없을 경우 최종적으로 컷오버를 시행함으로써 AS-IS 장비의 다운 타임을 최소화할 수 있다.

[그림 8-22]는 CloudEndure의 네트워크 아키텍처를 나타낸다.

CloudEndure를 통해서 마이그레이션을 제어하기 위해서는 CloudEndure 관리 콘솔이 필요하다. CloudEndure 관리 콘솔에서 대상 AWS 계정과 네트워크 정보, 대상 인스턴스 유형 등의 정보를 설정한 후 AS-IS 서버에서 CloudEndure 에이전트를 기동하면 AS-IS 서버의 디스크 데이터들이 실시간으로 AWS 계정으로 복제된다. 이때 AWS 상에는 에이전트와 통신하면서 데이터 이미지를 생성하는 복제 서버가 생성되며, 에이전트와 복제 서버는 TCP 포트 1500으로 직접 데이터를 주고받게 된다.

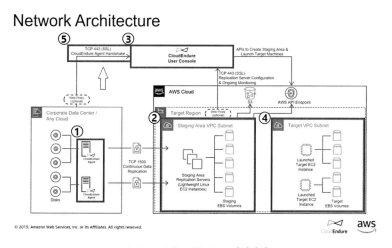

[그림 8-22] CloudEndure 아키텍처

복제 서버는 실시간으로 AMI(Amazon Machine Image)를 생성하며, 복제 완료 후 CloudEndure 관리 콘솔에서 TO-BE 장비를 기동 시킬 수 있다. TO-BE 장비는 Test Mode와 Cut-Over Mode 두 가지 모드 중 하나의 모드로 기동 시킬 수 있는데 Test Mode로 TO-BE 장비를 기동시키면 복제가 중단되지 않고 계속 진행된다. 또한 Test Mode로 TO-BE 장비를 기동시킬 때는 실제 대상 서브넷이 아니라 테스트용 서브넷에서 장비를 기동시킬 수 있기 때문에 격리된 환경에서 TO-BE 장비를 테스트 해볼 수 있다. 테스트에 문제가 없다면 CloudEndure 관리 콘솔에서 Cut-Ovet Mode로 TO-BE 장비를 생성할 수 있으며, 이 경우에는 TO-BE 장비가 실제로 위치하게 될 서 브넷에 TO-BE 장비가 생성된다. 그리고 이 과정이 성공적으로 완료되면 AS-IS 장비와 의 데이터 동기화도 더 이상 진행되지 않는다.

(1) 지원되는 OS

CloudEndure로 마이그레이션할 수 있는 운영 체제가 어떤 것들이 있는지 알아보 자. [표 8-8]은 CloudEndure가 지원하는 OS 목록을 나타낸다.

구분	OS	비고
Windows Server	Windows Server 2003 32비트	·Net Framework 버전 3.5 이상 설치 필요
	Windows Server 2003 64비트	·Net Framework 버전 3.5 이상 설치 필요
	Windows Server 2003 R2 32비트	·Net Framework 버전 3.5 이상 설치 필요
	Windows Server 2003 R2 64비트	·Net Framework 버전 3.5 이상 설치 필요
	Windows Server 2008 32비트	·Net Framework 버전 3.5 이상 설치 필요
	Windows Server 2008 64비트	·Net Framework 버전 3.5 이상 설치 필요
	Windows Server 2008 R2 64비트	·Net Framework 버전 4.5 이상 설치 필요
	Windows Server 2012 64비트	·Net Framework 버전 3.5 이상 설치 필요
	Windows Server 2012 R2 64비트	·Net Framework 버전 4.5 이상 설치 필요
	Windows Server 2016 64비트	·Net Framework 버전 4.5 이상 설치 필요
	Windows Server 2019 64비트	·Net Framework 버전 4.5 이상 설치 필요
	Windows XP	전용 호스트 및 인스턴스로 복제 할 때만 지원됨
		AS-IS 장비의 라이선스 사용
	Windows 7	전용 호스트 및 인스턴스로 복제 할 때만 지원됨
		AS-IS 장비의 라이선스 사용
	Windows 8	전용 호스트 및 인스턴스로 복제 할 때만 지원됨
		AS-IS 장비의 라이선스 사용
	Windows 10	전용 호스트 및 인스턴스로 복제 할 때만 지원됨
		AS-IS 장비의 라이선스 사용
	Windows Vista	전용 호스트 및 인스턴스로 복제 할 때만 지원됨
		AS-IS 장비의 라이선스 사용

Linux Server	SUSE Linux(SLES) 11 이상.	* SP4 이상.
	Debian Linux 8 이상	
	Kali Linux 2.0 이상	
	Ubuntu 12.04 이상	Kernel 3.x 이상
	RHEL(Red Hat Enterprise Linux) 5.0 이상	BYOL 라이선스 필요
		커널 버전 2.6.32-71은 AWS의 RHEL 6.0 및 CentOS 6.0에서 지원되지 않음
	Oracle Linux 6.0 이상	Unbreakable Enterprise Kernel Release 3 이상 또는 Red Hat 호환 커널만 실행하는 Oracle Linux 6.0+
	CentOS 5.0 이상	커널 버전 2.6.32-71은 AWS의 RHEL 6.0 및 CentOS 6.0에서 지원되지 않음

[표 8-8] CloudEndure 지원 OS

(2) 네트워크 설정

CloudEndure로 복제를 수행하기 위해서는 온프레미스에서의 방화벽 설정 작업과 AWS 클라우드 환경에서의 방화벽 설정 작업이 필요하다. 작업이 필요한 내역은 다음과 같다.

① 복제 대상 서버에서 cloudendure.com으로 아웃바운드 TCP 443 포트 통신

② AWS 내 복제 서버에서 cloudendure.com으로 아웃바운드 TCP 443 포트 통신

③ 복제 대상 서버에서 복제 agent를 다운로드하기 위한 AWS S3 아웃바운드 TCP 443 포트 통신

④ 복제 서버에서 대상 AWS 환경으로 아웃바운드 TCP 1500 포트 통신

(3) CloudEndure 계정 생성 및 마이그레이션 준비

앞에서 언급했듯이 AWS를 대상으로 하는 마이그레이션이라면 CloudEndure를 무료로 사용할 수 있다. CloudEndure 계정은 웹 페이지 https://console.cloudendure.com/#/register/register 를 통해서 생성할 수 있다.

생성된 계정을 이용해서 https://console.cloudendure.com에 최초 접속하면 마이그레이션 대상이 되는 AWS 계정의 Access Key와 Secret Access Key를 입력하게 된다.

[그림 8-23] CloudEndure AWS Credential 입력 화면

다음으로 할 일은 복제 설정이다. 복제에 필요한 다양한 설정을 이 화면에서 하게 되는데 제일 먼저 복제 소스가 위치하는 Source와 마이그레이션 대상이 되는 Target를 설정하게 된다.

[그림 8-24] 소스 및 대상 설정

AS-IS 장비가 온프레미스에 있기 때문에 'Migration Source'는 'Other Infrastructure'로 지정한다. 'Migration Target'에는 TO-BE 장비가 생성되는 AWS 리전을 지정한다.

Migration Source와 Target를 지정했다면 복제 에이전트와 통신하면서 마이그레이션 데이터를 복제하는 데 사용되는 Replication Server를 설정해야 한다.

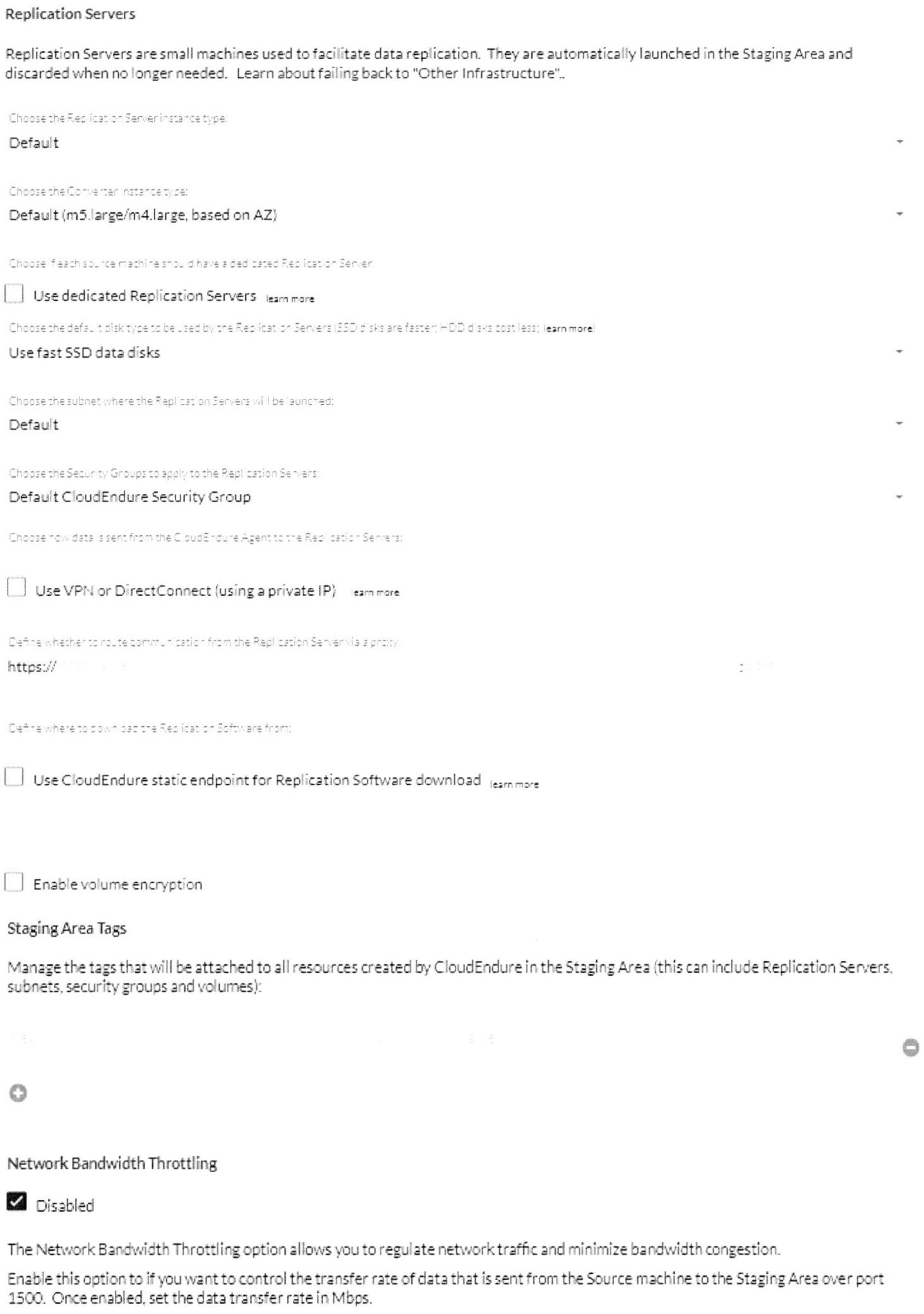

Replication Servers

Replication Servers are small machines used to facilitate data replication. They are automatically launched in the Staging Area and discarded when no longer needed. Learn about failing back to "Other Infrastructure"..

Choose the Replication Server instance type:

Default

Choose the Converter instance type:

Default (m5.large/m4.large, based on AZ)

Choose if each source machine should have a dedicated Replication Server:

☐ Use dedicated Replication Servers learn more

Choose the default disk type to be used by the Replication Servers (SSD disks are faster, HDD disks cost less) (learn more)

Use fast SSD data disks

Choose the subnet where the Replication Servers will be launched:

Default

Choose the Security Groups to apply to the Replication Servers:

Default CloudEndure Security Group

Choose how data is sent from the CloudEndure Agent to the Replication Servers:

☐ Use VPN or DirectConnect (using a private IP)   learn more

Define whether to route communication from the Replication Server via a proxy:

https://

Define where to download the Replication Software from:

☐ Use CloudEndure static endpoint for Replication Software download learn more

☐ Enable volume encryption

Staging Area Tags

Manage the tags that will be attached to all resources created by CloudEndure in the Staging Area (this can include Replication Servers, subnets, security groups and volumes):

⊖

⊕

Network Bandwidth Throttling

☑ Disabled

The Network Bandwidth Throttling option allows you to regulate network traffic and minimize bandwidth congestion.

Enable this option to if you want to control the transfer rate of data that is sent from the Source machine to the Staging Area over port 1500. Once enabled, set the data transfer rate in Mbps.

[그림 8-25] Replication Server 설정

가. Replication Server instance type

복제 서버의 인스턴스 유형을 설정한다. Default는 t3.small로 되어 있다. 만약 하나의 복제 서버로 여러 개의 마이그레이션을 수행할 계획이라면 인스턴스 유형을 변경할 필요가 있다.

나. Converter instance type

Converter instance는 데이터 복제가 완료된 이후 복제된 디스크를 활용해서 Target 인스턴스를 생성하는 역할을 수행하는 인스턴스이다. Converter 서버는 Target 인스턴스의 부트 로더를 변경하고 하이퍼바이저 드라이브를 삽입하며 클라우드에 필요한 도구를 설치한다. Converter 인스턴스 역시 동시에 다수의 장비를 마이그레이션 할 경우라면 유형 변경이 필요하다. 인스턴스 모니터링을 통해서 변경 여부를 판단하면 되겠다.

다. dedicated Replication Servers

이 옵션을 활성화하면 동시의 여러 개의 장비를 마이그레이션 할 경우, 대상 장비별로 전용 Replication Server를 생성할 수 있다.

라. default disk type to be used by the Replication Servers

Replication Server가 사용할 디스크 유형을 선택한다.

마. subnet where the Replication Servers will be launched

Replication Server가 설치될 subnet을 지정한다.

바. Security Groups to apply to the Replication Servers

Replication Server에 적용할 Security Group을 지정한다. AS-IS 장비와 TCP 1500 통신이 가능하도록 설정되어 있어야 한다.

사. VPN or DirectConnect

온프레미스와 클라우드 간에 전용선이나 VPN이 연결되어 있을 경우에는 해당 회선을 통해서 데이터 복제를 진행할 수 있다. 만약 이 옵션을 선택하지 않게 되면 public 구간을 통해서 데이터 복제가 진행된다.

아. CloudEndure static endpoint for Replication Software download

복제 Agent를 다운로드하는 데 사용되는 endpoint를 지정한다. 기본적으로 복제 Agent는 us-west-1-replicator-docker-console-v17.s3.amazonaws.com S3 버킷이나 eu-west-1-replicator-docker-console-v17.s3.amazonaws.com 버킷에서 다운로드 할 수 있다. Static endpoint를 지정하면 https://console-static.cloudendure.com/ 사이트로부터 소프트웨어를 다운로드 할 수 있다.

자. Proxy 설정

온프레미스에서 Proxy 서버를 통해서 CloudEndure를 접속하는 경우, Proxy 서버를 설정할 수 있다.

차. volume encryption

Replication 서버의 디스크 볼륨을 암호화 할 수 있다.

타. Staging Area Tags

Replication을 위해 생성된 리소스들에 Tag를 붙일 수 있다.

파. Network bandwidth throttling

데이터 복제에 사용되는 네트워크의 대역폭을 조절할 수 있다.

여기까지 무리 없이 설정했다면 [그림 8-26]의 다이얼로그 화면을 만날 수 있다.

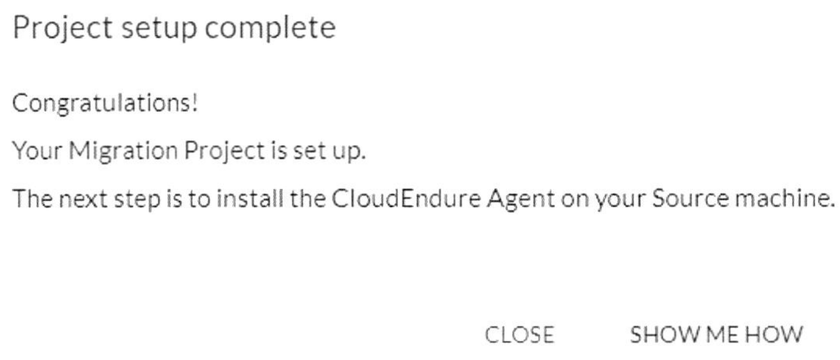

Project setup complete

Congratulations!
Your Migration Project is set up.
The next step is to install the CloudEndure Agent on your Source machine.

CLOSE   SHOW ME HOW

[그림 8-26] 프로젝트 설정 완료 화면

'SHOW ME HOW' 버튼을 클릭해서 agent 설치 방법을 확인하는 것이 좋다. [그림 8-27]은 agent 설치 방법을 나타낸다.

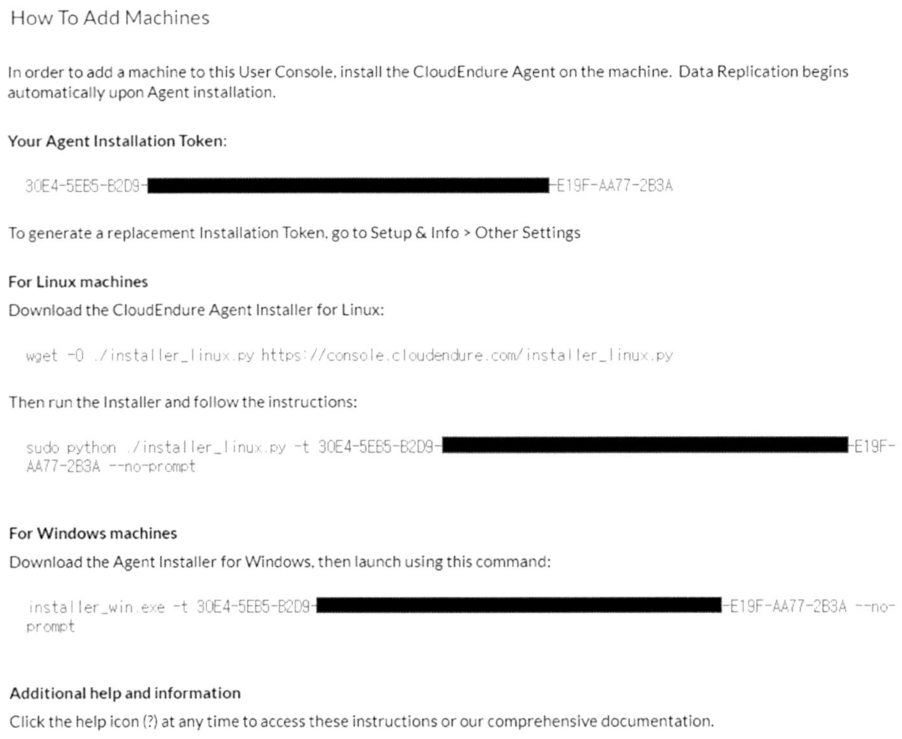

How To Add Machines

In order to add a machine to this User Console, install the CloudEndure Agent on the machine. Data Replication begins automatically upon Agent installation.

Your Agent Installation Token:

    30E4-5EB5-B2D9-████████████████████████-E19F-AA77-2B3A

To generate a replacement Installation Token, go to Setup & Info > Other Settings

For Linux machines
Download the CloudEndure Agent Installer for Linux:

    wget -O ./installer_linux.py https://console.cloudendure.com/installer_linux.py

Then run the Installer and follow the instructions:

    sudo python ./installer_linux.py -t 30E4-5EB5-B2D9-███████████████-E19F-
    AA77-2B3A --no-prompt

For Windows machines
Download the Agent Installer for Windows, then launch using this command:

    installer_win.exe -t 30E4-5EB5-B2D9-████████████████-E19F-AA77-2B3A --no-
    prompt

Additional help and information
Click the help icon (?) at any time to access these instructions or our comprehensive documentation.

[그림 8-27] Agent 설치 방법 조회 화면

(4) 마이그레이션

복제에 필요한 방화벽 설정 작업과 CloudEndure 설정 작업이 완료되었다면 이제 복제 대상 서버에서 복제 agent를 기동시킬 수 있다. Agent 기동 방법은 [그림 8-28]을 통해 확인할 수 있듯이 대단히 간단하다. 대상 OS에 맞는 agent를 다운로드 받은 후 가이드에 따라 기동시키면 된다. 이때 Windows Server의 경우에는 OS 버전에 맞는 .Net Framework 버전을 사전에 설치해야 한다. 복제 대상 서버에서 agent 기동 시 사용할 수 있는 옵션이 세 가지 있다.

가. --no-replication 옵션

이 옵션을 생략하면 agent 기동과 동시에 복제가 시작된다. 만약 이 옵션을 지정하면 agent가 기동 된 이후 cloudendure 관리 콘솔에서 복제 시작 시점을 제어할 수 있다.

나. --no-prompt 옵션

이 옵션을 생략하면 agent 기동 시 복제 대상 디스크를 지정할 수 있다. 만약 이 옵션을 사용하면 복제 대상 서버의 모든 디스크를 복제한다.

다. --force-volumes --devices=disks to replicate(linux용) 또는 --drives=disks to replicate(windows용)

force-volumes 옵션과 devices(혹은 drives) 옵션을 함께 사용해서 특정 디스크를 복제 대상 디스크로 지정할 수 있다 no-prompt 옵션 대신 이 옵션을 사용하면 agent 기동과 동시에 대상 디스크의 복제를 시작할 수 있다.

```
maria_sivak@instance-3:~$ sudo python ./installer_linux.py -t BE38-D2A5-    8C85
-5CE8-D7D3-3C03-BD04-E6B8 --no-prompt
The installation of the CloudEndure Agent has started.
Running the Agent Installer for a 64 bit system...
Connecting to CloudEndure Console... Finished.
Identifying disks for replication.
Disk to replicate identified: /dev/sdb of size 205.0 GiB
Disk to replicate identified: /dev/sda of size 10.0 GiB
All disks for replication were successfully identified.
Downloading CloudEndure Agent... Finished.
Installing CloudEndure Agent... Finished.
Adding the Source machine to CloudEndure Console... Finished.
Instance ID: 6698976114327368397.
Installation finished successfully.
```

[그림 8-28] CloudEndure agent 기동

일반적으로 no-prompt 옵션을 사용해서 agent를 기동한다. Agent가 기동 되면 CloudEndure 관리 콘솔의 'Machines' 탭에서 복제 대상 장비를 확인할 수 있다.

[그림 8-29] CloudEndure 콘솔에서 복제 대상 장비 확인

복제 서버 설정은 CloudEndure 관리 콘솔의 'Machines' 탭에서 복제 대상 서버를 클릭해서 설정한다. [그림 8-30]은 복제 서버 설정 화면을 나타낸다.

SOURCE   BLUEPRINT   REPLICATION SETTINGS

Use this form to edit the properties of the Target machines you intend to launch on Amazon Web Services.
Note:
This will affect only machines launched after you save this Blueprint but NOT modify machines already launched.
We have marked the recommended machine type which we calculated based on the RAM and CPUs on the Source.

Machine Type
t3.medium

Launch Type
On demand

Subnet
subnet-0671ccccfa6944140 (W-DSH-AN2-SBN-AZ1-DEV-SandBox-REP) from vpc-03d44516f410f99df (...

Security groups
sg-0da3b5bedebe1f1e5 (default)

Private IP
Create new

Elastic IP
None

Public IP ephemeral
No

[그림 8-30] 복제 서버 설정

이 화면에서 복제 서버 기동에 필요한 구성 사항을 설정할 수 있다. 앞서 To-Be 서버를 기동시키는 방법으로 Test Mode와 Cut-Over Mode를 활용할 수 있다고 언급했었는데, 만약 Test Mode에서 필요한 환경과 Cut-Over Mode에서 사용하는 환경이 다르다면 각 Mode별로 To-Be 장비를 기동하기 전에 이 화면에서 각 Mode에 필요한 환경을 별도로 설정할 필요가 있다. 일반적으로 Test Mode에서는 작은 인스턴스 타입을 사용하며, 서브넷 등의 네트워크도 별도의 격리된 공간을 사용한다.

To-Be 장비를 Test Mode로 기동시키면 AS-IS 장비의 복제는 중단되지 않고 계속해서 진행된다. 따라서 실제 Cutover 전에 리허설을 통해서 점검 포인트 및 수정 포인트를 확인함으로써 실제 Cutover에 소요되는 시간을 최소화할 수 있다. Cutover Mode로 기동 시킬 경우에는 AS-IS 장비와의 복제가 중단된다.

[그림 8-31] 복제 완료

복제가 완료돼서 To-Be 장비를 기동 시킬 준비가 완료되면 CloudEndure 관리 콘솔에서 **'LIVE MIGRATION LIFECYCLE'의 상태가 'Ready For Testing'**으로 변경된다.

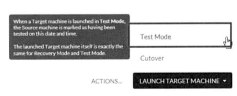

[그림 8-32] 복제서버 런칭 화면

To-Be 서버의 기동은 CloudEndure 관리 콘솔의 'Machines' 탭에서 'LAUNCH TARGET MACHINE' 버튼을 클릭하면 진행할 수 있다.

Cut-over를 통해서 대상 서버가 성공적으로 만들어졌다면 AS-IS 서버를 CloudEndure 관리 콘솔에서 삭제 처리한다.

(5) Post Launch Script

온프레미스에서 운영되던 AS-IS 서버를 AWS 클라우드로 CloudEndure를 활용해서 Lift & Shift 방식으로 마이그레이션하면 온프레미스에서는 필요했으나 클라우드에서는 불필요한 패키지들이 그대로 To-Be 서버에 설치된 형태로 클라우드에서 기동된다. 이런 패키지들은 마이그레이션 이후 모두 삭제할 필요가 있다. 대표적인 것들로 VMWare Tool이나 온프레미스에서 사용하던 접근제어 Agent 등이 있는데 이런 것들은 클라우드에서 To-Be 서버의 오동작을 유발할 수 있기 때문에 반드시 삭제해야 한다. 이런 패키지들은 To-Be 서버 기동 이후 To-Be 서버에 로그인해서 삭제할 수도 있지만 CloudEndure의 Post Launch Script를 활용하는 것이 올바른 방법이다.

CloudEndure의 Post Launch Script는 Linux 계열 서버에 대해서는 '/boot/post_launch' 디렉토리에 실행 파일을 위치시킴으로써 실행할 수 있고, Windows 서버에 대해서는 'c:\Program Files(x86)\CloudEndure\post_launch' 폴더에 실행 파일을 위치시킴으로써 실행할 수 있다. 실행 파일은 바이너리나 쉘 스크립트, .bat 파일 등이 될 수 있다. [그림 8-33]은 Windows 서버에서 VMWare Tool을 제거하는 powershell 스크립트를 나타낸다.

```
$regpath = "HKLM:₩Software₩Microsoft₩Windows₩CurrentVersion₩uninstall"
Get-childItem $regpath | % {
$keypath = $_.pschildname
$key = Get-Itemproperty $regpath₩$keypath
if ($key.DisplayName -match "VMware Tools") {
$VMwareToolsGUID = $keypath
}
MsiExec.exe /x $VMwareToolsGUID /qn /norestart
}
```

[그림 8-33] Windows Server Post Launch Script

CloudEndure Migration Factory

CloudEndure 자체만으로도 Rehosting 방식의 마이그레이션에 투입되는 시간과 노력을 엄청나게 줄일 수 있다. 그러나 마이그레이션의 대상이 되는 AS-IS 서버의 수량이 대단히 많다면 대상 서버들에서 agent를 기동시키고 CloudEndure 관리 콘솔에서 마이그레이션을 진행하는 데 필요한 수작업이 부담이 될 수 있다.

CloudEndure Migration Factory는 마이그레이션 대상 장비에 대한 정보를 CSV 파일 형태로 Migration Factory에 주입하고 python 명령어로 일괄 제어함으로써 대규모 마이그레이션 절차를 간소화할 수 있는 솔루션이다.

[그림 8-34]는 CloudEndure Migration Factory를 구성하는 각종 클라우드 리소스의 연계 현황을 나타낸다.

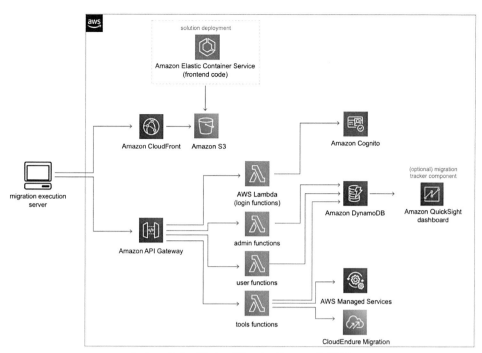

[그림 8-34] CloudEndure Migration Factory 아키텍처

CloudEndure Migration Factory는 온프레미스에 설치되는 migration execution server와 AWS 클라우드에 설치되는 Migration Factory 솔루션으로 구성된다.

(1) Migration Factory CloudFormation Template

CloudEndure Migration Factory 솔루션은 CloudFormation Template으로 제공되기 때문에 CloudFormation에 익숙하다면 어렵지 않게 구성이 가능하다. 템플릿을 다운로드 받은 후에 AWS의 CloudFormation 관리콘솔에서 실행하는 것만으로 Migration Factory를 구성할 수 있다. 템플릿은 https://s3.amazonaws.com/solutions-reference/aws-cloudendure-migration-factory-solution/latest/aws-cloudendure-migration-factory-solution.template 페이지에서 무료로 다운로드 받을 수 있다. Template으로 Migration Factory를 구성하기 위해서는 몇 가지 입력 값을 참고할 필요가 있다.

매개 변수	기본값	설명
Application name	migration-factory	솔루션에서 배포한 서비스를 식별하는 ID의 접두사를 입력한다.
Environment name	test	솔루션이 배치될 네트워크 환경을 식별하는 이름을 입력한다. test, dev 또는 prod와 같은 설명이 포함된 이름을 사용하는 것이 좋다. 자원을 식별하는 접두사로 사용된다.
Version	1.4	솔루션이 처음 배포 될 때 Amazon ECS에서 배포한 프런트 엔드 코드의 버전 번호이다.
Tracker	TRUE	마이그레이션 추적기 대시 보드를 활성화하거나 비활성화 할 수 있다.
Security Group Id	default	Amazon ECS 클러스터가 사용할 보안그룹 ID를 입력한다. 보안 그룹은 인터넷에 대한 아웃 바운드 액세스를 허용해야 한다.
Subnet Id	default	Amazon ECS 클러스터가 사용할 서브넷 ID를 입력한다. 서브넷은 인터넷에 대한 아웃 바운드 액세스를 허용해야 한다.

[표 8-9] CloudEndure Migration Factory 입력 변수

Migration Factory 스택이 만들어지면 [그림 8-35] 화면과 같은 Output을 확인할 수 있다.

[그림 8-35] CloudFormation Output 화면

가장 중요한 것은 붉은색으로 표시된 MigrationFactoryURL이다. 해당 URL을 통해서 Migration Factory Web UI에 접속할 수 있다.

(2) Migration Factory 이용자 등록

Migration Factory를 사용하기 위해서는 Migration Factory 이용자 등록이 필요하다. Migration Factory의 이용자는 CloudFormation이 자동으로 생성한 Congnito 서비스를 통해서 관리할 수 있다. AWS의 Cognito 관리 콘솔에 접속하면 'migration-factory' 접두사로 시작하는 이용자 pool을 검색할 수 있다.

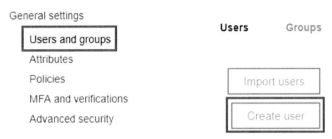

[그림 8-36] AWS Cognito 콘솔에서 이용자 등록

'**Create User**' 메뉴로 이용자들 등록한다. [그림 8-37]은 이용자 등록 화면을 나타낸다.

[그림 8-37] Cognito 이용자 등록

이용자 등록 이후에는 'Add to group' 버튼을 클릭해서 해당 이용자를 'admin' 그룹에 등록해야 한다.

[그림 8-38] Cognito 이용자 admin 등록

(3) Migration Execution Server

Migration execution server는 온프레미스의 마이그레이션 대상 장비로 파일을 복사하거나 명령어를 전달하는 역할과 함께 CloudEndure API 및 클라우드 상의 Migration Factory API를 호출하여 마이그레이션에 필요한 수작업을 자동화하는 역할을 수행하는 Migration Factory의 핵심 서버이다.

본 서버는 Migration Factory CloudFormation이 자동으로 생성해주지 않기 때문에 수동으로 설정해야 한다.

다음은 Migration execution server의 최소 사양이다

- Windows Server 2012 R2 이상 버전
- 8GB RAM이있는 최소 4 개의 CPU

더불어 migration execution server와 마이그레이션 대상 서버 간에는 다음과 같은 네트워크가 허용되어 있어야 한다.

- SMB 포트(TCP 445)
- SSH 포트(TCP 22)
- WinRM 포트(TCP 5985, 5986)

Migration Execution Server에서 대부분의 명령어는 python을 통해서 수행되기 때문에 python 설치가 필요하다. 아래는 python 설치 이후 추가로 설정이 필요한 패키지를 나타낸다. 아래 패키지들은 python v3.7.6 이상을 필요로 한다.

- python -m pip install requests
- python -m pip install paramiko
- python -m pip install boto3

다음으로 Migration Factory 구동에 필요한 python 스크립트를 다운로드 해야 한다. 해당 스크립트는 https://github.com/awslabs/aws-cloudendure-migration-factory-solution/blob/master/source/automation-scripts.zip에서 다운로드 받을 수 있다. 다운로드 받은 파일의 압축을 풀어서 "c:₩migrations₩scripts" 폴더에 복사한다.

Migration Factory의 python 스크립트가 정상적으로 작동하기 위해서는 "c:₩migrations₩scripts₩FactoryEndpoints.json" 파일을 수정해야 한다. 파일을 편집기로 열고 "LoginApiUrl"과 "UserApiUrl"을 CloudFormation Output 화면의 LoginAPI 값과 UserAPI값으로 변경한다.

(4) Migration Factory 작업 절차

CloudFormation으로 Migration Factory 스택을 생성하고 Cognito를 이용해서 이용자 등록을 완료했다면 웹 브라우저를 통해서 MigrationFactoryURL 주소로 접속할 수 있다.

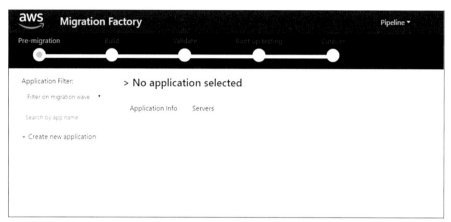

[그림 8-39] Migration Factory 접속 화면

[그림 8-39]는 Migration Factory 접속 페이지인데 보이는 바와 같이 초기에는 설정된 마이그레이션 대상이 아무것도 없다. 마이그레이션을 진행하기 위해서는 마이그레이션 대상을 등록하고 각 대상에 대해서 절차대로 작업을 진행하는 것이 필요하다. [그림 8-40]은 마이그레이션 대상에 대해서 일반적으로 진행하는 작업 절차를 나타낸다. 각 작업은 migration execution server에서 python 스크립트를 실행해서 진행한다.

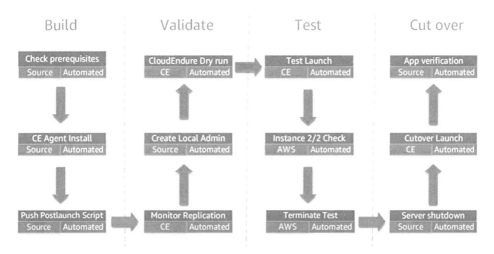

[그림 8-40] CloudEndure Migration Factory 작업 절차

① 마이그레이션 대상 등록

가장 먼저 할 일은 마이그레이션 대상을 등록하는 것이다. 마이그레이션 대상은 c:₩migrations₩scripts₩0-Migration-intake-form.csv 파일을 입력 값으로 하는데 csv 파일의 항목은 [표 8-10]과 같다.

항목	필수 여부	설명
wave_id	예	우선순위 및 애플리케이션 서버 종속성을 기반으로 하는 웨이브 번호이다. Wave_id가 같은 서버들은 함께 마이그레이션 된다.
app_name	예	마이그레이션 대상 애플리케이션의 이름이다. 애플리케이션을 구성하는 서버가 모두 포함되어 있는지 확인해야 한다.
cloudendure_projectname	예	CloudEndure에 생성한 마이그레이션 프로젝트 이름이다.
aws_accountid	예	마이그레이션 Target AWS 계정의 12자리 식별자이다.
server_name	예	마이그레이션 대상 온프레미스 서버의 이름이다.
server_os	예	원본 서버에서 실행중인 운영 체제(OS)이다. Windows 또는 Linux로 지정한다.
server_os_version	예	원본 서버에서 실행중인 OS의 버전이다.
server_fqdn	예	원본 서버의 정규화된 도메인 이름. 예: server123.company.com.
server_tier	예	원본 서버가 웹, 앱 또는 데이터베이스 서버 인지 식별하는 레이블
server_environment	예	서버 환경을 식별하는 레이블. 예를 들어 dev, test, prod, QA 또는 pre-prod 등이다.
subnet_IDs	예	Target Amazon EC2 인스턴스의 서브넷 ID
securitygroup_IDs	예	Target Amazon EC2 인스턴스의 보안 그룹 ID
subnet_IDs_test	예	Test용 Target EC2 인스턴스의 서브넷 ID
securitygroup_IDs_test	예	Test용 Target EC2 인스턴스의 보안 그룹 ID
instanceType	예	Target Amazon EC2 인스턴스 유형
tenancy	예	Target 인스턴스의 테넌시 유형. Shared, Dedicated 또는 Dedicated Host 값 중 하나 사용

[표 8-10] 마이그레이션 대상 등록

형식에 맞게 입력 값을 준비하고 python 스크립트를 실행한다.

```
c:\Migrations\Scripts\0-Import-intake-form.py --Intakeform 0-Migration-intake-form.csv
```

② 전제 조건 확인

다음 단계는 AS-IS 서버에 접속해서 CloudEndrue 에이전트의 설치 및 실행에 필요한 전제 조건들이 충족되어 있는지를 확인하는 절차이다.

TCP 1500 포트 및 TCP 443 포트로 네트워크 통신이 가능한지 여부와 루트 볼

류의 여유 공간, .net 프레임워크 버전 등의 필수 전제 조건 등을 확인한다.

이 단계를 batch로 수행하기 위해서는 AS-IS 서버 중 하나에 접속해서 Cloud-Endure Agent를 수동으로 설치할 필요가 있다. CloudEndure Agent를 수동으로 설치하면 AWS 상에 Replication Server가 생성되면서 복제에 필요한 환경이 설정된다. 수동 설치가 무리 없이 진행되었다면 python 스크립트를 통해서 나머지 AS-IS 서버들이 요구 조건을 충족하는지 한번에 확인할 수 있다.

```
c:\Migrations\Scripts\0-Prerequistes-checks.py --Waveid 1 -CEServerIP 000.000.000.000
```

상기 명령어는 Waveid 1로 설정된 AS-IS 서버들에 대해서 AWS 상에서 기동 중인 Replication Server IP 000.000.000.000과의 연결 가능성을 포함해서 전제 조건을 확인하는 명령어이다.

③ CloudEndure 에이전트 설치

AS-IS 서버에 대해서 전제 조건이 확인되었다면 AS-IS 서버들을 대상으로 CloudEndure Agent를 설치할 수 있다. Agent 설치는 다음 명령어로 수행된다.

```
c:\Migrations\Scripts\1-CEAgentInstall.py --Waveid 1
```

agent 설치가 오류 없이 완료되면 데이터 복제가 시작된다.

④ Post Launch Script 설정

Post Launch Script는 To-Be 서버를 CloudEndure로 마이그레이션한 후 최초 기동시킬 때 자동으로 실행되는 Script이다. 클라우드에서는 더 이상 필요하지 않은 소프트웨어 패키지 등을 삭제할 필요가 있을 때 Post Launch Script를 사용한다. Post Launch Script는 다음 명령어로 AS-IS 서버군에 설치할 수 있다.

```
c:\Migrations\Scripts\1-FileCopy-Linux.py --Waveid 1 -Source C:\migrations\Scripts\
post_launch
```

이때 C:\migrations\Scripts\post_launch 디렉토리에는 To-Be 서버에 설정할 Post Launch Script가 실행 파일의 형태로 등록되어 있어야 한다.

⑤ To-Be 서버에 관리자 생성

이 과정은 To-Be 서버에 대한 디버깅을 대비한 작업이다. 만약 마이그레이션 이후 To-Be 서버에 정상적인 방법으로 로그인 할 수 없을 경우 이 단계에서 생성한 관리자 ID를 이용해서 To-Be 서버에 로그인하는 것이 가능하다.

관리자를 만드는 과정은 Windows Server와 Linux Server가 조금 다르다. 먼저 Windows Server에서는 아래 명령어를 사용해서 로컬 관리자 계정을 생성할 수 있다.

```
c:\Migrations\Scripts\2-UserMgmt-Windows.py --Waveid 1
```

Linux Server에 대해서는 아래 명령어를 사용한다.

```
c:\Migrations\Scripts\2-UserMgmt-Linux.py --Waveid 1
```

⑥ 복제 상태 확인

To-Be 서버의 복제 상태 역시 python 스크립트를 사용해서 확인할 수 있다.

```
c:\Migrations\Scripts\2-Verify-replication.py --Waveid 1
```

물론 To-Be 서버 복제 상태는 MigrationFactoryURL에 접속해서도 확인이 가능하다. [그림 8-41]은 MigrationFactoryURL의 복제 상태 화면을 나타낸다.

server_name	app_name	wave_id	replication_status
Create new server	-- select an application -- ▼		
ofbiz-db.onpremsim.env	OFBIZ	Wave 1	Continuous Data Replication
ofbiz-web.onpremsim.env	OFBIZ	Wave 1	Continuous Data Replication

[그림 8-41] 복제 상태 확인 화면

⑦ 테스트 인스턴스 생성

데이터 복제가 완료되었다면 이제 To-Be 서버의 테스트 인스턴스를 생성할 수 있다. 테스트 인스턴스는 실제로 Cut-Over가 진행되기 전에 To-Be 서버가 정상적으로 기동하는지 점검하는 데 사용된다.

테스트 인스턴스를 생성하기 위해서는 MigrationFactoryURL에 접속해서 오른쪽 상단의 드롭 다운 메뉴에서 'Tools'를 선택한다.

[그림 8-42] MigrationFactoryURL의 드롭 다운 메뉴

CloudEndure 탭을 선택하고 [그림 8-43]처럼 **Dryrun**에 **'yes'**, **Launch Type**에 **'test'**를 선택하고 'Launch Servers'를 클릭한다.

[그림 8-43] Launch Servers

테스트 서버가 정상적으로 기동되는지 여부는 아래 명령어로 일괄 확인이 가능하다.

```
c:\Migrations\Scripts\3-Verify-instance-status.py --Waveid  1
```

테스트 서버가 정상적으로 동작하는지 확인했다면 생성된 테스트 서버를 일괄로 삭제하는 것이 가능하다. 아래 명령어는 테스트 인스턴스를 일괄 종료하는 명령어이다.

```
c:\Migrations\Scripts\3-Terminate-test-instance.py --Waveid 1
```

⑧ AS-IS 서버 종료

이제 AS-IS 서버에 대한 Cutover 준비가 완료되었다. 클라우드로 서비스를 Cutover하기 전에 AS-IS 서버를 일괄 종료함으로써 AS-IS 서버에 대한 트랜잭션을 차단한다. AS-IS 서버 일괄 종료는 다음 명령어로 수행한다.

```
c:\Migrations\Scripts\4-Shutdown-all-servers.py --Waveid 1
```

⑨ TO-BE 서버 시작

AS-IS 서버가 정상적으로 종료되었다면 이제 최종적으로 To-Be 서버를 기동 시킨다. To-Be 서버는 MigrationFactoryURL에 접속해서 진행한다. Launch Type 에 cutover를 지정해서 'Launch Servers'를 클릭한다.

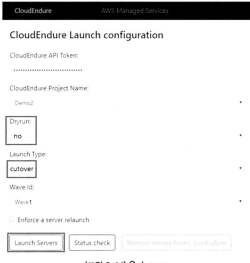

[그림 8-44] Cut-over

지금까지 CloudEndure Migration Factory 사용 방법을 개략적으로 훑어보았다. 실제로 Click을 해보지 않으면 느낌이 없을 수 있다. AWS에서는 CloudEndure Migration Factory에 대한 workshop 자료를 제공한다. https://migration-immersionday. workshop.aws 페이지에 접속하면 따라하기 형식의 workshop 자료를 만나볼 수 있으니 적극 활용하기를 권장한다.

Data Migration Service

DMS(Data Migration Service)는 저렴한 비용으로 데이터베이스를 AWS로 쉽고 안전하게 마이그레이션해주는 도구이다. DMS는 CDC(Changed Data Capture) 방식으로 데이터를 동기화할 수 있기 때문에 AS-IS 데이터베이스의 중단 시간을 최소화하면서 데이터를 마이그레이션할 수 있다. 더불어 DMS는 Oracle에서 Oracle로 진행되는 동종 마이그레이션뿐만 아니라 Oracle에서 MySQL로 전환하는 등의 이기종 마이그레이션도 어느 정도 자동화할 수 있기 때문에 AWS에 대한 데이터베이스 마이그레이션에 최적화된 도구라고 할 수 있다.

DMS가 지원하는 원본 데이터베이스 및 대상 데이터베이스는 [표 8-11]과 같다.

구분	설치 위치	DBMS	세부 버전
원본	온프레미스 및 EC2	Oracle	Enterprise, Standard, Standard One 및 Standard Two 버전용 Oracle 버전 10.2 이상(버전 10.x의 경우), 11g 및 12.2 이하, 18c 및 19c
		Microsoft SQL Server	Enterprise, Standard, Workgroup 및 Developer 버전용 Microsoft SQL Server 버전 2005, 2008, 2008R2, 2012, 2014, 2016, 2017 및 2019
		MySQL	5.5, 5.6, 5.7 및 8.0
		MariaDB	10.0.24 ~ 10.0.28, 10.1, 10.2, 10.3
		PostgreSQL	버전 9.4 이상, 10.x, 11.x 및 12.x
		MongoDB	3.x 및 4.0.
		SAP Adaptive Server Enterprise(ASE)	12.5, 15, 15.5, 15.7, 16 이상
		IBM Db2(Db2 LUW)	버전 9.7, 10.1, 10..5(Fix Pack 5 제외), 11.1, 11.5(Fix Pack 0)
	Azure	Azure SQL 데이터베이스	
	RDS	Oracle	Enterprise, Standard, Standard One 및 Standard Two 버전용 Oracle 버전 11g(버전 11.2.0.4 이상) 및 12.2 이하, 18c 및 19c
		Microsoft SQL Server	Enterprise, Standard, Workgroup 및 Developer 버전용 Microsoft SQL Server 버전 2008R2, 2012, 2014, 2016, 2017 및 2019
		MySQL	5.5, 5.6, 5.7 및 8.0
		MariaDB	10.0.24 ~ 10.0.28, 10.1, 10.2, 10.3
		PostgreSQL	버전 9.4 이상, 10.x, 11.x 및 12.x
		Amazon Aurora for MySQL	MySQL 호환 데이터 원본으로 지원됨
		Amazon Aurora for PostgreSQL	PostgreSQL 호환 데이터 원본으로 지원됨
	기타		Amazon S3, Amazon DocumentDB

대상	온프레미스 및 EC2	Oracle	Enterprise, Standard, Standard One 및 Standard Two 버전용 Oracle 버전 10g, 11g, 12c, 18c 및 19c
		Microsoft SQL Server	Enterprise, Standard, Workgroup 및 Developer 버전용 Microsoft SQL Server 버전 2005, 2008, 2008R2, 2012, 2014, 2016, 2017 및 2019
		MySQL	5.5, 5.6, 5.7 및 8.0
		MariaDB	10.0.24 ~ 10.0.28, 10.1, 10.2, 10.3, 10.4
		PostgreSQL	버전 9.4 이상, 10.x, 11.x 및 12.x
	RDS	Oracle	Enterprise, Standard, Standard One 및 Standard Two 버전용 Oracle 버전 10g, 11g, 12c, 18c 및 19c
		Microsoft SQL Server	Enterprise, Standard, Workgroup 및 Developer 버전용 Microsoft SQL Server 버전 2005, 2008, 2008R2, 2012, 2014, 2016, 2017 및 2019
		MySQL	5.5, 5.6, 5.7 및 8.0
		MariaDB	10.0.24 ~ 10.0.28, 10.1, 10.2, 10.3, 10.4
		PostgreSQL	버전 9.4 이상, 10.x, 11.x 및 12.x
		Amazon Aurora for MySQL	
		Amazon Aurora for PostgreSQL	
		Amazon Aurora	
	기타		Amazon Redshift, Amazon S3, Amazon DynamoDB, Amazon Elasticsearch Service, Amazon Kinesis Data Streams, Amazon DocumentDB, Amazon Neptune, Apache Kafka

[표 8-11] DMS 지원 데이터베이스

DMS로 데이터를 마이그레이션하는 절차는 [그림 8-45]와 같이 진행된다.

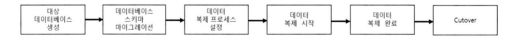

[그림 8-45] DMS 마이그레이션 절차

가장 단순한 형태인 MS-SQL 소스 데이터베이스를 AWS RDS MS-SQL 타겟 데이터베이스로 마이그레이션하는 과정을 통해서 DMS 사용방법을 소개하고자 한다.

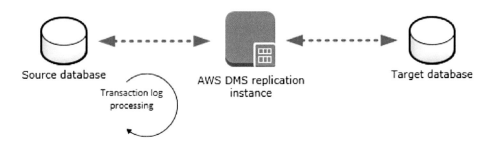

[그림 8-46] 동일 기종 마이그레이션

AWS DMS 복제 인스턴스는 원본과 타겟 간의 데이터 마이그레이션 수행에 사용되는 인스턴스이다. 복제 인스턴스는 마이그레이션 중에 데이터뿐만 아니라 트랜잭션 로그도 캐시 한다. 복제 인스턴스의 CPU 및 메모리 용량은 마이그레이션에 필요한 전체 시간에 영향을 준다.

(1) RDS로 Target MS-SQL RDS 생성

가장 먼저 할 일은 대상 RDS를 생성하는 것이다.

AWS RDS 관리 Console에서 'Create database'를 Click해서 MS-SQL Database를 생성한다. 이 부분에서 주의할 것은 DMS가 MS-SQL Express Edition 및 Web Edition을 지원하지 않는다는 것이다. 적어도 Standard Edition 이상의 SQL Server를 설치해야 DMS로 마이그레이션을 진행할 수 있다.

(2) 대상 데이터베이스 생성

다음에 수행할 작업은 대상 데이터베이스를 생성하는 것이다.

위에서 생성한 RDS 인스턴스에 접속해서 작업 대상 데이터베이스를 생성해야 한다. 대략 아래와 같은 명령어를 사용하면 생성이 가능하다.

```
use master
GO

CREATE DATABASE target_db
GO
```

(3) DMS 복제 인스턴스 생성

Source 데이터베이스가 존재하고 Target 데이터베이스도 생성되었기 때문에 DMS 복제 인스턴스를 생성할 수 있다. 복제 인스턴스는 AWS의 DMS 관리 콘솔에서 'Replication instances' 메뉴의 'Create replication instance' 버튼을 클릭해서 생성한다.

[그림 8-47]은 DMS 생성 화면 중 일부를 나타낸다.

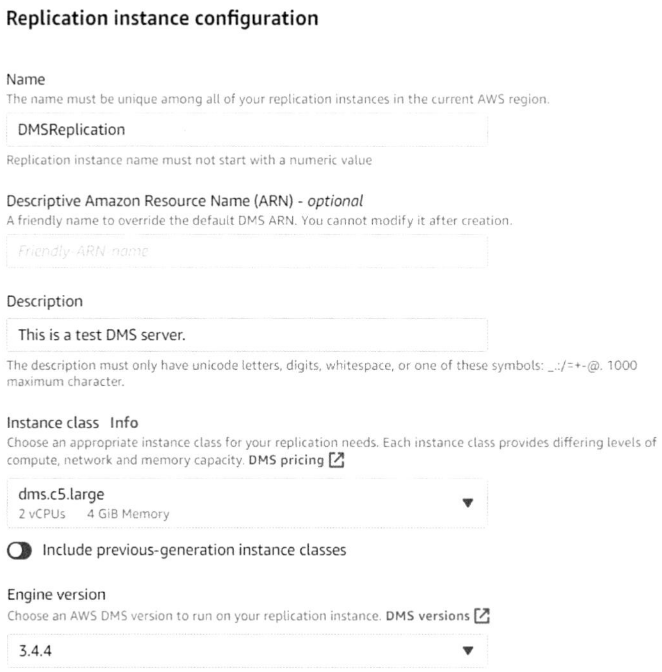

[그림 8-47] Replication instance 설정 화면

데이터베이스 복제 작업은 DMS 복제 서버의 메모리 크기와 스토리지 성능에 영향을 받기 때문에 DMS 복제 서버의 Instance class는 복제 성능에 영향을 미치는 중요한 요소다. 물론 복제 서버 생성 이후 필요에 따라 Instance class를 변경할 수 있기 때문에 DMS 생성 시에는 적당한 Instance class를 선택하면 된다.

(4) 데이터베이스 엔드포인트 생성

DMS 복제 서버가 만들어졌다면 다음으로 데이터 복제에 사용할 소스 데이터베이스 및 타겟 데이터베이스의 엔드포인트를 생성해야 한다. 엔드포인트는 AWS DMS 관리 콘솔의 'Endpoints' 메뉴에서 'Create endpoint' 버튼을 클릭해서 만들 수 있다.

[그림 8-48]은 'Source Endpoint' 설정 화면이다.

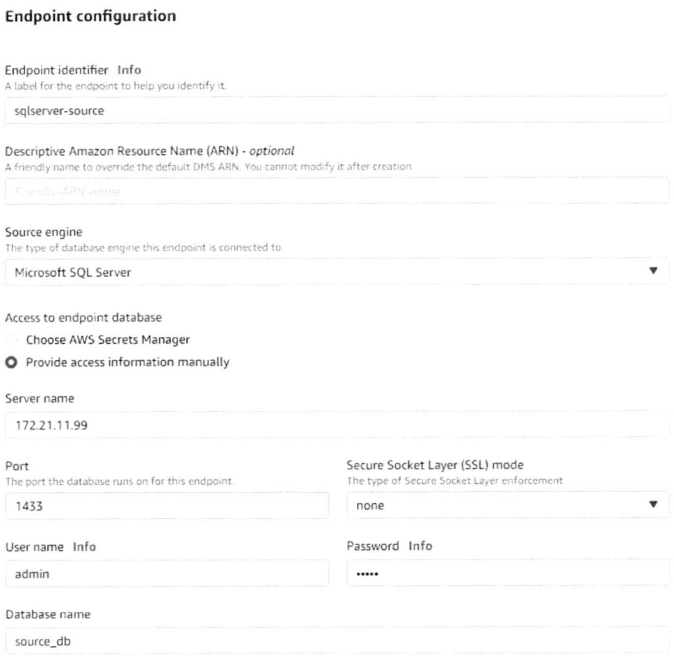

[그림 8-48] Source Endpoint 설정 화면

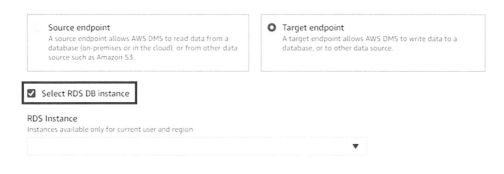

▼ Test endpoint connection (optional)

Test your endpoint connection by selecting a replication instance within your desired VPC. After clicking "Run test", an endpoint will be created with the details provided and attempt to connect to the instance. If the connection fails, you can edit and test it again. Endpoints that aren't saved will be deleted.

VPC

vpc-0fc2867c392ab03dc - DMS-SQLServer-DmsVpc   ▼

Replication instance
A replication instance performs the database migration

dmsreplication   ▼

Run test

[그림 8-49] 소스 데이터베이스 접속 확인

'Run test' 버튼을 클릭해서 DMS 복제 서버와 소스 데이터베이스 간에 접속이 가능한지 테스트를 해보고 문제가 없을 경우 'Create endpoint' 버튼을 클릭해서 'Source endpoint' 생성을 완료한다.

'Target endpoint' 생성 화면도 'Source endpoint'과 유사하다. 다만 대상 데이터베이스는 RDS로 생성했기 때문에 [그림 8-50]처럼 RDS를 선택해야 한다.

Source endpoint
A source endpoint allows AWS DMS to read data from a database (on-premises or in the cloud), or from other data source such as Amazon S3.

⦿ Target endpoint
A target endpoint allows AWS DMS to write data to a database, or to other data source.

☑ Select RDS DB instance

RDS Instance
Instances available only for current user and region

                                                                                ▼

[그림 8-50] 대상 엔드포인트 설정

(5) 데이터베이스 마이그레이션 작업 생성

데이터베이스 마이그레이션 작업은 AWS DMS 관리 콘솔의 'Database migration tasks' 메뉴에서 'Create task' 버튼을 클릭해서 생성한다. 마이그레이션 작업 생성 화면에서는 꽤 많은 옵션을 선택해야 하는데 그중 주요한 것들은 [표 8-12]와 같다.

옵션		설명
Migration type		기존 데이터만 타겟 데이터베이스로 마이그레이션하거나 타겟 데이터베이스에 지속적으로 변경 사항을 보내도록 선택할 수 있다.
Target table preparation mode	Do nothing	대상 테이블이 타겟에 미리 생성되었다고 가정한다. 대상 테이블이 없으면 DMS가 테이블을 생성한다
	Drop tables on target	DMS는 타겟 데이터베이스에서 테이블을 삭제하고 그 자리에 새 테이블을 생성한다. 보조 인덱스, 기본 키가 아닌 제약 조건 또는 열 데이터 기본값 등이 생성되지 않는다.
	Truncate	DMS는 테이블과 해당 메타데이터를 타겟 데이터베이스에 유지하지만 데이터는 제거한다. 대상 테이블이 없으면 DMS가 테이블을 생성한다.
Stop task after full load completes	Don't stop	복제 작업이 중지되지 않고 캐시된 변경 사항을 계속 적용한다.
	Stop before applying cached changes	캐시된 변경 사항을 적용하기 전에 작업을 중지한다. 이 방식을 사용하면 변경 적용 속도를 높일 수 있는 보조 인덱스를 추가할 수 있다.
	Stop after applying cached changes	캐시된 변경 사항이 적용된 후 작업을 중지한다. 이 방식을 사용하면 트랜잭션 적용을 사용하는 경우 외래 키, 트리거 등을 추가할 수 있다.
Include LOB columns in replication	Don't include LOB columns	LOB 열이 마이그레이션에서 제외된다.
	Full LOB mode	크기에 관계없이 전체 LOB를 마이그레이션한다. 이 모드는 Limited LOB mode를 사용하는 것보다 느리다.
	Limited LOB mode	LOB를 'Max LOB size' 매개변수 값으로 잘라서 마이그레이션한다.

[표 8-12] 마이그레이션 옵션

[표 8-12]에 나열한 옵션 외에 소스 테이블을 타겟 테이블과 매뉴얼로 맵핑하는 것도 이 화면에서 옵션으로 제공된다. 구체적인 사용 방법은 AWS의 DMS 설명서를 참고하는 것이 좋겠다.

(6) 복제 확인 및 Cutover

복제 설정이 완료되면 AWS DMS 관리 콘솔에서 마이그레이션 진행 상황을 확인할 수 있다.

[그림 8-51] DMS 콘솔을 통한 작업 현황 확인

복제 작업의 Progress가 100%가 되면 타겟 데이터베이스로 서비스를 cut-over할 수 있다.

9장

스크럼(Scrum)

이 책에서 다룰 마지막 주제는 스크럼이다. 마이그레이션을 이야기 하다가 스크럼을 얘기하는 것이 의아한 독자들도 있을 것이다. 스크럼은 원래 럭비 용어로 경기가 중단되었을 때 빠르고 안전한 방법으로 공정하게 경기를 재개하기 위해서 선수들이 집단을 이루어 머리와 어깨를 밀착하는 대형을 의미한다. 물론 이 책은 럭비라는 스포츠를 소개하기 위한 책은 아니다. 이 책에서 얘기하는 스크럼은 요즘들어 각광을 받고 있는 애자일(Agile) 개발 방법론 중의 하나를 의미한다. 이 책의 마지막 주제로 스크럼을 얘기하는 것은 마이그레이션 프로젝트 역시 전통적인 폭포수 모델보다는 애자일 방법론을 차용하여 진행하는 것이 추세로 자리잡았기 때문이다.

폭포수(waterfall) 방식과 애자일(agile) 방식의 차이

폭포수 방식에서는 프로젝트가 고정된 순서로 진행되며, 현 단계가 완료되기 전에는 다음 단계로 진행되지 않는 특징을 갖는다. 프로젝트는 일반적으로 분석, 설계, 구현, 테스트의 순서로 진행되기 때문에 분석이 완료되기 전에는 설계 및 구현이 진행될 수 없는 것이다. 이런 특징 때문에 폭포수 방식의 프로젝트는 프로젝트 막바지에 가서야 온전한 형태의 완성품을 받아볼 수 있다. 만약 분석이나 설계에 오류가 있었다면 산출물이 고객의 요구를 제대로 반영하지 못했을 가능성이 있다.

반면에 애자일에서는 짧은 실행주기를 반복하며 프로젝트를 진행한다. 하나의 실행주기 동안에 분석, 설계, 구현, 테스트까지가 한 사이클로 수행된다. 하나의 실행주기가 끝나면 어떤 형태로든 완성품을 확인할 수 있다. 만약 완성품이 고객의 요구를 제대로 반영하지 못했다면 다음 실행주기 동안에 해당 내용이 반영되도록 요구사항을 구성할 수 있다. 이런 특징 때문에 폭포수 방식과 애자일 방식은 [표 9-1]과 같은 장단점을 갖는다.

구분	폭포수 방식	애자일 방식
장점	명확한 프로세스 프로젝트 기간 예측 가능 각 단계별 작업자는 해당 단계 작업에만 집중 프로젝트 관리 및 리스크 관리 용이	개발 과정이 빠르고 유연 결함 식별 및 수정 용이 전체 프로젝트를 소규모 팀으로 분할 가능 프로젝트 전체 기간 동안 요구사항 변경 가능
단점	개발 속도가 느리고 유연성이 떨어짐 요구사항 분석 이후 요구사항 변경 불가 프로젝트 완료 시까지 완성품 확인 불가	애자일 방식에 대한 학습 곡선 요구사항의 잦은 변경에 따른 프로젝트 관리 어려움

[표 9-1] 폭포수 방식과 애자일 방식 비교

애자일 방식 프로젝트 방법론에 스크럼만 있는 것은 아니다. 익스트림 프로그래밍(eXtreme Programming, XP), Crystal method, DADM(Disciplined Agile Delivery Method), Kanban 등도 애자일 방법론으로 분류되는 개발 방법론들이다. 그런데 요즘은 '애자일=스크럼'으로 통할 만큼 스크럼이 애자일 방식의 대표 방법론이 된 듯하다. 이 장에서는 스크럼에서 얘기하는 각종 용어를 살펴볼 계획이다.

스프린트(Sprint)

스프린트는 스크럼의 작업 단위를 의미한다. 하나의 스프린트 동안 그 스프린트에서 수행하기로한 완성품이 나와야 한다. 따라서 스프린트 동안 해당 스프린트에서 수행할 업무에 대한 계획을 세우고 계획에 입각해서 제품을 만든다. 스프린트는 보통 4주이내 기간 동안 진행되며, 스프린트의 마지막날에는 완성품에 대한 검사와 스프린트 진행 프로세스에 대한 점검 회의를 실시한다. 이를 스크럼에서는 스프린트 리뷰(Sprint Review)와 스프린트 회고(Sprint retrospective)로 표현한다.

스프린트 리뷰는 해당 스프린트에서 수행하기로 한 업무 혹은 완성품이 실제로 수행되고 구현 되었는지를 확인하는 절차이다. 만약 미흡하다면 이른바 제품 백로그(Product Backlog)라고 하는 작업 리스트에 추가해서 다른 스프린트에서 처리되도록 유도한다.

스프린트 회고는 스프린트를 진행함에 있어서 업무 프로세스에 문제가 있었는지를 점검하는 회의를 의미한다. 이 회의에서는 잘한 점과 개선할 점을 식별함으로써 작업 방식을 개선할 수 있도록 유도한다. 이런 절차가 반복되기 때문에 일반적으로 스프린트가 반복될수록 스크럼에 참가하는 작업자들은 작업 숙련도가 높아져서 생산성이 향상되는 특징을 보인다.

하나의 프로젝트는 여러 개의 스프린트가 반복되는 형태로 진행된다. 그러나 폭포수 방식과는 다르게 스크럼에서는 매 스프린트마다 완성품이 나오기 때문에 이용자의 요구사항이 제대로 반영되고 있는지 확인하는 것이 가능하다.

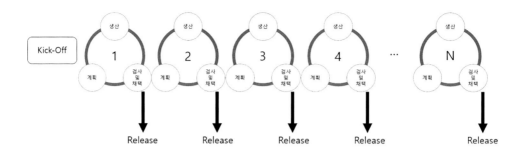

[그림 9-1] 스프린트를 통한 프로젝트 진행

[그림 9-1]은 여러 개의 스프린트로 구성된 하나의 프로젝트를 나타낸다.

스프린트에서 다루는 용어 중에 타임박스(Timebox)라는 용어가 있다. 스프린트를 수행하는 데 필요한 시간이라고 이해하면 되는데, 스크럼 방법론에서는 어떤 경우에도 스프린트에 주어진 타임박스가 초과되는 일이 없도록 하라고 권고하고 있다. 타임박스가 초과되면 다음 스프린트에 영향을 주기 때문이다.

타임박스를 초과하지 않기 위해서는 스프린트에서 진행할 업무량이 해당 스프린트로 한정되어야 하며 스프린트가 진행되는 동안에는 그 업무량이나 스프린트 목표가 변경되어서는 안 된다. 만약 변경이 필요하다면 다음 스프린트에서 진행되도록 관리되어야 한다.

스크럼 구성원

다음으로 스크럼 팀을 구성하는 구성원들에 대해서 알아보자. 하나의 스크럼 팀은 제품 오너(Product Owner)와 스크럼 마스터, 그리고 개발자 혹은 작업자로 구성되며, 스크럼 팀의 업무를 지원하는 지원 조직이 옵션으로 구성된다.

[그림 9-2] 스크럼 구성원

(1) 제품 오너(Product Owner)

제품 오너는 제품의 가치를 극대화할 책임이 있는 사람이다. 일반적으로 위원회의 형태가 아니라 특정 1인이 수행하는 것을 권장한다. 제품 오너는 완성품에 대한 목표를 개발해서 스크럼 팀에 전달할 책임이 있다. 더불어 제품 개발에 필요한 제품 백로그를 수집 생성해서 개발 조직과 공유한다. 이를 위해서 제품 오너는 이용자 요구사항에 대한 깊은 이해와 제품이 수행하고자 하는 비즈니스 목표가 어떤 것인지 제대로 알고 있을 필요가 있다.

제품의 완성도는 프로젝트 일정과 프로젝트 비용, 업무 범위, 제품의 품질 등에 의해서 결정된다.

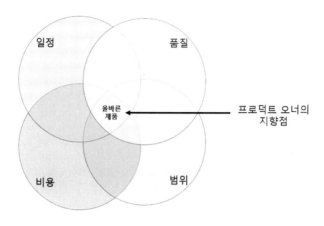

[그림 9-3] 제품 오너의 지향점

각 항목은 상충 관계를 가지고 있기 때문에 제품 오너는 비용을 고려해서 일정을 수립해야 하고, 지향하는 품질을 달성할 수 있도록 적절한 업무 범위를 설정할 책임이 있다. 이 모든 것들은 적절한 제품 백로그를 유지함으로써 달성될 수 있다.

(2) 개발자 혹은 작업자(Workers)

작업자들은 제품 백로그에 입각해서 실제로 제품을 만드는 역할을 수행한다. 작업자는 보통 2 피자 팀이라고 해서 최소 3명에서 최대 6명까지의 인원으로 구성하는 것을 권장한다. 2 피자 팀이라는 얘기는 한번에 두 판의 피자를 먹을 수 있는 정도의 인원을 의미한다. 만약 6명이 소화할 수 없을 정도로 제품이 거대하다면 스크럼 내에서 작업자의 인원을 늘리는 것보다는 여러 개의 스크럼 조직을 구성하는 것이 바람직하다. 6명을 초과하면 의사소통이나 업무 분담 등이 쉽지 않기 때문이다.

작업자를 구성하는 이상적인 방식은 다음과 같다.

가. 자율적으로 구성된 조직(Self-organizing Organization)

자율적으로 구성되었다는 얘기는 구성원들이 스스로 원해서 해당 스크럼 조직에 참여했음을 의미한다. 스스로 구성원들 서로를 믿고 참여했기 때문에 조직 구성 만으로도 의욕과 열정이 높을 수밖에 없다. 그렇기 때문에 서로를 신뢰하며 프로젝트를 역동적으로 진행할 수 있는 것이다.

나. 교차 기능 조직(Cross-functional Organization)

교차 기능이라는 얘기는 구성원들이 특정 분야에 대해서만 지식을 보유하고 있는 것이 아니라 제품을 생산하는 데 필요한 기술 및 지식을 폭 넓게 공유하고 있음을 의미한다.

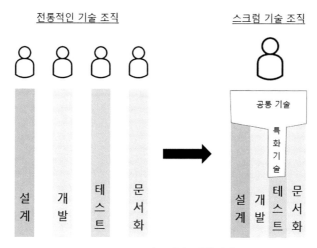

[그림 9-4] 스크럼 조직의 T자형 인재

전통적인 환경에서의 기술 조직은 기능별로 담당자를 지정해서 구성된다. 이런 형태의 기술 조직은 특정 영역을 담당하는 담당자가 부재하거나 자기 역량을 충분히 발휘하지 못하면 다른 영역에서 아무리 뛰어난 역할을 수행한다고 하더라도 제품의 품질이 낮아질 수밖에 없다. 반면 스크럼의 기술 조직은 기능별로 구성된 것이 아니라 공통적으로 필요한 기술들을 공통 영역으로 함께 보유하면서 개인별로 특화된 영역을 갖는 T자형 구조를 갖는다. T자형 구조의 작업자 조직은 특정 개인이 부재하거나 제 기능을 발휘하지 못하더라도 어느 정도 제품의 품질을 유지할 수 있다.

작업자들은 매 스프린트마다 해당 스프린트에서 목표로 한 완성품을 릴리스해야 하는데, 완성품은 실제로 사용하는 데 문제가 없도록 테스트가 완료된 진정한 의미의 완성품이어야 한다. 따라서 완성품에 대한 기준이 사전에 정의되어야 하는데 스크럼에서는 이를 DoD(Definition of Done)로 표현한다. DoD에 대해서는 뒤에서 살펴볼 예정이다.

(3) 스크럼 마스터(Scrum Master)

스크럼 방법론에서 가장 중요한 역할을 담당하는 사람은 제품 오너나 작업자들이 아니라 바로 스크럼 마스터이다. 스크럼 마스터가 제 역할을 훌륭히 수행한다면 제품 오너나 작업자들은 그들이 스크럼에 기반해서 프로젝트를 진행하고 있다는 것을 인식하지 못할 수도 있다. 스크럼 마스터는 프로젝트가 성공적으로 완료될 수 있도록 스크럼 조직을 리드하고 스크럼 내 모든 구성원들을 도와주는 역할을 수행한다. 스크럼 마스터는 실제로 개발에 참여하거나 제품을 생산하는 역할을 수행하지는 않는다. 스크럼 마스터의 역할은 프로젝트가 스크럼의 방법을 준용하면서 성공적으로 완료되도록 하는 데 있다. 일반적으로 스크럼 마스터의 역할은 다음과 같다.

- 스크럼 구성원들에게 스크럼 이론, 관행, 가치를 가르치고 코치한다.
- 프로젝트 진행에 문제가 될 수 있는 이벤트를 처리하고, 이견이 발생할 경우 스크럼 규칙에 입각해서 이견을 중재한다.
- 완성품에 대한 리뷰와 프로세스에 대한 회고가 제대로 진행될 수 있도록 가이드 하고 코칭한다.
- 구성원 간에 진행 상황이 투명하게 공유될 수 있도록 구성원들을 독려하고 기술 및 역량을 향상시킨다.
- 작업자들이 완성품 개발에만 집중할 수 있도록 작업자들을 방해하는 각종 방해 요소들, 즉 불필요한 회의나 고객 응대, 과도한 문서 작업 등을 예방하고 제거하는 역할을 수행한다.
- 개발 일정에 차질을 주는 각종 이벤트에 대응한다.
- 지시하는 것이 아니라 스스로 역할을 수행할 책임이 있다.

(4) 서포터(Supporter)

서포터는 지속적으로 스크럼에 참여할 필요는 없지만 제품을 만드는데 도움을 줄 수 있는 사람들이다. 가령 프로젝트 초반에 진행되는 인프라 아키텍처 설계나, DB 스키마 정의 같은 일들은 제품 구성을 위해서 반드시 필요한 업무이지만 제품을 만드는데 아키텍처 설계자나 DB 엔지니어가 지속적으로 필요한 것은 아니다. 따라서 이런 업무를 진행하는 사람들은 스크럼 조직 밖에서 여러 스크럼에 대해 업무를 지원하는 형태로 존재하게 된다.

서포터는 스크럼의 정식 구성원은 아니지만 제품 개발에 필수적인 사람들이다. 이 사람들의 역할은 업무를 지시하거나 가이드하는 역할이 아니라 실제로 업무를 진행하는 것이다. 따라서 서포터는 관리자보다는 실제 핸즈온을 수행할 수 있는 사람으로 구성하는 것이 바람직하다.

제품 백로그(Product Backlog)

제품 백로그는 프로젝트에서 수행해야 하는 모든 작업의 목록이다. 폭포수 방식에서는 AS-IS 분석이나 요구사항 분석 등으로 비슷한 작업을 수행했다면 스크럼에서는 제품 백로그를 유지관리하는 형태로 작업 수행 목록을 관리한다. 제품 백로그는 제품의 형태 및 제품의 목표를 규정하는 것들이기 때문에 제품 오너가 수집 및 관리할 책임이 있다.

제품 백로그는 폭포수 방식 프로젝트의 요구사항 분석 자료와는 다르게 아래와 같은 특징을 갖는다.

- 제품 백로그의 구성 항목은 항상 고객에게 가치를 부여할 수 있는 것들이어야 한다.
- 제품 백로그의 구성 항목은 고객에게 줄 수 있는 가치가 극대화 될 수 있도록 우선순위가 지정되고 구현 순서가 정의된다.
- 제품 백로그의 구성 항목은 모호하지 않고 명확해야 한다.
- 제품 백로그는 항목 자체로 의미가 있기 때문에 별도의 액션 아이템이나 하위 작업 항목을 별도로 갖지 않는다.
- 제품 백로그는 프로젝트 기간 동안 새롭게 추가되거나 기존 항목이 수정될 수 있고, 구현 이전에 삭제될 수도 있다.

제품 오너는 첫번째 스프린트가 진행되기 전에 제품 백로그를 만들고 항목별 우선순위를 지정해야 한다. 우선순위는 고객의 가치를 극대화하기 위한 방향으로 구성된다.

(1) 제품 백로그 항목(Product Backlog Item)

제품 백로그는 제품 백로그 항목으로 구성된다. 각 제품 백로그 항목은 기능(feature)이나 결함(defect) 등 특정 형태를 갖는 여러 유형이 항목으로 입력될 수 있다. 이러한 각 유형은 사용자 스토리와 같은 다양한 형식을 사용하여 표현된다. 백로그 항목이 될 수 있는 것들은 다음과 같다.

가. 기능(Features)

제품에 대한 기능은 가장 일반적인 형태의 제품 백로그 아이템이다. 제품 기능은 고객에게 실제적인 가치를 제공할 수 있는 것이어야 한다. 즉, 고객이 해당 기능을 유용하게 사용할 수 있어야 하는 것이다. 가령 '온라인 항공권 예약' 등은 공항에 가지 않더라도 항공권을 예약할 수 있는 가치를 고객에게 부여할 수 있기 때문에 기능 항목이 될 수 있다.

나. 결함(Defects) 및 개선 요구(Improvement)

스프린트가 진행되는 동안에는 해당 스프린트에서 수행하고 있는 제품 백로그는 수정할 수 없다. 만약 특정 스프린트에서 생산한 제품에 문제가 있다며 다른 스프린트에서 문제를 해결할 수 있도록 관리할 필요가 있다. 따라서 제품에 대한 결함이나 개선 요구사항은 제품 백로그로 추가해서 관리한다. "비행편 조회 화면의 표시 항목 변경" 등은 결함 혹은 개선 요구사항으로 제품 백로그에 추가될 수 있다.

다. 기술 작업(Technical Work)

기술 작업은 팀이 더 효율적으로 작업하거나 제품이 전체적으로 더 잘 작동하도록 하기 위해 수행해야 하는 작업을 의미한다. 가령 최신 버전의 Oracle DBMS로 업그레이드하거나 이전에 완료된 코드 섹션을 리팩토링하는 것이 포함될 수 있다.

라. 지식 습득(Knowledge Acquisition)

지식 습득은 팀이 기술적인 결정을 내리거나 정확한 일정을 확인하는 데 필요한 도움을 줄 수 있는 정보를 의미한다. 가령 클라이언트 프로그램에 대한 자동 업그레이드 서비스를 구현하고자 하는 경우, 그것을 가능하게 하는 설계 및 기술 선택 사항이 필요하기 때문에 "자동 업그레이드를 위한 고수준 아키텍처 준비"가 지식 획득 작업이 될 수 있다. 팀에 자동 업그레이드 구현 경험이 없다면 사전에 구현 방법을 연구해서 자동 업그레이드 기술을 요약 정리한 후 제품 백로그에 추가할 수 있는 것이다.

마. 사용자 스토리(User Story)

사용자 스토리는 특정 유형의 제품 백로그 항목을 표현하는 가장 일반적인 방식이다. 사용자 스토리가 일반적인 표현 방식인 이유는 스크럼이 추구하는 고객 가치 극대화와 맥을 같이 하기 때문이다. 사용자 스토리는 원하는 비즈니스 가치를 표현하기 위한 편리한 표현 방식이다. 사용자 스토리는 비즈니스 담당자와 기술 담당자 모두가 이해할 수 있는 방식으로 작성되어야 하기 때문에 영문으로 다음과 같이 표현된다.

"AS somebody I want to something, so that I do(don't) something."

사용자 스토리 한 줄로 특정 고객이 원하는 바와 그를 통해서 얻고자 하는 바를 모두 표현할 수 있기 때문에 이런 형식의 제품 백로그를 실제로 구현하면 고객이 원하는 바를 바로 충족시킬 수 있어서 비즈니스 가치가 즉시 올라간다.

가령 "나는 비행기 표를 예약하기를 희망하는 고객으로서, 공항에서 줄을 서지 않아도 되도록, 나는 온라인으로 체크인 하기를 희망한다."로 기술되는 표현 형식은 훌륭한 사용자 스토리로써 제품 백로그를 정의한다.

사용자 스토리는 비즈니스 담당자와 기술 담당자 모두가 이해할 수 있는 방식으로 작성되어야 한다.

모든 제품 백로그가 이용자 스토리 형식을 따를 필요는 없다. 그러나 적어도 제품의 기능에 해당하는 항목은 이용자 스토리로 표현하는 것이 적합하다.

바. 제품 백로그의 순서

앞서 제품 백로그는 고객의 가치가 극대화될 수 있도록 우선순위를 설정해서 구
현 순위를 지정해야 한다고 했다. 그러면 어떤 순서로 구현하는 것이 고객의 가치
를 극대화하는 방법일까?

제품 백로그의 우선순위에 영향을 주는 요소는 비즈니스 가치, 위험, 구현 시간,
불확실성, 종속성 등 여러 가지가 있다. 일반적으로 비즈니스 가치를 극대화할
수 있으면서 위험은 크지 않은 것들이 최우선순위로 지정된다. 종속성이 커서 해
당 기능을 구현하기 전에는 다른 기능을 구현하는 것이 용이하지 않을 경우에도
우선순위가 올라간다. 기능 구현에 필요한 시간이 어느 정도인지 정확하게 예측
하기 곤란하다면 우선순위를 낮추는 것이 바람직하다. 사실 제품 백로그의 우선
순위를 지정하는 방법은 어느 정도 상식적이다. 가치가 높고 위험 및 난이도가
작은 것이 가장 우선순위가 높다.

우선순위 선정 시 고려할 사항은 수직적 분할(Vertical Slice)이다.

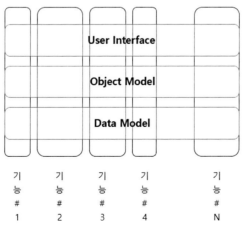

[그림 9-5] 우선순위의 수직적 분할

전통적인 방법에서는 기능을 수직적으로 분할하는 것이 아니라 수평적으로 분할하는 경우가 많았다. 즉, 사용자 인터페이스를 구현하고, 비즈니스 로직을 구현하고, 데이터 모델을 구현하는 방식으로 진행하는 것이 수평적 분할이다. 이런 식으로 구현하면 요구사항이 모두 구현되기 전에는 정상적으로 동작하는 제품을 확인하는 것이 불가능하다.

스크럼에서는 기능을 수평적으로 분할하지 않고 수직적으로 분할할 수 있도록 우선순위를 지정한다. [그림 9-5]에서 스프린트를 통해 기능 #1이 구현되면 스프린트 종료 이후 바로 동작하는 제품을 확인할 수 있다. 더불어서 기능 #1은 비즈니스 가치를 가장 극대화할 수 있는 제품 백로그이기 때문에 고객은 기능 #1만 구현되더라도 대단히 만족스러운 제품을 받아볼 수 있다. 이런 식의 제품을 MVP, 즉 Most Viable Program이라고 부른다.

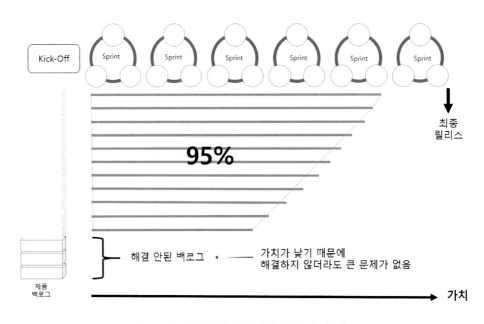

[그림 9-6] 고객 가치 극대화를 위한 백로그 우선순위

[그림 9-6]은 제품 백로그 우선순위를 고객 가치 극대화에 두어야 하는 이유를 나타낸다. 스프린트가 진행되면서 가장 상위에 있는 제품 백로그부터 처리되기 시작해서 현재 95% 정도의 백로그가 처리되었다. 아직 5%의 백로그가 남아 있지만 이미 고객이 원하는 대부분의 기능은 구현이 완료된 상태이다. 만약 여의치 않아서 이 시점에 프로젝트가 종료되더라도 남은 5%의 백로그는 전체 제품에 거의 영향을 주지 않는 사소한 것들이다.

스크럼 이벤트

하나의 스프린트에서 어떤 일들이 일어나는지 구체적으로 살펴보자.

스프린트는 제품을 생산하기 위해서 4주 이내의 기간 동안 반복적으로 수행되는 업무 이벤트를 의미한다. 전체 제품을 생산하기 위해서는 여러 개의 스프린트가 진행되어야 한다. 보통은 직렬로 진행되는 형태, 즉 하나의 스프린트가 끝나면 다음 스프린트가 시작되는 형태로 진행되지만 생산해야 하는 제품의 규모가 클 경우에는 여러 개의 스프린트를 병렬로 동시에 진행하기도 한다.

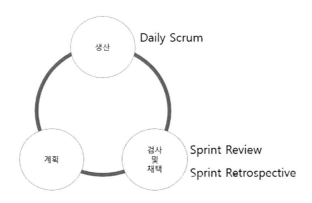

[그림 9-7] 스크럼 이벤트

[그림 9-기은 하나의 스프린트에서 진행되는 업무를 나타내고 있다.

(1) 계획 단계

계획 단계는 해당 스프린트에서 수행할 업무를 제품 백로그로부터 선택하고 수행 계획을 수립하는 단계이다. 스프린트에서 수행할 업무를 스프린트 백로그라고 부른다. 이 단계의 실행 주체는 제품 오너와 작업자들이다. 제품 오너와 작업자들이 협의하여 하나의 스프린트 타임박스 내에 처리할 수 있는 정도의 업무를 선별해서 업무를 진행한다. 계획 단계 회의는 2시간 이내에 완료할 것을 권장한다.

(2) 생산

스프린트를 구성하는 대부분의 시간은 제품 생산에 쓰인다. 생산 단계의 실행 주체는 작업자들이다. 작업자들은 스프린트 기간 내에 정상 작동하는 제품을 생산해야 한다. 스프린트의 목표를 달성할 수만 있다면 작업자들은 스프린트 내에서 원하는 구조와 기술을 자유롭게 선택할 수 있다. 생산 과정에서 중요한 것은 목표 달성을 위해 작업자 개개인이 자기 관리(self-management)를 향상시키는 것이다.

(3) Daily Scrum

작업자들은 스프린트 목표를 달성하기 위해서 대단히 중요한 회의인 Daily Scrum을 매일 업무 시작 전에 진행한다. Daily Scrum은 원칙적으로 작업자들만 참여할 수 있는 회의다. Daily Scrum에서 작업자들은 어제 진행했던 업무와 오늘 진행할 업무, 그리고 현재 발생한 이슈에 대해서만 의견을 나눈다. Daily Scrum의 목적은 스프린트 목표 달성을 향한 진행 상황을 점검하고 필요할 경우 스프린트 백로그를 조정하기 위함이기 때문이다. Daily Scrum은 매일 같은 시간, 같은 장소에서 15분 이내 시간 동안 진행하는 것이 권장 사항이며, 작업자들은 모두 필수로 참석해야 하고 필요할 경우 스크럼 마스터도 참관인으로 참석할 수 있다. Daily Scrum은 커뮤니케이션을 개선하고 장애를 식별하며 신속한 의사 결정을 촉진하기 때문에 Daily Scrum이 정상적으로 동작한다면 추가적인 회의가 필요하지 않게 된다. 그러나 작업자들이 Daily Scrum을 통해서만 작업 계획을 조정할 수 있는 것은 아니다. 작업자들은 Daily Scrum 외에도 필요한 경우 아무 때나 소모임 등을 통해서 자주 모일 수 있다. Daily Scrum은 공식적인 진행 상황 공유 미팅으로 이해하면 되겠다. 스크럼 마스터는 Daily Scrum의 주체가 아니라고 했다. 그러면 스크럼 마스터의 역할은 무엇일까? 스크럼 마스터는 Daily Scrum이 날마다 진행될 수 있도록 독려하고 회의 시간이 15분을 넘지 않도록 가이드하는 역할을 수행한다. 만약 Daily Scrum에 작업자 외에 추가 참석자가 있을 경우, 추가 참석자에 의해서 회의가 방해 받지 않도록 하는 것도 스크럼 마스터의 역할이다. 15분의 시간 동안 토론이 완료되지 않을 경우에는 Daily Scrum이 끝난 직후 대상자들끼리 자세한 토론을 진행하거나 스프린트 작업을 조정하는 추가 협의를 진행하는 것이 가능하다.

(4) 스프린트 리뷰(Sprint Review)

스프린트 리뷰는 스프린트의 결과물을 검사하기 위해서 스프린트 마지막 날에 진행되는 회의이다. 스크럼 팀은 주요 이해 관계자에게 작업 결과를 제시하고 제품 목표를 향한 진행 상황을 논의한다. 회의 기간 동안 스크럼 팀과 이해 관계자는 스프린트에서 달성한 것과 변경된 사항을 검토하며, 이 정보를 바탕으로 다음에 할 일에 대해 협의한다. 이 부분에서 새로운 기회를 충족시키기 위해서 제품 백로그에 항목이 추가되거나 조정될 수 있다.

스프린트 리뷰는 제품 오너를 비롯해서 스프린트의 모든 구성원이 참석하는 것이 원칙이며 최대 4시간을 넘지 않는 것이 권장사항이다.

이를 포함한 스프린트 리뷰의 권장사항은 다음과 같다.

- 스프린트 리뷰에는 스프린트의 모든 구성원이 참석해야 하며, 제품 오너가 초대한 이해 관계자가 추가로 참석할 수 있다.
- 작업자들은 이해 관계자들에게 완료된 작업을 보여주고 진행 상황을 설명한다.
- 제품 오너는 스프린트 백로그 중에 달성된 것과 달성되지 않은 것을 작업자들에게 알려줘야 한다.
- 작업자들은 스프린트 기간 동안 잘한 일과 문제가 있었던 일, 그리고 문제를 해결한 방식에 대해서 토론한다.
- 스크럼 팀은 스프린트 리뷰를 통해서 다음 할 일에 대해서 협력 방안을 모색한다.
- 다음번 제품 릴리즈에 필요한 타임 라인 및 예산, 잠재적 능력 등에 대한 검토를 진행한다.

(5) 스프린트 회고(Sprint Retrospective)

스프린트 회고는 제품의 품질과 업무 효율성을 높이기 위해 스프린트 작업 프로세스를 살펴보는 회의이다.

스크럼 팀은 스프린트를 진행하면서 특정 개인이나, 작업자 간의 상호작용, 프로세스, 도구 등이 제대로 작동했는지 점검한다. 이를 통해서 그들을 잘못된 길로 인도한 영역이 식별되고 잘못된 원인이 찾아질 수 있다. 스크럼 팀은 스프린트 동안 무엇이 잘 진행되었는지, 어떤 문제가 발생했으며 그 문제가 어떻게 해결되었는지, 또는 아직 해결되지 않았는지 논의한다. 이렇게 찾아진 개선 사항은 다음 스프린트의 스프린트 백로그에 추가될 수 있다.

스프린트 회고에는 원칙적으로 작업자와 스크럼 마스터가 참석하며, 3시간 이내 시간 동안 진행하는 것이 권장사항이다. 스프린트 회고에서 반드시 다루어야 하는 주제는 다음과 같다.

- 스프린트 기간 동안 잘된 것

- 개선할 수 있는 것

- 개선하기 위해서 해야 할 것

(6) "완료"에 대한 정의(Definition of "Done")

한 주기의 스프린트가 완료되면 스크럼 팀은 "완료"된 제품을 선보여야 한다. "완료"에 대한 정의는 프로젝트에서 추구하는 제품에 따라서 조금씩 다를 수밖에 없다. 따라서 스크럼 팀은 첫번째 스프린트가 진행되기 전에 서로 "완료"에 대해서 정의하고 동의할 필요가 있다. 개발 프로젝트의 경우 다음과 같이 완료에 대해서 정의할 수 있다.

- 완전히 작성되고 체크인된 소스 코드

- 리뷰가 완료된 소스 코드

- 단위 테스트가 수행되고 통과될 것

- 기능 테스트가 수행되고 통과될 것

- 시스템 문서가 작성될 것

- 이용자 문서가 작성될 것

- 1등급 버그나 2등급 버그가 없을 것

- 제품 오너가 완성도를 승인할 것

제품 백로그 정제(Product Backlog Refinement)

　제품 오너가 관리하는 제품 백로그는 그 자체로는 기능 구현이 가능하지 않을 만큼 규모가 큰 것들이 있다. 가령 "고객이 항공권을 예약할 수 있는 온라인 예약"이라는 기능은 그 하나로 제품 백로그가 될 수 있지만, 작업자 입장에서는 이 문구만 가지고는 제품 오너가 원하는 기능을 정확하게 구현하는 것이 쉽지 않다. 이렇게 제품으로 릴리즈 하기에 너무 큰 기능을 스크럼에서는 에픽(Epic)이라고 부른다. 제품 백로그 정제는 에픽 사이즈의 제품 백로그를 구현이 가능한 규모로 분해하는 것이다.

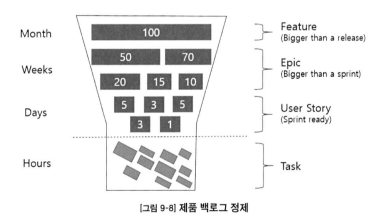

[그림 9-8] 제품 백로그 정제

　제품 백로그를 실제 구현이 가능한 태스크로 분류하는 방법을 살펴보기 위해서는 이용자 스토리에 집중할 필요가 있다. 이용자 스토리는 카드(Card), 협의(Conversation), 확정(Confirmation) 등 세 가지 단계를 거쳐 완성된다.

(1) 카드(Card)

사용자 스토리는 카드에 기록된다. 카드에 기록된 사용자 스토리는 요구사항을 식별하기에 충분한 텍스트를 포함하지만, 그 자체만으로는 개발에 필요한 모든 정보를 제공하지는 않는다. 카드에 기록된 사용자 스토리는 다음과 같은 형식을 취한다.

> AS an online shop customer
> I want to check out my cart
> So that I can complete my purchasing.

요구사항이 어떤 것인지는 식별이 가능하지만 어떻게 개발을 시작해야 할 지는 명확하지 않다. 그렇기 때문에 제품 오너와 작업자들은 대화를 통해 이용자 스토리를 구체화할 필요가 있다.

(2) 협의(Conversation)

제품을 개발하는 작업이 시작되기 위해서는 이용자 스토리에 대한 세부 정보가 필요하다. 이 정보는 작업자, 이해관계자, 고객, 최종 사용자를 포함한 전체 팀과 대화를 통해 구체화된다. 협의 과정은 프로젝트 시작 시점뿐만 아니라 매 스프린트 계획 단계에서 진행된다. 협의 과정에서는 "What", "Why", "When", "Who", "How"와 같은 질문들이 다루어져야 한다. 또한, 이 과정에서 스토리에 대한 솔루션을 구현하는 데 필요한 모든 세부 사항에 대해 논의가 진행된다.

(3) 확정(Confirmation)

이용자 스토리는 협의 과정과 확정 단계를 거쳐 스토리를 성공적으로 완료하기 위해 정확히 무엇을 해야 하는지 확실히 이해할 수 있게 된다.

이 과정을 통해 스토리를 개발이 가능하도록 처음부터 끝까지 순차적으로 단계별 작업을 구성한다. 각 스토리에는 허용 기준(acceptance criteria)이 정의되며, 스토리가 이 모든 기준을 충족하면 추가 작업이 더 이상 필요 없는 완료 상태로 확정할 수 있다. 일반적으로 스토리의 구현이 이러한 허용 기준을 충족하는지 여부를 확인하기 위해 승인 테스트를 사용한다. 따라서 카드의 모든 승인 테스트가 통과 상태에 있으면 스토리가 완료되었음을 확인할 수 있다.

앞에서 예로 들었던 카드를 가지고 스토리를 확정하는 과정을 살펴보자.

작업자: check out이란 무엇을 의미합니까?

제품 오너: check out은 쇼핑의 끝입니다. 원하는 모든 항목을 장바구니에 추가한 후 사용자는 구매를 완료하기 위해 check out합니다.

작업자: 쇼핑의 지불은 어떻습니까?

제품 오너: 사용자가 결제할 때 시스템에서 결제 방법을 요청합니다. 결제 방법에 따라 결제가 진행된 후 결제 절차가 완료됩니다.

작업자: 고객이 지불하는 방법은 무엇입니까? 지불을 위해 선호하는 옵션은 무엇입니까?

제품 오너: 시스템에서 신용 카드 정보를 요청합니다. 그런 다음 고객은 신용 카드 정보를 제공합니다. 신용 카드 세부 정보를 제공한 후 시스템은 신용 카드에서 지불을 받습니다.

작업자: 고객이 카드 세부 정보로 제공할 정보는 무엇입니까?

제품 오너: 고객은 카드 번호, 카드 만료일, 보안 코드, 카드에 있는 카드 소지자 이

름, 국가 및 우편 번호를 제공합니다.

작업자: 고객이 의도적으로 카드 번호를 속이려고 하면 어떻게 됩니까?

제품 오너: 실제로 카드는 두 가지 방법으로 오용될 수 있습니다.

고객이 다른 사람이 소유한 카드의 세부 정보를 도용하여 제공합니다. 이 경우에는 실제로 결제가 이루어지고 실제 카드 소유주는 피해를 입게 됩니다. 카드번호, 유효기간, 보안 코드를 타인에게 노출시키지 않음으로써 자신의 카드를 안전하게 보관하는 것은 카드 소유자의 책임입니다.

유효하지 않은 카드 번호. 유효하지 않은 카드 번호를 확인하기 위해서 우리는 카드 번호, 이름, 만료 날짜, 국가 및 보안 코드로 카드 정보를 확인해야 합니다. 유효성 검사가 성공하면 지불이 수락되고 구매가 확정되지만 그렇지 않은 경우에는 구매가 확정되지 않습니다.

작업자: 지불이 수락되면 고객이 구매가 성공했는지 어떻게 확신할 수 있습니까?

제품 오너: 시스템에서 주문을 확인하고 확인용으로 주문 번호를 제공합니다. 사용자는 이 번호로 주문을 확인합니다. 우리는 시스템이 지불 바우처가 포함된 이메일을 고객에게 보내기를 원합니다.

이 시점에서 팀은 이 이용자 스토리에 대한 대화를 끝낸다. 이 대화를 통해서 작업자들은 카드에 있는 내용을 다음과 같이 확정할 수 있다.

- 고객은 장바구니에 있는 항목을 확인한다.
- 고객은 결제에 사용할 신용카드 번호, 만료일, 보안 코드, 이름 및 주소를 제공한다.
- 시스템은 지불을 확인하고 주문 번호를 제공하여 주문을 확정한다.
- 고객은 이 주문 빈호를 사용하여 주문 상태를 확인한다.
- 시스템은 고객에게 이메일로 주문 세부 사항을 보낸다.

이 예에서 스토리의 허용 기준은 신용 카드 번호는 유효한 번호이어야 한다는 것과 상품 합계 금액보다 지불된 금액이 적을 경우 승인이 거부된다 등이 될 수 있다.

(4) 제품 백로그의 우선순위

앞서 제품 백로그는 고객의 가치를 극대화하는 방향으로 구현 순서를 정해야 한다고 얘기했다. 고객의 가치를 극대화하면서 이용자 스토리를 분할하는 방법을 예를 들어 설명하고자 한다. 다음과 같은 제품 백로그가 있다고 가정하자.

제품 백로그- 책 구매
• 이용자는 쇼핑 카트에 구매하고자 하는 책을 담을 수 있다. • "쇼핑 카트" 버튼을 클릭하면 쇼핑 카트의 내용을 확인할 수 있는 쇼핑 카트 페이지로 이동한다. • 쇼핑 카트 페이지에서 "구매 완료" 버튼을 클릭하면 결제 페이지로 이동한다. • 결제 페이지에서 이용자는 신용 카드나 Paypal을 통해서 결제를 진행할 수 있고, 일반 배송과 고속 배송 옵션 중 하나를 선택할 수 있다. • 이용자의 95%는 신용 카드로 결제하고 일반 배송을 선택한다. • 이용자의 5%는 Paypal로 결제하거나 고속 배송을 선택한다.

상기 백로그는 두 단계를 거쳐서 세부 항목으로 쪼갤 수 있을 것이다. 첫번째 단계에서는 아래 업무로 백로그를 나눌 수 있다.

쇼핑 카트 단계	구매단계
책을 골라서 쇼핑 카트에 담고, 쇼핑 카트 페이지에서 카트 내용을 확인한다.	결제 방법과 배송 방법을 선택해서 구매를 완료한다.

이용자 스토리를 크게 "쇼핑 카트" 단계와 "구매 단계"로 나눴다. 두 번째 단계에서는 "쇼핑 카트" 단계와 "구매 단계"를 각각 더 세분화한다.

쇼핑 카트 단계	
제품 선택 단계	**제품 확인 단계**
책을 골라서 쇼핑 카트에 담는다.	쇼핑 카트에 담긴 제품을 확인한다.

구매 단계	
결제 방식 선택 단계	배송 방식 선택 단계
신용 카드로 결제하거나 Paypal로 결제한다.	일반 배송을 선택하거나 고속 배송을 선택한다.

이런 식으로 스토리를 쪼개는 것은 대단히 일반적이고 상식적인 방법으로 보인다. 그런데 이런 방식의 분류는 [그림 9-9]와 같은 문제를 야기할 수 있다.

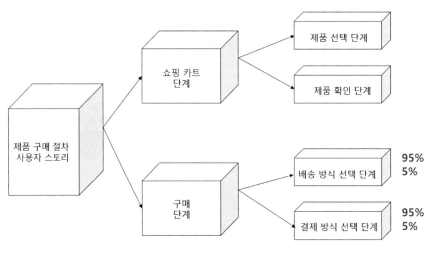

[그림 9-9] 바람직하지 않은 백로그 정제

[그림 9-9]는 앞에서 열거한 방식에 따라 제품 구매 절차를 태스크로 분할한 형태를 나타내는데, 구매 단계를 배송 방식 선택 단계와 결제 방식 선택 단계로 나눌 경우, 사용자 스토리에 언급된 아래 내용에 대해서 고객 가치 극대화의 측면에서 우선순위를 나누는 것이 어렵다는 것을 보이고 있다.

· 이용자의 95%는 신용 카드로 결제하고 일반 배송을 선택한다.
· 이용자의 5%는 Paypal로 결제하거나 고속 배송을 선택한다.

이런 방식으로 제품 구매 절차 스토리를 태스크로 분할할 경우에는 "배송 방식 선택" 태스크와 "결제 방식 선택" 태스크가 모두 구현되어야 비로소 정상적으로 동작하는 제품을 만들 수 있다. 고객 가치를 극대화해서 비즈니스 가치를 높이기 위해서는 [그림 9-10]처럼 태스크를 분할하는 것이 필요하다.

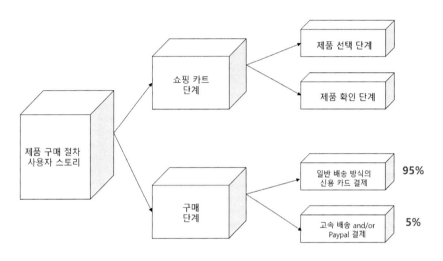

[그림 9-10] 바람직한 제품 백로그 정제

구매 단계를 "일반 배송 방식의 신용 카드 결제" 태스크와 "고속 배송 and/or Paypal 결제"로 분할함으로써 작업자들은 "일반 배송 방식의 신용 카드 결제" 모듈만 만들어도 95%의 이용자들을 만족시킬 수 있는 제품을 생산할 수 있게 된다.

스크럼 스케일링

만들고자 하는 제품의 규모가 크다면 많은 작업자를 투입할 필요가 있다. 하나의 스크럼 조직은 2 피자 팀이라고 해서 최대 8명을 초과하지 않는 인원으로 구성하는 것이 바람직하다고 했다. 따라서 대규모 인원이 투입되어야 하는 경우라면 소규모 인원으로 구성된 다수의 스크럼이 별도의 목표를 가지고 제품을 생산하는 것이 바람직하다. 그런데 다수의 스크럼이 동작할 경우에는 스크럼 간의 오케스트레이션이 필요할 수밖에 없다.

각 스크럼의 구성원은 스크럼 내부뿐만 아니라 타 스크럼 조직과도 커뮤니케이션해야 하며, 현재 상태에 대한 정보를 스크럼 간에 공유할 필요가 있다. 이를 위해서 팀 간의 투명성을 보장하고 원활한 의사 소통을 가능하게 하는 메커니즘이 필요하다.

이를 위한 방법이 스크럼의 스크럼(Scrum of Scrum)이다.

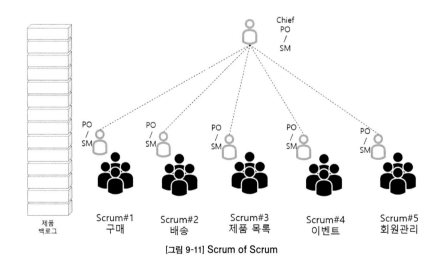

[그림 9-11] Scrum of Scrum

[그림 9-11]은 다수의 스크럼이 각각 제품 백로그를 바탕으로 큰 규모의 제품을 동시에 구성하고 있는 그림을 나타낸다. 각 스크럼은 그들이 가지고 있는 목표에 맞는 모듈을 만드는 것도 중요하지만 그 모듈을 기반으로 하는 전체 제품을 만드는 것이 제일 중요하다. 이를 위해서 각 스크럼 간의 진행상황 공유 및 이슈에 대한 대응이 공동으로 진행되어야 한다. Scrum of Scrum은 스크럼 간의 투명성 및 의사소통을 가능하게 하는 협의체이다. 각 스크럼의 제품 오너나 스크럼 마스터들이 최고 제품 오너(Chief Product Owner) 및 최고 스크럼 마스터(Chief Scrum Master)의 관리하에 1주일에 2,3회의 회의를 진행한다. 회의 안건은 다음과 같다.

- 팀별로 제품을 생산하기 위해 무엇을 했고, 무엇을 하고 있는지, 어떤 것을 할 예정인지
- 팀 내 혹은 팀 간에 업무를 진행하는 데 방해가 될 수 있는 장애물이 어떤 것이 있는지
- 이슈 및 우려사항

혹자들은 Scrum of Scrum은 지나치게 프로젝트를 복잡하게 만들기 때문에 피해야 할 것으로 규정하기도 하지만 규모가 큰 프로젝트를 진행하기 위해서는 다수의 스크럼이 동작할 수밖에 없고 어떤 형태로든 스크럼 간의 협력 포인트를 찾고 문제 및 교훈을 공유하기 위한 방법이 필요하다는 것은 확실하다.

Scrum of Scrum은 필요한 경우 제품 오너나 스크럼 마스터뿐만 아니라 작업자들 간에도 진행된다. 각 스크럼의 대표 작업자들을 선발해서 작업자를 대상으로 기술 포럼의 형태로 협의체를 진행하는 것이다.

스프린트 사이징(Sprint Sizing)

프로젝트 기간을 예측하고 실제 프로젝트 진행 상황을 점검하기 위해서는 스프린트에서 진행될 업무량을 기반으로 업무 처리 시간을 산정해야 한다. 그런데 업무 처리 시간을 절대적으로 측정할 수 있는 방법은 존재하지 않는다. 현재 가장 타당하다고 인정되는 방법은 경험에 기반한 측정법이다. 스크럼 방법으로 프로젝트를 진행해본 경험이 있는 작업자들은 그들이 프로젝트를 수행할 때 특정 태스크의 복잡성이나 불확실성에 따라서 투입해야 하는 노력이 어느 정도인지를 예측하는 것이 가능하다. 물론 그 예측치가 절대적으로 정확할 수는 없다. 작업자별로 특정 태스크를 바라보는 시각이 제각각 일 수밖에 없기 때문이다. 그러나 다수의 작업자들을 대상으로 이 작업을 진행하면 공통적으로 수렴하는 작업 공수를 산정할 수 있다.

(1) 스크럼 포커(Scrum Poker)

스크럼 포커는 플래닝 포커(Planning Poker)라고도 불리는 스프린트 작업 공수 추정 메커니즘이다. 스크럼 포커는 참여자들의 합의에 입각해서 작업 공수를 산정한다. 참여자들은 공수 산정 시 구두로 예상 공수를 말하는 대신 숫자로 된 카드를 테이블에 엎어 놓는 방식으로 의견을 제시한다. 큰소리로 말하는 대신 본인이 생각하는 작업 공수를 숫자로 제시하며 공수를 산정하는 이유는 구성원들이 상급자나 경력자의 의견에 편향적으로 고정관념을 갖게 되는 것을 피하기 위함이다. 프로젝트 경험이 많은 경력자가 큰소리로 예상 공수를 얘기하게 되면 나머지 사람들은 각자의 의견 대신 경력자의 의견을 따르게 될 가능성이 높아진다.

참석자들은 그들이 구현할 기능 리스트와 여러 벌의 카드를 받게 된다. 카드는 피보나치 숫자, 즉 0, 1, 2, 3, 5, 8, 13, 21, 34, 55, 89 등의 숫자로 구성된다. 피보나치 숫자를 사용하는 이유는 내제된 불확실성을 반영하기 위해서다. 만약 한 참석자가 6에 해당하는 공수를 내고 싶어한다고 가정하자. 스크럼 포커에 6이라는 숫자는 존재하지 않기 때문에 참석자는 조금 더 고민해서 불확실성이 없어 보인다면 5를, 불확실성이 있어 보일 경우에는 8을 냄으로써 불확실성을 반영한다. 스크럼 포커 진행 방식은 다음과 같다.

- 사회자를 중심으로 미팅을 진행하는데, 사회자는 미팅을 주도할 뿐 공수를 산정하지는 않는다.
- 제품 오너는 구현할 기능에 대해 간략한 개요를 설명한다. 작업자들은 질문이나 토론을 통하여 애매한 사항이나 위험요소를 식별한다.
- 각 개인은 그들의 공수 산정 결과를 카드로 엎어서 내려놓는다. 카드의 숫자 단위는 시간이나 작업 일자, 스토리 포인트 등이 다양하게 사용된다.
- 토론하는 동안, 다른 사람의 공수 산정에 영향을 미치는 어떠한 숫자도 말해서는 안 된다.
- 모두가 동시에 자신의 카드를 뒤집어 보여준다.
- 가장 높은 숫자와 가장 낮은 숫자를 제시한 사람은 왜 그런 공수를 산정했는지 타당한 이유를 제시하고 토론을 계속 진행한다.
- 합의에 도달할 때까지 공수 산정 절차를 반복한다.

가장 높은 숫자를 제시한 사람과 가장 낮은 숫자를 제시한 사람이 각각 타당한 이유를 설명하는 동안 다른 참석자들은 그 의견에 동조하게 됨으로써 결국은 특정 숫자에 수렴하는 결과를 얻게 된다. 그리고 그 결과는 대부분 실제로도 정확하게 들어 맞는 경우가 많다.

요즘은 실제로 카드를 나눠주는 대신에 인터넷이나 모바일 앱을 통해서 포커를 구현해서 사용하는 것이 추세다. 'Scrum Poker'라는 키워드로 구글링을 해보면 대단히 많은 무료 도구를 만나볼 수 있다.

(2) 속도(Velocity)

속도는 특정 스크럼 조직이 하나의 스프린트에서 처리할 수 있는 스프린트 크기를 나타낸다. 스프린트 크기는 앞에 스크럼 포커를 통해서 산정한 크기를 의미하기 때문에 정확하게 작업 시간이나 투입 인원으로 표현할 수는 없다.

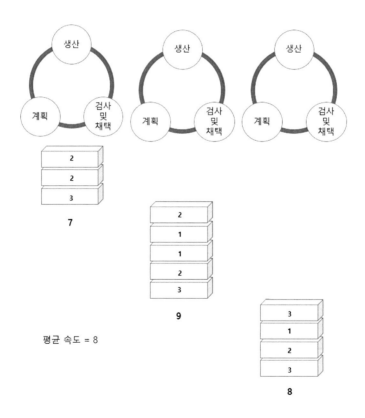

[그림 9-12] 스프린트의 속도

[그림 9-12]는 속도를 측정하는 방법을 나타낸다. 첫번째 스프린트에서는 대략 7 포인트의 작업을 처리했고, 두번째 스프린트에서는 대략 9 포인트의 작업을 처리했다. 마지막 스프린트에서는 8 포인트의 작업을 처리했기 때문에 이 스크럼 조직의 속도는 평균 8이다. 만약 이 스크럼 조직에게 40 포인트의 작업을 의뢰했다면 이 스크럼 조직은 대략 5개의 스프린트를 진행해야 해당 프로젝트를 완료할 수 있다.

스프린트를 2주 간격으로 수행하면 총 10주의 시간이 필요하고 하나의 스프린트를 유지하는 데 5명의 인건비가 소요된다면 프로젝트 비용으로 "5명 인건비 X 5개의 스프린트" 비용이 발생할 것이다.

제품 오너는 작업자들과 함께 제품의 전체 크기를 계산하고, 스크럼 조직의 속도로 나눔으로써 필요한 최소 스프린트 수를 추측하는 것이 가능하다. 제품 오너는 추측한 스프린트 수량에 약간의 예비 시간을 추가해서 불확실성에 대비해야 한다.

번다운 차트(Burndown Chart)

번다운 차트는 스크럼의 진행 상황을 그래프로 나타내는 시각화 도구이다. 번다운 차트를 활용하면 남아있는 태스크와 경과된 시간 추세를 통해서 스크럼의 진행 상태를 확인할 수 있다.

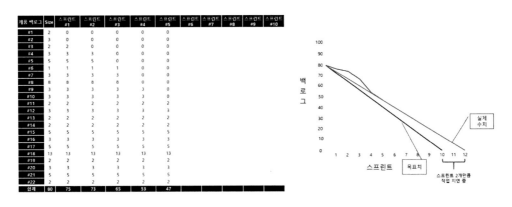

[그림 9-13] 번다운 차트

[그림 9-13]의 우측 화면이 번다운 차트를 나타낸다. 번다운 차트는 좌측의 스프린트 진행 현황 데이터를 소스로 활용한다. 좌측의 스프린트 진행 현황 데이터부터 제대로 살펴보자.

전체 80포인트로 구성된 제품 백로그가 있고, 첫번째 스프린트를 통해서 5 포인트 만큼의 백로그가 처리되었다. 두번째 스프린트에서는 어떤 이유에선지 2 포인트 뿐이 처리되지 못했고 세번째 스프린트에서는 8포인트가 처리되었다. 네번째와 다섯번째 스프린트에서는 8 포인트와 6 포인트가 각각 처리되었다. 처리된 포인트를 우측 그래프로 나타낸 결과, 목표치에 비해서 프로젝트가 스프린트 두 개 분량만큼 지연되고 있음을 확인할 수 있다. 이렇듯 남은 작업을 처리한 결과를 나타낸 그래프를 번다운 차트라고 부른다.

(1) 스케줄 지연 대처 방안

번다운 차트를 통해서 스케줄이 지연되고 있는지 여부를 쉽게 확인할 수 있다. 그렇다면 스케줄이 지연되고 있을 때 사용할 수 있는 방법이 어떤 것들이 있을까?

가장 쉬운 방법은 필요한 만큼 스프린트를 추가로 진행하는 것이다. 스프린트가 늘어났기 때문에 추가 비용을 피할 수 없다.

추가 비용없이 스케줄을 조정할 수 있는 방법은 업무 범위를 조정해서 남아있는 제품 백로그를 버리는 것이다. 제품 백로그에 비즈니스 가치를 반영해서 우선순위를 지정했다면 남아 있는 제품 백로그는 제품 완성도에 크게 지장을 주지 않는 것들이다.

프로젝트 기간을 늘리거나 우선순위 낮은 제품 백로그를 다음 기회에 구현하는 방식으로 스케줄을 조정하는 동시에 중요하게 남아 있는 작업이 있다. 바로 스프린트에서 지연이 발생된 원인을 찾는 것이다. 지연이 발생된 원인을 방치할 경우 지속적으로 프로젝트에 악영향을 줄 수 있기 때문에 스크럼 마스터는 원인을 찾고 원인을 제거하기 위해서 제품 오너와 협력할 필요가 있다.

프로젝트 기간을 늘리거나 제품 백로그를 제거하는 방법 외에도 스크럼 조직에 추가 작업자를 투입하는 것을 고려할 수 있다. 그러나 스크럼 방법론을 많이 경험해본 스크럼 마스터들은 추가 작업자 투입을 권장하지 않는다. 추가로 투입된 작업자들이 제 역할을 수행하지 못하는 경우가 많기 때문이다.

Kick-Off 및 Sprint Zero

폭포수 모델 프로젝트와 마찬가지로 스크럼 방식의 프로젝트도 Kick-off를 통해 프로젝트가 시작된다. 폭포수 모델의 kick-off에서는 전반적인 일정과 구성원 간의 R&R, 협업 방안 및 산출물 등을 정의하게 되는데 스크럼 방식의 Kick-Off에서는 몇 가지 더 챙겨야 할 것들이 있다. [표 9-2]는 스크럼 Kick-off에서 처리되어야 하는 업무들이다.

논의항목	업무 수행자	내용	목표
프로젝트 개요	제품 오너	프로젝트의 목표 프로젝트의 비전 및 범위 산출물(Deliverables) 성공 기준(Success Criteria) 가정(Assumptions) 기대(Expectations) 위험 아키텍처 및 디자인 리뷰 테스트 환경 비즈니스 및 기술 종속성 스폰서(Sponsor) 주요 이해 관계자(Key Stakeholders) 에스컬레이션 포인트(Escalation Points)	고수준에서 프로젝트 요구사항에 대해 논의한다.
R&R 정의	스크럼 팀	제품 오너 스크럼 마스터 작업자	팀의 역할 및 책임을 소개하고 제품 오너로부터의 커뮤니케이션 체인을 제공한다.
접근방법 소개	스크럼 마스터	애자일 및 스크럼의 가치와 원칙	Agile의 가치와 원칙 등 팀이 사용할 접근 방식에 대한 간단한 소개

스크럼 행사 (Ceremonies)	스크럼 마스터	데일리 스크럼 스프린트 계획 스프린트 리뷰 스프린트 회고	프로젝트 기간 의사 소통을 강화하기 위해 어떤 행사를 진행하게 될지 소개한다.
규칙	스크럼 팀	JIRA 등의 프로젝트 관리 도구 공유 폴더 등 파일 공유 도구	스크럼 팀이 협업하기 위한 방법 제시
제품 백로그	제품 오너	초기 제품 백로그	고객으로부터 수집한 에픽 크기의 제품 백로그
	작업자	제품 백로그 정제	개발이 가능한 정도 크기로 백로그 정제
	제품 오너	제품 백로그 우선순위 설정	비즈니스 가치를 반영한 구현 우선순위 지정
	스크럼팀	스프린트 속도(Velocity) 계산	스프린트 업무 처리 속도 예측
완성품	제품 오너	완성품(Definition of Done) 정의	완성품에 대한 정의
프로젝트 관리	제품 오너	프로젝트 기간 및 비용 산정	백로그 크기 및 속도에 기반한 프로젝트 기간 산정
	제품 오너	번다운 차트	프로젝트 진행 상황 점검을 위한 번다운 차트 생성
다음 단계 (Next Step)	스크럼 팀	액션 플랜	후속 조치가 필요한 항목 식별 스프린트 시작 날짜 결정 필요한 경우 스프린트 0 세션 예약

[표 9-2] 스크럼 kick-off의 Task

Kick-off가 완료되면 첫 번째 스프린트가 진행될 수 있도록 프로젝트 준비가 완료되어야 한다. 그런데 폭포수 방식의 프로젝트에 비해서 스크럼 방식의 Kick-off가 챙겨야 할 내용이 방대하다. 만약 Kick-off를 통해서 충분한 협의가 진행되지 못했다면 정식 스프린트가 아닌 스프린트 제로라는 추가 세션을 진행할 수 있다.

(1) 스프린트 제로(Sprint Zero)

스프린트 제로는 스크럼 세계에서 공식적으로 인정되는 개념은 아닌 듯하다. 그러나 Kick-off를 통해서 프로젝트 준비가 완료되지 않은 경우, 제품 백로그 생성, 인프라 설정, 아키텍처 계획, 팀 리소스 및 테스트 계획 구성 등과 같은 태스크를 수행하기 위해 공식적인 스프린트 시작 전에 존재할 수 있다.

프로젝트 팀이 스크럼 방식에 익숙하지 않다면 Kick-off 과정이나 첫번째 스프린트를 진행하는 과정에서 적지 않은 혼란을 겪을 수 있다. 따라서 스크럼 방식이 익숙하지 않은 새로운 팀이 본격적으로 프로젝트를 진행하기 전에 스크럼을 경험해 볼 수 있는 방법으로 스프린트 제로를 활용할 수 있다. 이 경우 스프린트 제로는 작동하는 제품을 만드는 것이 목표가 아니고, 스크럼 팀이 자신들의 역할을 제대로 수행할 수 있는지 여부와 스크럼 이벤트들이 정상적으로 작동하는지 확인하기 위한 용도로 수행된다. 스프린트 제로를 통해서 미숙한 부분을 찾고 개선 기회를 가질 수 있는 것이다. 따라서 스프린트 제로는 정규 스프린트와 동일한 방식으로 진행할 필요가 있다.

[그림 9-14] 스프린트 제로

이상으로 스크럼 방식 프로젝트에 대한 대략적인 면모를 살펴보았다. 여기서 다룬 스크럼 관련 용어들은 마이그레이션 프로젝트보다는 개발 프로젝트에 조금 더 초점을 맞추고 있어서 독자 분들은 혼란을 느낄 수도 있겠다. 그러나 마이그레이션 팩토리는 대단히 정규화된 방법으로 비슷한 패턴이 반복되는 업무로 구성되어 있기 때문에 스크럼 방식의 접근법이 효율적일 수 있다. 제품 백로그로 마이그레이션 대상 시스템을 관리하고 작업자들은 본인들의 경험에 근간한 속도를 기반으로 전체 프로젝트 기간을 산정하고 애자일한 방식으로 진행함으로써 대규모 마이그레이션에 손쉽게 대응할 수 있다.